唐朝入仕生存指南

石继航 ◇ 著

十年寒窗无人问
一举成名天下知

SPM
南方出版传媒
广东人民出版社
·广州·

图书在版编目（CIP）数据

唐朝入仕生存指南/石继航著. —广州：广东人民出版社，2016.8
ISBN 978-7-218-11108-7

Ⅰ. ①唐… Ⅱ. ①石… Ⅲ. ①官制—研究—中国—唐代 Ⅳ. ①D691.42

中国版本图书馆 CIP 数据核字（2016）第 183459 号

Tangchao Rushi Shengcun Zhinan
唐朝入仕生存指南
石继航 著

版权所有 翻印必究

出 版 人：曾 莹

责任编辑：赵世平
封面设计：伍 霄
责任技编：周 杰 易志华

出版发行：广东人民出版社
地　　址：广州市大沙头四马路 10 号（邮政编码：510102）
电　　话：(020) 83798714（总编室）
传　　真：(020) 83780199
网　　址：http://www.gdpph.com
印　　刷：廊坊市华北石油华星印务有限公司
开　　本：787mm×1092mm　1/16
印　　张：21　字　数：270 千
版　　次：2016 年 8 月第 1 版　2016 年 8 月第 1 次印刷
定　　价：39.80 元

如发现印装质量问题，影响阅读，请与出版社（020-83795749）联系调换。
售书热线：(020) 83795240

目录

功名万里外，心事一杯中（代序）   1

初唐   1

明月沉珠浦——王勃   2

心中自不平——杨炯   15

泛沧浪兮不归　卢照邻   22

风多响易沉——骆宾王   30

芳意竟何成——陈子昂   39

莫为愁沽酒——贺知章   48

唐朝入仕
生存指南

盛唐 55

还掩故园扉——孟浩然 56

人闲桂花落——王维 74

去时雪满天山路——岑参 93

丈夫穷达未可知——高适 110

一片冰心在玉壶——王昌龄 123

一醉累月轻王侯——李白 131

万里悲秋常作客——杜甫 162

目录

中唐 183

肯将衰朽惜残年——韩愈　　184

风波一跌逝万里——柳宗元　　205

前度刘郎今又来——刘禹锡　　217

月落潮平是去时——元稹　　232

造化无为字乐天——白居易　　247

唐朝入仕生存指南

晚唐 275

倚遍江南寺寺楼——杜牧 276

忍剪凌云一寸心——李商隐 289

词客有灵应识我——温庭筠 304

后记：世事如闻风里风 313

附录：唐代官员品级一览 315

主要参考书目 323

| 代序 |
功名万里外，心事一杯中

又是一个枯冷的冬天，木叶尽脱、满地寒霜，北风传来清冷寒冽的气息，夜空中恍如天河之沙般的粒粒寒星也格外明澈。我总是对物候的变化特别地敏感，每个冬天，在我的记忆中，总有一缕缕模糊却难忘的痕迹。古人说："冬者岁之余，夜者日之余，阴雨者时之余也"。细算一下，确实，几乎每年的冬天里，都是我著书最有效的日子。

虽说是"闭门即是深山，读书随处净土"，但这闭门读书，也要有一定的资本才可以，我本想效法前贤白居易——"专掌图书无过地"，与世无争，与人无涉，安安静静地读书写作。岂知现在的事情，堪称"桃花源里可拆迁"，没有鳞甲爪牙，就只有作鱼当肉的份儿。

所以，我也不得不删除了思维空间中一部分"鸟啼花落"、"茶熟香清"之类的"雅事"，学一些"小红桃杏色"，转而留意一下人世间"仕途经济"的奥妙了。

现下很多的诗词解析者，用浮艳唯美的词藻，将唐代诗人们写得好似生活在澄清的水晶世界中，似乎他们整日里就是寻梅踏雪，拂云逐月，说不尽的诗酒年华，享不完的浮世清欢。其实，当年那些在文坛上熠熠生辉的唐代诗人们，他们在现实生活中，也无一不为俗事所困扰。要知道在唐代，没有一官半职的白衣平民，必须服兵役和徭役，就连张志和那样清高的隐士，也曾被县官捉去，塞上一把铁锹，逼他干活。而《石壕吏》中，捕吏再凶恶，也不能捉了杜甫抵数，正是因为杜甫大小是个朝廷命官。

"寂寂寥寥扬子居，年年岁岁一床书"，这是愁病相煎的卢照邻孤独的写照。"但觉高歌有鬼神，焉知饿死填沟壑"，这是酒酣耳热时杜子美愤懑的倾吐。"青袍今已误儒生"！读了这么多书，还不如斗鸡儿、百夫长这等人活得惬意自在，这是无数唐代才子的共同感叹。

那些唐代诗人，虽然凭借"惊天地、泣鬼神"的不朽名句成为永远被后人景仰的贤达，但他们很多人生前却丝毫没有这样的满足感。"文章虽满腹，不如一囊钱"，在他们的生命中，最大的使命就是"学而优则仕"——当官。

命运总是拥有我们看不见的手在翻云覆雨，造化弄人的事情古今皆然。而且，正如俗话所说的"情场得意，赌场失意"一般，文坛上的名气和官场上的际遇也像是一架跷跷板。

韩愈《柳子厚墓志铭》中有这样一段话：

然子厚斥不久，穷不极，虽有出于人，其文学辞章必不能自力，以致必传于后如今无疑也。虽使子厚得所愿，为将相于一时，以彼易此，孰得孰失？必有能辨之者。

意思是说，柳宗元如果官场得意，文章肯定就没有现在好了，到底是愿意官运亨通，文思衰退，还是希望像现在这样仕途潦倒，却才情四溢，这其中的成败利钝，老韩也很狡狯，自己不判定，要后人评说。

刻薄地想一下，历代文人虽然都把"文章经国之大业，不朽之盛事"这句话挂在嘴上，但心中对功名的热切才是最执著的。他们最后的墓碑上，首先镌刻的是自己的官职名，如白居易的墓志铭是："刑部尚书致仕赠尚书右仆射太原白公"；

就连官职并不怎么风光的老杜，也是标名为"唐故检校工部员外郎杜君"；什么官职也没有的唐伯虎，也题为"明唐解元之墓"。由此看来，名禄对于文人们，是何等的重要。

像孟浩然，包装得似乎是百分百清高无比的隐逸之人，什么"岩扉松径长寂寥，惟有幽人自来去"，说的和神仙似的。然而一见洞庭湖边的张丞相，一大把年纪的孟老头禁不住一揖到底恳求道："欲济无舟楫，端居耻圣明"——给我个官做吧。李白说过："屈平辞赋悬日月，楚王台榭空山丘。兴酣落笔摇五岳，诗成笑傲凌沧洲。功名富贵若长在，汉水亦应西北流。"然而，一旦有了博取功名的机会，他还是嚷着"我辈岂是蓬蒿人"，宗氏夫人拉也拉不住，就"仰天大笑出门去"了。

其实，想想也并不奇怪，当时也没有"作家财富榜"，吟诗作赋北窗里，万言不值一杯水。诗赋只是文人们抒发胸臆的副产品而已。出将入相，捧着紫绶金印衣锦还乡，封妻荫子光耀门楣，这才是最高理想。所以，文人优雅风致的背后，其实也是一样的呛人烟火。

对此，一向直言的鲁迅先生说得最为辛辣透彻："雅要有地位，也要钱，古今并不两样的，但古代的"买雅"，自然比今天要便宜；办法也并不两样，书要摆在书架上，或者抛几本在地板上，酒杯要摆在桌子上，但算盘却要收在抽屉里，或者最好是在肚子里。"

所以，既无地位也无钱的笔者，这本书里，也就不再谈什么"风花雪月"、"花鸟虫鱼"的"雅事"了，直接整一本最俗的东西，从抽屉里拿出算盘，开始八卦唐代才子的人脉和仕途，正所谓：

天运人功理不穷，有功无运也难逢。

因何镇日纷纷乱，只为阴阳数不同。

初唐

初唐、盛唐、中唐、晚唐，这样的时代划分古已有之，一般认为，从唐代开国起至唐玄宗先天元年，这一时期为初唐。初唐之时，正如早春二月，虽有零星的迎春花开放，却还不是那灿若云霞的百花园；又如晨星点点，预兆着朝阳升起。

初唐的文坛，有一个非常独特的现象，唐太宗时虽是贞观盛世，但文苑中却称不上繁盛，有名的诗人并不多，大多数初唐才子成长于武后临朝或者是武周改制的时代，所以他们的命运自然是掌握在武则天的手里。而之后的中宗时代，又有上官婉儿执掌文衡，评判天下才士。女皇曾经选天下才子汇编《三教珠英》，上官婉儿又召集二十四名学士，分别象征四时、八节、十二月，一起饮宴赋诗，虽然这些诗并非上上佳作，却也大大提升了诗歌的地位，引发了人们对写诗的重视。

算起来这唐诗的发轫之功，两位至尊红颜还是有不少贡献的，这也给初唐的诗坛涂抹上几分胭脂样的底色。所以说，初唐时代的众多文人才士，他们的仕途命运都逃不过女人的掌心，这是幸运还是悲哀？本书中所叙述的故事会一一告诉您答案。

在传统的教科书中，初唐时代中，最令人注目的就是"初唐四杰"，我们也依众随俗，先从四杰说起。

| 明月沉珠浦 |

王勃

　　王勃的出身，可谓是标准的书香门第。他的爷爷是隋末大儒王通。我们一提"大儒"，头脑中往往会浮现一个性格迂腐冬烘的老学究形象，像《祝福》里的鲁四爷那样的，以儒家的一言一行为圭臬，不敢质疑，不敢违背。

　　但王勃的爷爷并不是这样的人，他非常"狂妄"，竟然以"圣人"自居，模仿孔子，写了《王氏六经》，亦称《续六经》；并也让门人弟子记载自己的言行，写成《中说》一书，看这名字，就是山寨版《论语》。这在很多奉孔子为唯一圣人的儒家信徒看来，是很不知天高地厚的事情。

　　王勃还有位叫王绩的叔祖，虽然才艺极高，但疯疯癫癫，不干正事。王绩诗写得很好，人却是非常狷狂的。他自称生平只读三本书——《周易》《老子》《庄子》，其他书一概不读。还写诗道："礼乐囚姬旦，诗书缚孔丘"，对儒学中奉为圣明的周公和孔圣人直呼其名，如唤奴仆儿孙一般，相当不尊重。他有《野望》一诗传世，"树树皆秋色，山山唯落晖"一句，想必大家也有印象。

　　了解到这些情况，我们对王勃六岁就能写文章，九岁就敢写《汉书指瑕》来纠正大儒颜师古注解《汉书》时的错误，也就不怎么惊讶了。正所谓家学渊博，这是从小就受环境熏陶的结果。明代的杨慎曾惊讶道："王勃以十四岁之童子，胸中万卷,千载之下,宿儒犹不能知其出处。"其实没有什么好惊讶的,人家王勃从小就在"宿儒"堆里生活,汉代大文学家郑玄府上的丫环,都熏陶得会用《诗经》中的句子来逗乐,何况经过精心教育后的王勃?当然,王勃也完全继承了祖辈们不迷信权威、率意疏放、头角峥嵘的性格特征。

其实,算算王勃手里的牌,并不算差,但怎么后来就一塌糊涂了呢?

王勃的父亲王福畤,虽然爹也有名,儿子也牛气,就是他自己啥也不是,虽然也当过一段时间的小官,但基本上难以夸出口,不过他挺会"炒作"自己的儿子,还留下这样一个典故,叫作"王家癖"。

大名鼎鼎的《新唐书·文艺传上》中,专门记载了此事:唐初王福畤之子勔、勮、勃、劝等皆有文才,福畤尝向韩思彦夸赞诸子,思彦戏曰:"武子有马癖,君有誉儿癖,王家癖何多邪?"

所谓王武子,是指晋代的王济,他爱马成痴,这里韩思彦带有着嘲笑的成分,说你们老王家怪僻真多啊,你夸儿子,也上瘾成病了!不过王家儿子确实出色,老韩看了文章后,也不得不承认:"儿子这样优秀,是该夸啊!"

简单介绍下韩思彦,此人官拜御史,有过一个著名的断案故事。这案子其实是"民事纠纷"——几个兄弟争家产,有道是"清官难断家务事",梳理起来也很棘手。韩思彦等他们吵累了,就让人端上牛奶给他们喝,几个兄弟也挺有"慧根",突然醒悟到,本是一奶同胞,如何竟然反目成仇?于是案子在友好协商下顺利了结。

后来,王福畤又"逮住"杜易简,这人是杜甫的爷爷杜审言之族兄,杜易简也夸奖王家兄弟(王勔、王勮、王勃)道:"此王氏三珠树也"。记下这句话,王福畤又四处宣扬。

这杜易简,名字叫"易简",但他的背景却一点也不简单:他姨是当朝宰相岑文本的母亲，这岑家，父子三代宰相，后来家道败落了，倒出了位大诗人，叫岑参。所以杜甫和岑参，是能论上亲戚的，此为后话。

由于杜易简和当时的宰相是姨表兄，就像贾宝玉和薛蟠那种关系。有这一层关系在，这杜易简就一路绿灯，考中了进士，后来又升为考功员外郎（从六品），这官品级不是太高，但权力不小，专门负责主持科举。

所以嘛，老杜的爷爷杜审言（字必简），二十五岁时，也就顺风顺水地考中了进士，虽说"老老杜"的诗写得也算不错，但这其中难说一点猫腻也没有。举个例子：王维的才华够出众了吧，还要哄得玉真公主开心，才得以中举。

闲话扯远了，回过头来再说这王勃。王勃之父每天都在努力，宣传他的儿子。机会总是等待有准备的人嘛，麟德初年，十四岁的王勃给当时来巡访民情的右相（即中书令，相当于宰相）刘祥道写了一封长信，全文大约接近三千字，这自荐书写得气势不凡，声韵铿锵，我们看其中最关键的一段：

君侯足下出纳王命，升降天衢，激扬凤扆之前，趋步麟台之上，亦复知天下有遗俊乎？夫心之精微，口不能言也；言之微妙，书不能文也。伏愿辟东阁，开北堂，待之以上宾，期之以国士，使得披肝胆，布腹心，大论古今之利害，高谈帝王之纲纪。然后鹰扬豹变，出蓬户而拜青墀；附景抟风，舍苔衣而见绛阙。幸甚！斯不为难矣。庶几乎麑卵不弃，终感元桴之精；骏骨时收，或致飞黄之锡。

有人说旧时中国人流行"自卑症"，一味地谦虚客气，写自荐信也不敢夸自己的长处，和欧美人那种擅于表现自己的作风大相径庭。这事不假，但在唐代时，我们中国人绝对不是这样的，有人讲析李白那封《与韩荆州书》，说写得豪气满纸，一点也没有卑下之态，不掉份儿，其实唐人多半如此，都非常能"吹"。

你看王勃，写的是："亦复知天下有遗俊乎"——你知道有我这样杰出的人才被遗漏吗？他一个小小的十四岁少年，就要求皇帝按"上宾"、"国士"来对待，要是现在的初中生说这样的大话，家长就先给骂回去了。

所以，不能按明清时迂腐规矩的思想，来揣摩唐时的精神。那时的人，昂扬上进，自由奔放，极少拘束。说到癫狂，王勃其实还不算什么，后面还有个说话更疯狂的，叫员半千，此处先按下不表。

王勃这一炮打响了，刘祥道见有这样的神童，堪称"国之祥瑞"，于是就推荐给了唐高宗。如今推想，这一行动，肯定也是夸儿子有瘾的王福畤幕后策划的。

"金殿对策"的结果很喜庆，皇帝对王勃很满意，封他为朝散郎。这是一个从七品上的官职，和中下等规模的县令级别相当。七品芝麻官啊！你别嫌小，熟悉唐朝制度的人知道，新科进士，一般都要从九品的县尉或校书郎什么的做起，熬个八九年，能到七品就不错了。王勃年纪如此幼小，就能走到这一步，而且是天子驾前，能够接近最高权力中枢的位置，真称得上是顺风顺水，前程似锦。

当时，武则天已立为皇后，以她那旺盛的精力和对政事的热衷程度，我猜想，这位未来的女皇，不可能没有听说过王勃这个小神童。说不定，金殿对策的时候，武则天还亲自参与其中呢。

在这一年，朝廷发生了一件大事。当时的文章大佬、朝堂重臣上官仪，因和唐高宗密议要废掉武则天的皇后之位，被心狠手辣的武后下令抄家处斩。这位初唐诗坛上"体制内"的文坛领袖，就这样一命呜呼了。他有个孙女，还是吃奶的小娃娃，和她妈妈一起被罚入宫中当奴婢，这就是后来的上官婉儿，也是一位初唐文坛上的重要人物。

话说，那李太白只在皇宫中混了半年多，就四处夸耀"御手调羹，龙巾拭吐"的荣宠，什么杨贵妃磨墨、高力士脱靴之类，多半是李白的自我炒作，当不得真。

他一个小小的翰林供奉，哪里有这样大的威风？而王勃在皇宫呆了四年多，时刻亲近龙颜，为皇家写了大量的文赋，如《乾元殿颂》《拜南郊颂》《九成宫颂》等等，并在天皇天后（高宗、武后当时的称呼）封禅泰山时，写下著名的《宸游东岳颂》。

顺便说一下，这次活动，骆宾王也来凑过热闹，当时老骆岁数比王勃大一倍还多，四十多岁，熬得头发斑白，却没混上一官半职。他可怜巴巴地写了篇《请陪封禅表》，结果还不错，获得了个考试机会，对策之后，当上了个九品小官：奉礼郎。比起王勃来，人家是皇家御用文人、专栏作者，老骆只能算草根写手，"踊跃投稿"的那种。

众所周知，后来王勃又进了沛王府，陪太子读书去了。现在一些资料上，往往是搬字过纸，别人写沛王，他这里就写沛王，也不考据解释一下。其实这沛王就是武则天的第二个皇子李贤，也就是有名的章怀太子。论起年岁，他比王勃还小上两三岁的样子，当时可都是十几岁的活泼少年，绝非电影《王勃之死》上那个颠顶的大叔形象。

要是李贤能按部就班地当上皇帝，王勃的前景可是如花似锦，这种小时候就在一起玩的关系，类似《鹿鼎记》中康熙和韦小宝那种。有人说，那是小说，没有说服力，那我们可以参考一下唐玄宗和王忠嗣，唐肃宗和李泌，总角之交，情谊匪浅。

然而，王勃入京后的第四年，因写下那篇《檄英王鸡》，摊上大事了。英王是沛王的弟弟，即后来的唐中宗李显，当时也只是一个十二岁的小孩子。两位皇子斗鸡取乐，王勃写字上瘾，手一痒就写了这么个东西，如今看来，文中多是铺陈典故，也没有什么太过敏感的词，只是这句："两雄不堪并立，一啄何敢自妄"，好像有些煽动"不和谐"的气氛。但经历了玄武门之变的血腥惨剧后，唐代皇室对兄弟间的仇杀是很敏感的，故而唐高宗听到后，勃然大怒，就把王勃削职为民，轰出了皇宫。

对王勃来说，这无异于晴天霹雳，好似一下从青云之上摔到了烂泥潭里，心情实在是太郁闷了。然而，如果笔者能穿越到唐代，就会提前告诉王勃后续情节：

太子李贤后被废掉，在武则天称帝前被杀。他所有的亲朋好友都被株连，包括曹王李明、蒋王李炜、东阳公主等一大批皇亲国戚。太子最要好的朋友高岐，祖上是唐代开国功臣高士廉，家势显赫也不顶用，难逃人世间最悲惨的遭遇——在他走进家门时，父亲用刀刺向他的咽喉，伯父用刀砍进他的腰腹，堂兄斩去他的头颅，把他血淋淋的尸身扔在大街上。亲人们为免受牵连，以此表示和他断绝关系，毫无亲情。

王勃如果依然在太子府，会有怎样的遭际？恐怕也不会有多好。这件事发生在永隆元年，当时王勃已死去四年了。假如他泉下有知，会不会就不再郁闷当时被逐出皇宫，反生一种"塞翁失马，焉知非福"的庆幸呢？

然而，在当时，王勃的心境却是非常凄惨的，被皇帝亲自下令赶出宫门，大好前程就此断送，对一个刚刚十八岁的少年来说，心理上的打击显然特别大。王勃没脸在京师混下去了，只好去巴蜀游历。

从《送杜少府之任蜀州》那一首诗中看，王勃是有好朋友在四川做官的，几乎可以肯定，写下此诗时，王勃正在长安得意呢，所以他的诗里面，一点悲凄的成分也没有，什么"海内存知己，天涯若比邻，无为歧路时，儿女共沾巾"之类的，其实是"少年不识愁滋味"啊！到了后来，同样是送别诗，《别薛华》中就是："送送多穷路，遑遑独问津。悲凉千里道，凄断百年身。心事同漂泊，生涯共苦辛。无论去与住，俱是梦中人。"这和前一首诗，正好兴味相反。由此看来，长安被逐一事，彻底颠覆了王勃的人生观。

王勃集中有《铜雀妓》二首，看来正是借以"夫子自道"：

其一

金凤邻铜雀，漳河望邺城。

君王无处所，台榭若平生。

舞席纷何就，歌梁俨未倾。

西陵松槚冷，谁见绮罗情。

其二

妾本深宫妓，层城闭九重。

君王欢爱尽，歌舞为谁容。

锦衾不复襞，罗衣谁再缝。

高台西北望，流涕向青松。

借美人失宠，来比喻怀才不遇，是从屈原那时起就时兴的，乃是文人惯伎。这"君王欢爱尽，歌舞为谁容"，"高台西北望，流涕向青松"应该说写的正是王勃的心情。

电影《王勃之死》上，导演曾让王勃仰天长嗥："想我王勃，一生卖弄文采，只博求君王的垂顾，与倡优何异……"其实，对于古人来说，"学成文武艺，货与帝王家"，是天经地义的事儿。王勃是不会有这样的怨言的，给皇家写诏书、诗赋，更是文人们一生的荣耀，哪里会引以为耻？

俗话说"少不入蜀，老不离川"，四川是个好地方，气候温和，生活悠闲，还有很多美女养眼。后面会提到，卢照邻、骆宾王他们都泡了"成都粉子"，风流俊雅的王勃，"一路向西"来到这里，有没有什么风流韵事呢？以唐代男女都很开放的习惯，估计也是有的，从这首诗中可以找出点蛛丝马迹：

智琼神女，来访文君。蛾眉始约，罗袖初薰。歌齐曲韵，舞乱行纷。
若向阳台荐枕，何曾得胜朝云。

这诗里的"智琼神女"、"卓文君"、"朝云"等，都是历史上有名的投怀送抱的女子，而"阳台荐枕"之类说得更明白了，这是古诗中用作"一夜情"的代表性典故。但王勃能认识的，想必是些青楼姬妓之流。

虽然可能有美人相伴，但王勃的心境十分低落。什么"客心千里倦，春事一朝归"，"客念纷无极，春泪倍成行"，"长江悲已滞，万里念将归"，都反映了王勃并不喜欢待在这里。男人最重要的是事业，古人更是如此，王勃在这里无官无职，整天瞎混，未来会怎么样，心里一点底也没有，自然难畅胸怀。其实，对于寿命只有短短二十七年的王勃来说，每一年都是金贵无比的，如果早知自己的命数，那这三年蜀地的游历生活，为什么不开开心心地度过呢？

王勃虽然被贬，但毕竟曾经是皇家御用笔杆了、金牌写手，所以，四川当地有不少人花钱请他写文章。像什么《益州夫子庙碑》《梓州慧义寺碑铭》《彭州九陇县龙怀寺碑》等一大堆类似的文字，都是这时候写的。这些全是铺陈华丽的骈文，可以拿到比较可观的稿费。注意唐朝那时，写诗是没收入的，写这类碑铭、墓志之类的，却可以赚不少钱。《唐才子传》中说："勃属文绮丽，请者甚多，金帛盈积，心织而衣，笔耕而食"，就是指这一时期吧。

王勃在四川，虽然也和一些县令们吃吃喝喝，但这起不了多大的作用。对他的仕途也没有太多帮助。无奈之下，王勃只好再度返回长安，想重新参加科举考试，再谋上一官半职。王勃时年已二十四岁。

因为他是上了皇帝黑名单的人（当时并没有糊名制度），王勃的科举之路也很不顺利，不过，他认识了一个在虢州（今河南灵宝市）当官的朋友，那人看王勃通医理，识草药，就和他说起当地药材极多，但苦于无人识别采用，于是就推荐王勃到那里当了个小小的参军之职。

所谓参军，是从八品以下的小角色，干些抄抄写写的闲杂事情，大概是经常被人呼来唤去，作牛马走，所以这个官职，几乎是人人叫苦。杜甫做过华州司功参军，但没几天，就弃官而去了。

王勃在这里，倒了人生中的第二次大霉。他匿藏了一个叫曹达的犯事官奴，又因害怕事情暴露，悄悄杀了他。这件事的详细过程已不得而知。但有一种说法是，当地的官吏嫉恨王勃恃才放旷，故意要陷害他，才设好陷阱让其自投罗网。据我推想，一向弄笔作文的王勃，是不会有杀人之心的，从后来他被风浪惊吓而死看，他也不会有杀人之胆。要是换成一向好生事打架动刀子的李白，还有这个可能，王勃能杀人？令人难以置信。

但无论如何，王勃在这里人缘很差，同僚们都不维护他，因为此事，差点给问成死罪，好在天下大赦，王勃没有被砍头。我们这里两句话就一笔带过，但当年王勃从鬼门关前走过一遭的滋味，搁谁身上能好受？而且，王勃的父亲王福畤，也因为此事，被贬到交趾（今越南境内）去了。王福畤肯定也很郁闷，从小就培养王勃，精心为他策划，想不到到头来是个"坑爹"的主儿啊！

然而，诗人的不幸，往往是文坛之大幸，经过这诸多的坎坷艰辛，终于催成了王勃那篇千古佳作——《滕王阁序》。要是没有这些人生道路上的风霜雪雨，王勃一直混在朝堂上的话，他可能只会写歌功颂德、敷衍华丽的《乾元殿赋》那种文章，就和初唐文坛上的李峤、崔融他们一样，当时是所谓的"大手笔"，文章却全是空洞无比的马屁颂，没什么价值。

我此前在其他书中曾这样写道：从"落霞与孤鹜齐飞，秋水共长天一色"的景物描写之后，按这类文章的一般原则，就该转入借滕王阁的盛会来歌颂阁都督领导下的大好形势，而王勃却写的是什么？用大段的文字倾诉了一回他个人的愁闷之情：什么"嗟乎！时运不济，命运多舛。冯唐易老，李广难封"；什么"孟尝高洁，空怀报国之心；阮籍猖狂，岂效穷途之哭！"这些话在此场合下说出来，也是难讨领导喜欢的。虽然说王勃此文有点仿《兰亭集序》的意味，但他的身份和当时的王羲之有所不同，滕王阁会也不完全等同于兰亭之会，所以这样写是不大符合应酬性质的文章要求的。不过正是由于王勃这种我行我素、特立独行的性格，才有了《滕王阁序》这篇好文，王勃才不管你们谁高兴谁不高兴，我手中的笔就写我心中的话，这正是桀骜不驯的才子本色。

其实，现在看来，当时对王勃的理解还是浅了些，原来的王勃写文章时，是非常识趣的，都是按我设想的那些"原则"来写的。但是《滕王阁序》中却不同，因为经历了这许多的折辱和磨难，尤其从鬼门关走过一遭后，王勃觉醒了，愤懑了，也超脱坦然了，侍候过皇亲贵戚，写过许多篇违心颂贺的文字，他厌倦了。

所以，这一切如积压在心底的火山岩浆，喷薄而发，熔铸成了这篇不朽奇文。经历了多年的文赋写作，于技艺上王勃是非常娴熟的，原来欠缺的只是一种境界、一种激情。正如他文中所说的"四美具，二难并"，这震撼乾坤的好文字，才酣畅淋漓地卓然问世。称得上是："乾坤日月张其文，山河鬼神走其思"。

然而，虽然《滕王阁序》奠定了王勃在初唐文坛的尊贵位置，但对于他的仕途是没有什么帮助的，王勃依然心情黯淡地踏上去越南探访父亲的路程。到了广州时，他还写了《广州宝庄严寺舍利塔碑》一文，但是当时谁也不知道，他的时间已经所剩无多。

第二年（676年）八月份，看望了父亲后归来的王勃，渡海时遇到台风，落水后虽然被救起，但因为惊悸过度，可能再加上呛水之类的后遗症，就早早死去了，终年二十七岁。

纵览王勃短短的一生，虽然称得上命运坎坷，但放眼达观，如果王勃不在乎那些仕途官职，和他们的叔祖王绩一样半疯半癫地胡闹，以他王家的田产财货，也吃喝不愁，加上王勃还可以卖些文章，写些碑铭颂文什么的，小日子也能过得挺滋润。其实当官有当官的坏处，尤其在武则天称帝后，任用酷吏，那些朝廷重臣们，真称得上是"财多灾也多，机深祸亦深"。

别人不说，单说王勃的大哥王勔，也是个大才子，弱冠时就高中进士，从正规途径步入仕途。一度官任天官侍郎，也就是吏部侍郎（正四品），相当于现在的组织部副部长。他也相当有才：武则天年间，在册封李隆基五兄弟时，准备典仪的主持者忽然发现，竟然忘了写册封文诰，当时手忙脚乱，慌作一团。救场如救火，王勔这时叫来五个人执笔书写，自己现场口述五篇册文，不一会儿就全部完成了，而且"词理典赡"，质量一点不差，大家纷纷叹服。这功夫，比王勃也不逊色吧。

王勃的二哥王勋，官至泾州刺史（正四品），弟弟王助，官至监察御史（正八品），但是王家兄弟在武则天年间，被揭发有谋反嫌疑——武周时诬告盛行，说谁谋反，一封匿名信就可以；举报不实，也不负责任。武则天让她的侄子武懿宗和来俊臣审讯，这俩是历史上有名的坏种，于是将王勔、王勋、王助这哥仨，都问成死罪，加以族诛。时为武则天神功元年（697年）。如果王勃活着，应该是四十八岁，他会不会也牵连罹祸呢？

人生如寄，多忧何为？祸福相倚，什么是真正的幸福，什么是真正的幸运，往往身在其中时，却并不明白。

附：王勃仕途历程：

——十四岁授朝散郎（从七品）

——十八岁逐出王府

——二十四岁虢州参军（八品以下）

——再贬为平民

——终

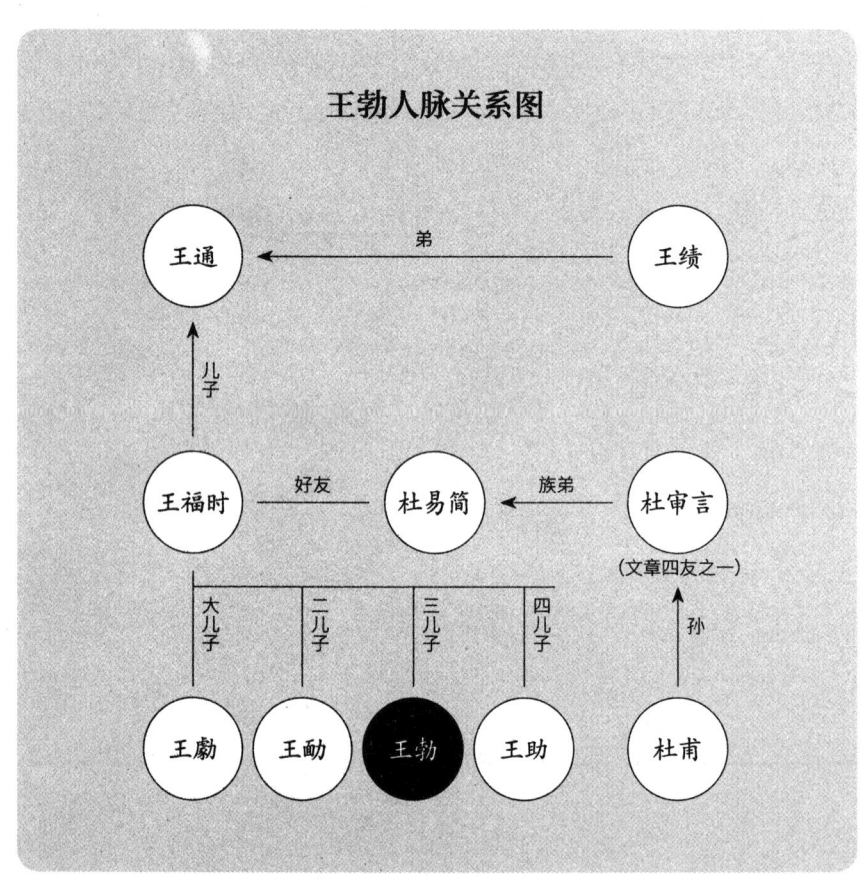

| 心中自不平 |
杨炯

"烽火照西京，心中自不平。"大家对杨炯的诗，印象比较深的也就这一首，其实这一首《从军行》，也不见得有多好，比起什么王昌龄的"秦时明月汉时关"，王之涣的"春风不度玉门关"之类的名句，逊色不少。像"宁为百夫长，胜作一书生"，也没有李贺"男儿何不带吴钩，收取关山五十州"这样的句子更有声有势。不过，既然位列四杰之中，杨炯的诗总要看一下吧，于是这首诗就有幸"破格"入选了。

杨炯是弘农杨氏一族，也是响当当的名号。弘农在现在的河南灵宝市一带，西汉时出了个杨敞是当时的丞相，大史学家司马迁的女婿。东汉时的关西夫子杨震，就更加有名了，那个拒绝故友王密深夜赠金的"天知、地知、你知、我知"的典故，人尽皆知。然后，《三国演义》中那个聪明得让曹操嫉恨的杨修知道吧？他也是弘农杨氏一族的。杨炯的伯祖叫杨虔威，唐朝开国时曾官拜右卫将军，所以说，杨炯也并非草根，人家也是"文采风流今尚存"。

杨炯的年纪和王勃差不多大，也曾在十岁时应举过神童。这大概也可以解释，为什么他对王勃那样不服气吧？（他说过"愧在卢前，耻居王后"）一般来说，越是境况相似的人，越容易相互间有"竞争意识"。

当然，杨炯虽然表达过不服王勃的态度，但他并非是王勃的仇敌，按现在的说法，他们也是"互粉"关系。王勃死后，他曾经给其写过《王子安集序》，赞道："神机若助，日新其业。西南洪笔，咸出其词；每有一文，海内惊瞻。"虽然说为人作序的文字一般有溢美之词，但我觉得，此时杨炯笔下的话还是相当真诚的。

虽然入选"神童"，但杨炯不比王勃，没有皇家青睐。因为不是科班出身，别人都不怎么重视他，他基本就在弘文馆里呆着没事做。这段过程他自己在《浑天赋》中写过："显庆五年，炯时年十一，待制弘文馆。上元三年，始以应制举补校书郎"，由于整天呆在皇宫里，天天能看到天象台上的浑天仪，杨炯不免对天文学产生了一些兴趣，写下了这篇文章。

当然，杨炯的志趣并不是当伽利略，他还是想当位极人臣的大官。于是，在二十六岁时，他重新参加了制举考试，从此按部就班地从正规渠道步入仕途。要说在古代，也有省心的地方（尤其是宋代），只要能金榜高中，就基本上是朝廷命官了，不像现在，考了大学，还要想着考研，考了研还要考博士，毕了业还得考编制。考个"外焦里嫩"，没完没了。

杨炯通过制举后，被授予正九品校书郎一职，这是一个负责掌管国家图书典籍，抄录校正的活儿。以后我们会慢慢了解到，大多数新科进士，如张说、白居易、王昌龄等都是先从"校书"这个职位干起的。

杨炯脾气暴躁，性格耿直，据《朝野金载》记载："唐杨炯呼朝士为麒麟楦，或问之，曰：'今假弄麒麟者，必修饰其形，覆之驴上，宛然异物，及其去皮，还是驴耳。无德而朱紫，何以异是？'"这话矛头直指朝堂上的高官（唐代三品以上穿紫袍），说这些人外似麒麟，其实一头蠢驴罢了。

"假弄麟麒"，是古代在节日庆典时经常表演的一种把戏，将描绘好的麟麒皮，覆在驴、马身上，图个热闹喜庆。顺便说下，俗语中的"露马脚"也是从此而来，因为马脚或驴脚难以包装掩饰，耍弄起来，难免会露出来。

你想想，那些朝堂大佬，看到杨炯这样"大发厥词"，能欣赏提拔他吗？所以他只好慢慢地"文火"熬着，熬了六七年，终于得到中书侍郎（副宰相）薛元超的照顾，当上个正七品的詹事司直。所谓"詹事司直"，是东宫太子的跟班。

王勃跟的那个太子是李贤，这时候已经废掉；现在的太子，是他的弟弟李显，也就是王勃《檄英王鸡》中的那个英王。王勃陪太子读书，有始无终；杨炯此番又亲近皇储，有没有好结果呢？

弘道元年（683年）二月，高宗皇帝驾崩，皇太子李显即位，如果他能够牢牢稳稳地坐江山，那杨炯的前途自然是如花似锦，一片光明。然而，李显连龙榻也没暖热，就被武则天找个借口，从皇位上揪了下来，废为庐陵王，幽禁起来。

这还不算，没多久，发生了徐敬业起兵讨伐武则天的事情，在这个事件中，骆宾王连脑袋都丢了，而杨炯付出的代价也相当惨重。其实挺冤枉，本来没杨炯什么事儿，是他的从伯父杨德干之子杨神让参与作乱，株连到了杨炯。当然，他本身就是太子李显的旧属，也难免武则天怀疑。处理的结果是，杨炯被贬到梓州（现在的四川三台县，诗人陈子昂的家乡），做一个九品司法参军。和王勃后来谋得的小官一样。

在梓州，杨炯似乎和同僚们的关系，倒不是很僵，他写过《梓州官僚赞》，写给卢恒庆、郑令宾、贺兰寡悔等一人堆同僚们，把他们大夸特夸。看来经过许多的坎坷和挫折，这"麒麟楦"的脾气，改得差不多了。

到了武则天改元登基的那一年，各地官员纷纷进献祥瑞，据说当时有老人星在南方天空出现——即船底座α星，在南半球司空见惯，但北半球就比较难看到，所以甫一出现，就被古人称为吉祥的兆头。

女皇的侄子武三思率先献上《贺老人星见表》，四十二岁的杨炯此时也顾不得高傲了，马上也"趁热"写了一篇《老人星赋》，其中写道："赫赫宗周，皇天降休；丽哉神圣，皇天降命"，对武则天大拍马屁。有句话叫："女人一不要脸就有钱"，这男人看来是一不要脸就能当官。杨炯厚了一回脸皮，终于换来个好差事，从梓州那个荒僻的小地方调回神都洛阳，在习艺馆任教。在这里，他和三十六岁的宋之问做了同事。

这个习艺馆，可是个"好地方"，专门教宫里的嫔妃宫女们写诗、写字、画画、算术、下棋、弹琴什么的。虽然是"只许看，不许摸"，但一众美女围绕，香风习习，很是养眼怡神啊。

当然，给美女们当老师，也有不好的地方。一是没啥油水，没啥权力，这些美女们都是皇室中人，打不得，骂不得，不听讲也没办法；二是整天看着美女，馋涎落肚里，这才叫"老猫枕咸鱼"，滋味也不好受。如此过了两年，杨炯又想动一动了。

时值如意元年（692年），由于武则天晚年非常崇信佛教，于是举办了盛大的盂兰盆会。这盂兰盆节，在农历的七月十五日，道教称中元节。佛教传来后，融入了目连救母的故事，说是目连在这天，求佛祖给了部《盂兰盆经》，从而在饿鬼道中救出受苦的母亲。这个融会了佛教神话色彩、儒家孝道色彩的节日，受到了武则天的高度重视——注意，大凡是讲孝顺母亲的内容，最合武则天的心意，她就是用"孝敬母亲"这顶大帽子，压着两个本来应是大唐国君的儿子。

杨炯尝到上次的甜头，于是又写了《盂兰盆赋》献上，其中大夸武则天：

圣神皇帝乃冠通天，佩玉玺，冕旒垂目，纩纩塞耳。前后正臣，左右直史，身为法度，声为宫徵，穆穆然南面以观矣。

武则天的文学欣赏力并不低,骆宾王骂她的句子,都能得到她的赞许,何况是夸她的。所以杨炯不久就被升为盈川县的县令。

这个盈川县,在现在的浙江衢州市。此地在唐代经济并不繁荣,估计只能算中下县,因此,这个县令只是从七品,还不如当年做太子跟班"詹事司直"那个官大。不过,有的人以为,杨炯外放县令,是再度被贬斥,这是不对的。在宫里教美女念书,那职务只是从九品,现在升了两级,而且是一县的长官,行政一把手,相当威风。而且,这是进一步升迁的正途,县令做上几年,好了就会升到刺史之类的地方大员。

史载,杨炯脾气十分不好,后来位极人臣的燕国公张说,对他很欣赏,在他赴任时,曾劝过他:"才勿骄吝,政勿烦苛……勒铭其口,祸福之门。"别看张说当时只是个二十五岁的年轻人,新登科的进士,这番话说得深得官场三昧,比活了大半辈子的杨炯要明白得多。

然而,杨炯到任之后,还是以为政严酷著称。《旧唐书》本传:"炯至官,为政残酷,人吏动不如意,辄榜挞之"——杨炯动不动就打人杀人,和活阎王一样。其中原因,一是武周时酷吏盛行,是社会风气的影响,二是杨炯本身的"遗传基因"作怪。前面说过,他的祖父就是当大将军的,武人总是脾气火爆,这也能说明他产生"宁为百夫长,胜作一书生"这种想法的心理根源。

再一个例子是,他的伯父杨德干(前面提过,就是他儿子参与造反连累过杨炯),在当刺史时,就以严苛著称,其治下的人编有这样的民谣:"宁食三斗蒜,不逢杨德干"。

杨炯在盈川县没当几年,就得病去世了,大概也就四十多岁的寿数。过了十年,他原来侍奉过的太子李显当了皇帝,是为唐中宗。中宗虽然是为人窝囊的绿帽皇帝,但是为人忠厚,重感情,过了这么多年,还想着杨炯呢,给他追赠了个从五品著作郎之职。

由此可见，假如杨炯身子骨硬朗，以后的前程还是挺光明的。其实有时活得长，也很管用，像贺知章，年轻时也没当过什么大官，也是抄抄写写的小角色，但因为这人太能活了，当年的同辈人都死了，就他是老前辈了，所以给供起来了。

杨炯的官运，在四杰中，算是最好的，但最高也就是个正七品（追赠的不算），也是渺不足道的。

本书主要写才子们的仕途，因此对诗文评价就不多说了，不过依我看，杨炯的文章比诗水平要高，但由于现在我们不大懂得欣赏那些句句典故、骈四俪六的文字，所以杨炯给我们的印象要淡得多。

顺便再说一下，杨炯有个侄女叫杨容华，虽然在《全唐诗》中只留下一首诗，但足能证明，她是位文采出众的大才女。明代的程羽文还突发奇想，想穿越过来给她做媒："杨容华，莺吭亮溜，鹄饫非群，宜即配王子安、骆宾王、卢升之，蜚声振藻，不忝四家。"

但依我看，这几桩亲事都不好，卢照邻后来半身残废，骆宾王相貌想必不怎么样，而且造反被诛，再说了，卢骆二人本来就比杨炯大十来岁，按正常情况，杨容华是其侄女，年龄比杨炯当然还要小，不般配。王勃倒是年轻些，但也是早夭而死。假如让我主修《鸳鸯牒》：还是配给张说好，张说少年才俊，后来曳金衣紫，位极人臣，而且和杨炯又有交情，这事不是姓何的嫁姓郑的——正合适吗？

附：杨炯仕途经历：

——校书郎（正九品）

——詹事司直（正七品）

——司法参军（从九品）

——习艺馆教习（从九品）

——县令（从七品）

——终

——追赠著作郎（五品）

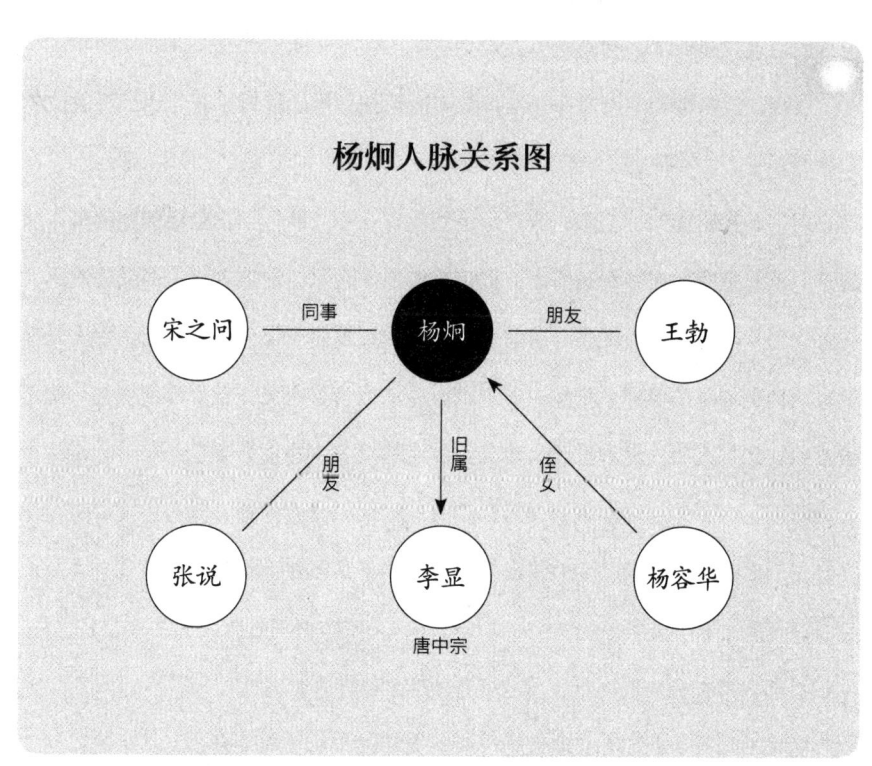

| 泛沧浪兮不归 |

卢照邻

卢照邻作为四杰之一，现在是给排成了"小三"的位置，其实他的岁数比王杨要大十五六岁左右（卢照邻的生年也没考证清楚，但大约是 634 或 636 年），在古代，这就是一辈人的差距了。

然而，性格谦和的卢照邻并没有像南海鳄神那样始终对排在"小三"的位置上愤愤不平，《朝野佥载》卷六载："世称'王、杨、卢、骆'，照邻闻之曰：'喜居王后，耻在骆前'，注意，这里面虽然也有一个"耻"字，但后面跟的是"骆前"，意思是我排在骆宾王前面，实在是很不好意思，看来老卢是很谦逊的。

卢照邻出身于范阳卢氏。这是唐代尊贵的五姓之一，《三国演义》中一开篇就写卢植是刘备的老师，平定过黄巾之乱，这人名望很高，董卓那样残暴，都不敢杀他，恐失人望。卢家世代大族，很多人都以娶卢姓女为荣。

所以，卢照邻起点也不低，他自幼就拜大儒王义方为师，学习经文。这个王义方是当时的一位名师，他教过很多出名的弟子。不过，他最看重的却并非是卢照邻，而是一位叫员半千的学生。这位学生，人家本来叫员余庆，王义方说他是："五百年方得一见的人物"，所以就让他叫"半千"。

员半千为人十分狂妄，他曾经给武则天写过一篇《陈情表》，其中说：

请陛下召天下才子三五千人，与臣同试诗、策、判、笺、表、论，勒字数，定一人在臣先者，陛下斩臣头，粉臣骨，悬于都市，以谢天下才子。望陛下收臣才，与臣官，如用臣刍荛之言，一辞一句，敢陈于玉阶之前。如弃臣微见，即烧诗书，焚笔砚，独坐幽岩，看陛下召得何人，举得何士？

千载之下，我读这一段时，还是被惊得矫舌不下，这家伙真牛啊，敢说让女皇召来天下才子三五千人，一起比试六种文体，只要有一人比他强，就甘愿受断头碎尸的处罚，这比吕不韦当年千金一字还震撼啊。而且还说，你要是不用我，我就烧了书，砸了砚，隐居深山去，看你能招来什么样的才士。

然而，女皇可能正喜欢这些无法无天的人，倒是很欣赏他，也许员半千是个美男子吧，女皇一开始把他安排在控鹤监，员半千一看这里名义上是文学研究会，实质上多是在床上侍候女皇的"文工团"，他于是上表不干。武则天也真照顾他，改让他做水部郎中。员半千后来做到从三品银青光禄大夫，累封平原郡公。开元二年卒，活了九十四岁。看来王义方的眼光还是不错的，只不过员半千这人，写诗并不怎么样，《全唐诗》只有他三首诗，《陇头水》这首是其中最好的：

路出金河道，山连玉塞门。
旌旗云里度，杨柳曲中喧。
喋血多壮胆，裹革无怯魂。
严霜敛曙色，大明辞朝暾。
尘销营卒垒，沙静都尉垣。
雾卷白山出，风吹黄叶翻。
将军献凯入，万里绝河源。

我们看，也很平平无奇。比起岑、高那些边塞诗，并不见得更强，前面他竟然说那样的大话，真不怕女皇剁了他？我怀疑这员半千是"恃宠撒娇"，仗着女皇喜欢他，要不怎么会被安排进控鹤监呢？

书归正传，还说卢照邻。卢照邻出身好，又得名师传授，所以也是一时之秀。唐高祖李渊的第十七子李元裕，当时被封为邓王，当过邓州、梁州、黄州等地的刺史。他把卢照邻收在幕下，任典签一职。典签这个职务，在南北朝时牛得很，王爷的一举一动，全受他管制，竟发生过这样的情况："诸王取一梃藕、一杯浆，皆咨典签。典签不在则竟日忍渴。"比幼儿园老师管小孩还严厉啊，简直是王爷们的监护人。但唐代的典签早没有这种权势了，也就是王爷前抄抄写写，文案秘书之类的角色。

虽然王勃、杨炯也为皇室服过务，当过类似角色，但王杨二人都是朝廷命官，是有"编制"的，卢照邻这个，只是邓王自己私聘。当然，邓王有钱，又喜欢书籍，人说学富五车，他王府里有十多车书，卢照邻看了个饱，对提高自身水平，是大有好处的。邓王也挺器重他，夸他是"我们家的司马相如"（司马相如一开始在梁王刘武府里混，"琴挑文君"的那张琴，就是梁王给的）。

然而，到了麟德二年，卢照邻大约正是三十而立，邓王就病死了。这王府的饭碗算是没了。而同一时间，洛阳的乾元殿修成了，王勃正在皇宫里意气风发地写《乾元殿赋》呢。真是"月儿弯弯照九州，几人欢喜几人愁"。好多人以为，这对卢照邻来说是仕途上的一大"利空"，但我觉得并非如此。首先，这些王府的僚属，按规定，是有任职限制的，李世民当时就规定过："事人岁久，即分义情深，非意窥窬，多由此作。于是限王府官僚，不得过四考。"——意思是说，王府中这样的下属，和王爷们处得时间长了，就交情过深，成为"铁板一块"的同盟，说不定就合起伙来干些非法勾当。所以王府中的僚属，和美国总统的最长任期一样，不能超过八年。

卢照邻离开王府后，谋了个四川新都县尉的官职。在这个职位上，卢照邻不怎么开心，和同僚们处得很不好，有他的《赠益府群官》为证，诗中说："一鸟自北燕，飞来向西蜀……昂藏多古貌，哀怨有新曲。"一副很不情愿的样子，接着更说道："智者不我邀，愚夫余不顾。所以成独立，耿耿岁云暮。日夕苦风霜，思归赴洛阳。"纵观大多数唐才子，都不怎么喜欢做县尉这个差事，因为这个职位常干些催租索税、抓夫拉丁的缺德事，正直的人做不来。

当然，这里要附带说一下，唐代一个县里，往往是县令一人，县丞（副县长）一至二人，主簿（相当于机要秘书）一至二人，县尉一到六人。加起来最多十一人，要是去踢足球，连替补队员也没有。

唐代稍微大点的县，往往就会有两个县尉，一个主管户籍租税、礼乐学校这类比较"文明"的事情，另一个才是轮刀弄剑管捕盗捉贼的。有些写文章的，往往不分青红皂白就都把县尉这个职务对应成"县公安局长"，这不见得确切，虽然唐代文人比后世手无缚鸡之力的书生们要强健得多，但让一个读书人抓贼，这事靠谱吗？

唐代的官职都是有任期的，期满后，要再度进行铨选考核，而且到了高宗年间，官多职位少，当官的也有"就业难"的趋势。卢照邻任期满后，大概是没有再被选上，对当这一类小官也丧失了兴趣，于是他就在四川到处闲逛。卢照邻和陈子昂是有交情的，他有《送幽州陈参军赴任寄呈乡曲父老》一诗，足以为证。看来是当年陈子昂到幽州从军时，正好北上路过卢照邻的老家，所以让他给捎点东西带个信什么的，顺便写下了这首诗。

四杰之中，卢照邻和王勃、杨炯没见有多少交情，但他和骆宾王的关系是相当亲密的，不过老骆有篇很"雷人"的长诗，叫作《艳情代郭氏答卢照邻》，揭发了卢照邻的一个秘密。

这首诗中，老骆代这个"郭小三"控诉了卢照邻负心薄幸的情景。从诗中看，这个郭氏是位"成都粉子"，现在我们翻看卢照邻的诗集，里面大写自己逛过的成都风景，什么《文翁讲堂》《相如琴台》《石镜寺》之类，根本没提这桩风流账，要不是骆宾王揭发，老卢这些"成都，今夜请将我遗忘"的心绪，可就埋没在历史的尘埃中了。

当然，我也来揭发一下老骆，他也"有事"，他写过这样一首诗，叫《忆蜀地佳人》："东西吴蜀关山远，鱼来雁去两难闻。莫怪常有千行泪，只为阳台一片云。"

从《艳情代郭氏答卢照邻》一诗中看，卢照邻很不地道，和人家卿卿我我，还整出一孩子来，后来拍拍屁股跑到当时的大唐政治中心东都洛阳去了，再也没了音讯，那个小孩子后来也夭折了，郭氏悲苦无依，要是放到现在，她发一微博，几个"大粉"一转，老卢的这段绯闻顿时尽人皆知。但当时的她，只能托骆宾王为其申情达意。由此看来，卢骆二人的关系相当不一般。

好在骆宾王写的是一首长诗，要是他像蒋防一样写成《霍小玉传》那种传奇的形式，让广大群众喜闻乐见，卢照邻的骂声要比李益更多得多。霍小玉也没替李益生孩子不是，就咬牙切齿地说："使君妻妾，终日不安！"这事后事如何，史无明载，不过卢照邻后来半身不遂，成了废人，郭氏难说能盼来好日子了。

网上有资料写："卢照邻患了'风疾'（可能是小儿麻痹症或麻风病）"，这完全不对，小儿麻痹症是从小就得上的，麻风病更不靠谱，那是一种烈性传染病，老卢要是得上，绝对短时间内就要挂掉，支撑不了后来这十多年。实际上卢照邻大概是因为脑血管梗塞之类造成的半身不遂。从上面卢照邻养"郭小三"的事情来看，他家境富足，是非常有钱的。所以，他有条件找最好的医生，当时他前去长安拜访了海内名医孙思邈。

药王孙思邈虽然是历史上数得着的名医,但这种偏瘫疾病是脑血管病,就算是现在各种先进医疗器械一起上,也未必能治愈,何况当时是唐朝,华佗来也白搭,孙药王也没辙,一抖搂手,叹息而已。

卢照邻身体残废,仕途上当然是没什么指望了。所以,身体好是很重要的。柴世宗要是身体好,那还有宋朝吗?有老赵家的事吗?高宗要是身体一直好,武则天也不大可能改唐为周。

治病既然没什么指望,卢照邻只好到现在河南新郑的具茨山下,买了数十亩地,盖了一个大院子,并预先给自个儿修了个坟墓,天天在这里靠点等死。然而,这病一时半会儿还死不了,就这样不死不活地耗着,这情景有点像当年的史铁生。卢照邻有一篇《释疾文》,其中写道:

余羸卧不起,行已十年,宛转匡床,婆娑小室。未攀偃蹇桂,一臂连踡;不学邯郸步,两足铺匐。寸步千里,咫尺山河。

卢照邻爬不动,走不得,只能在小床上蜷缩着,行寸步如走千里,跨咫尺如越山河,实在是难受啊,当然,每当"冬谢春归,暑阑秋至"这种季节变换的时候,老卢就让人抬着,到庭院里去感受一下自然风光。

就这样,也慢慢度过了大约有二十年。"初唐四杰"中,卢照邻相对是比较长寿的,不过他这个长寿法,简直是"长受罪"啊!所以到了六十多岁时,卢照邻实在熬不下去了,这真是生不如死,他像电影《非诚勿扰2》中的李香山一样,和亲友们一一道别,然后投入颍水河中,随波而去。

据《唐才子传》说,卢照邻"自以当高宗时尚吏,己独儒;武后尚法,己独黄老；后封嵩山，屡聘贤士，已已废"，意思是说，高宗时喜欢干练的官吏，自己却还是迂腐的书生，武则天时喜欢严刑冷酷的法家思想，自己却喜欢道家的黄老之术，到武则天后期，屡屡征聘天下贤士，但自己却成了废人。看来，卢照邻属于那种一步赶不上、步步赶不上的人。其实，这一段话是模仿《汉武故事》一书中的话，说一个叫颜驷的人，当了一辈子小官，老得须发皆白，也没有升过职，汉武帝问为什么，他说："文帝好文而臣好武，景帝好老而臣尚少，陛下好少而臣老矣"。

我觉得，这些都并不是最重要的，怪只怪卢照邻身体不健康。要是他不患偏瘫，说不定是四杰中官职最高的。理由如下：

一、卢照邻出身范阳卢氏，家境贵阔，起点高。

二、卢照邻性格谦逊温让（从他对四杰排名的意见可以看出）。

三、卢照邻结交的朋友中有中宗时的重臣张柬之。他有《酬张少府柬之》一诗，其中写："昔余与夫子，相遇汉川阴。珠浦龙犹卧，檀溪马正沉……"二人交情很好，而张柬之后来官至宰相，更是逼武则天退位，拥立中宗的重臣，后来得封汉阳王和天官尚书。天官就是吏部，正是主管选拔官员的人，如果此时卢照邻还活着，也会因此得益吧。

正所谓："不怨卢郎年纪大，不怨卢郎官职卑，自恨老卢身已废，焉得长似年少时。"

卢照邻仕途历程：

——王府典签

——新都县尉（从九品）

——终

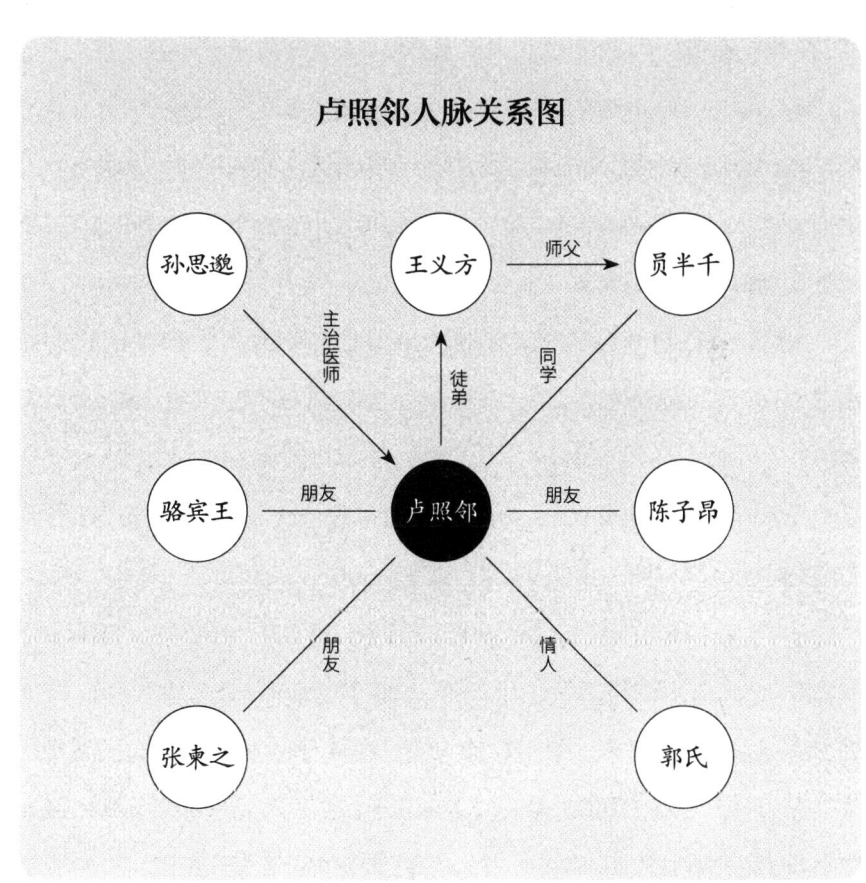

| 风多响易沉 |

骆宾王

骆宾王是四杰中岁数最大的一个，也是出身最为寒微的一个。王、杨、卢三人，都是高姓大第，老骆家却并没有什么太光彩的资历，骆宾王家在浙江义乌，现在这个地方挺有名的，是小商品批发城。但当时远没有现在热闹。虽然有考证说骆宾王是三国时的名人骆俊、骆统这一族的后人，但显然到了骆宾王这代，老辈子的风光没起到什么效果。

当然，骆宾王也不是纯草根，唐朝那时候，要是真正的贫下中农，读不起书，连字也不认识，是不可能在文章上有所成就的。骆宾王的父亲当过博昌（今山东省博兴县）县令，不过死得太早，所以骆宾王的家世就没有多少政治背景。但他自幼就是一个神童（四杰中王、杨也有神童之称），至今我们上小学时还要背诵他七岁时写的"鹅鹅鹅，曲项向天歌，白毛浮绿水，红掌拨清波"。

骆宾王死了做官的爹后，生活一度非常困窘，用他自己的话说是"藜藿无甘旨之膳"——整天吃野菜过活，而且骆宾王当年不务正业，整天赌博斗鸡，和市井之徒一起混着玩。后来，在亲友的督劝下，骆宾王到京城赶考，当时考试也有黑幕的，请托、私荐之类的"关节"，骆宾王一点也不懂，结果自然是榜上无名。在京城里混了些时日，几番辗转，投入唐高祖李渊的第十六子道王李元庆府上做幕僚。前面说过，接纳卢照邻的是李渊第十七子邓王李元裕，看来李唐皇族倒也识货，把"初唐四杰"都收集全了。

不过，也许是骆宾王脾气古怪，不擅于趋奉逢迎，在府中呆了三年，也没人重视他。据说李元庆好容易有次关注老骆，让他写篇文章看看，结果他在《自叙状》一文中既讽刺又挖苦地说："……若乃脂韦其迹，乾没其心，说已之长，言身之善，腼容冒进，贪禄要君，上以紊国家之大猷，下以渎狷介之高节，此凶人以为耻，况吉士之为荣乎！"结尾是："不奉令，谨状。"

"脂韦"，意思是像油脂一样滑，皮子一样软，用现在的俗话说，差不多就是"脚踩西瓜皮，手抓两把泥"，官场上混，这两句是必备的法宝，而骆宾王却嗤之以鼻，不屑一顾，认为是十分可耻的事情。这样的耿直脾气，很难在仕途上有所作为。

骆宾王恃才傲物，人家李元庆老板明明给他一个升赏的台阶，他却在文章中将李老板劈头盖脸地教训了一通，要知道并不是谁都能像唐太宗李世民那样有容忍魏征的气量，李元庆看了当然大为不悦，虽然没有马上就把骆宾王轰出府去，但心中定然暗骂骆宾王给脸不要脸。

骆宾王这种性格作风，当然难以在官场中发迹。后来他离开了王府，一直混到三十多岁还是一个白丁。再后来，骆宾王在现实的压力下，不得不弯下了他立志一辈子挺直的腰杆，也顾不得忌讳"说已之长、言身之善"了。他开始向一些大小官员上书自荐，从遗留下来的文章看，他简直有点"病急乱投医"，他向巡察各地的廉察使，史部（国家人事主管部门）的尚书、侍郎，任地方长官的州刺史上书，甚至还包括一些县令、县主簿等小官，逮谁就向谁毛遂自荐，求对方担当伯乐，使自己这匹"逸骥"能有一展才干的机会。

有时那语气说得相当可怜："少希顾复，辄布悃诚""伏乞恩波，暂垂回盼……"唉，说来残酷而无情的现实，会像岁月逐渐风化坚硬的岩石一样，再坚强挺立的山峰，也会被渐渐消磨。又有多少人，不得不"故作小红桃杏色"？又有多少人，不得不"红颜屈从于枯骨"？

骆宾王虽然有所"改过自新"，但人们的第一印象是最重要的，不但没有人真心帮他，反而空落了个"浮躁浅露"的恶名。直到麟德元年（664年）时，唐高宗李治到泰山封禅，骆宾王写了一篇《请陪封禅表》献上，凭着这个表，引起了皇帝的注意，被召到朝廷去入朝对策。所谓对策，就是皇帝对于特别推荐来的才士，进行筛选和考察的过程，有点类似于现在自主招生时的考试。

骆宾王"对策"时的考试题还保留在《全唐文》里，共有三道，我抄一道来考考大家：

问：士、农、工、商，四民各业，废一不可。取譬五材，而阙里致言；鄙于学稼，漆园起论。爰称绝机，岂先圣垂文？义有优劣，将随方设教，理或变通者哉？汝其矢陈，用启前惑。

我囫囵吞枣一般地解读下，大致是说工农商学（没说兵）这四种行业，是必不可少的，不可偏废其中一种，但为什么孔子说种庄稼为下等的鄙事，庄子说工匠的机巧是败坏人心的坏事呢？

看老骆（此时快五十了，称老骆算是名副其实），是怎么答的：

对：出震登皇，垂衣裳而驭籙；乘乾践帝，顺舒惨而字氓。莫不列九土以开疆，因四人而安业。故农为政本，两汉举力田之勤；财用聚人，九市列惟金之利。陟龙门而就日，入仕弹冠；断蝉翼以成风，追工运斧。咸用因人成事，随利济时。盖五帝通规，三王茂范。然则泣麟上圣，训三千以领徒；梦蝶幽人，抟九万以齐物。欲使丘门志学，折以问农之言；汉渚绝机，抒以灌园之巧。斯乃变通权数，趋舍适宜。当今海内乂安，天下乐业，士食旧德，农服先畴。自可孙宏献书，以待公车之制；王丹载酒，时慰田家之劳。谨对。

  老骆先是叙述了一遍执掌天下时，要以农为本，以商聚财，以读书人入朝做官，用手艺人做诸般器物等，装饰上典故后叙说了一遍，然后说孔子（泣麟上圣）和庄子（梦蝶幽人）说那两段话时，只是用以举例子，让儒家弟子专于学习，让道家门徒杜绝心机，并不是说废掉农工。如今天下太平，要尤为重视耕读。其中典故多多，这里就不细说了，比较难百度的我说一下，比如："丘门"指儒家，"孙弘"是汉武帝朝时的公孙弘，王丹是汉朝王莽时人，其他如果感兴趣的就自己琢磨下，反正也没啥用处，现在当官不考这个了。

  这样的回答显然是合格的，因为这次对策的结果是，骆宾王终于被封为从九品的奉礼郎这样一个小官。虽然有的读者可能对这个芝麻小官嗤之以鼻，但毕竟是正式步入了仕途。尤其对于穷人骆宾王来说，极为重要，因为当了九品芝麻官后，不但每年有五十石左右的大米，而且还分给两百多亩职田，还有月俸等杂七杂八类似于现在"肉食补贴"、"副食补贴"等条目的零花钱，更显威风的是，当了这个小官，官府会派两名役夫侍候您，以后擦桌子、拖地、买柴、挑水就全让他们干了。

  骆宾王在京城待了两年，就要求随薛仁贵的大军去西域。这其实也是博得功劳，以利于快速升官的一个途径，后来像什么陈子昂、崔融、李峤、卢藏用等人，都有过类似经历。

  骆宾王比较倒霉，这次军事行动惨败而归，不受罚就算不错了，老骆自然也得不到什么封赏，但有了这次经历后，骆宾王可能觉得军中这些直肠子的刚猛汉子倒比较对脾气，于是又随姚州（现在的云南楚雄，著名的云烟产地，只是当时还没烟草这东西）行军大总管李义去讨伐南诏。自古以来，北方对南方用兵，都比较容易，这次战役也是轻松获胜，在军中，老骆颇受器重，军中文书，多让他写。《全唐文》中就留下不少他当时写的"露布"（军中的檄文和布告之类）。

得胜而归后，骆宾王顺便在四川游玩了一些时日，认识了卢照邻等人，并写了前面说过的那篇《艳情代郭氏答卢照邻》，顺便说下，老骆这人很喜欢"路见不平，挥笔相助"，他还有一道著名的《代女道士王灵妃赠道士李荣》，里面一样也是风流账：

此时空床难独守，此日别离那可久。

梅花如雪柳如丝，年去年来不自持。

初言别在寒偏在，何悟春来春更思。

春时物色无端绪，双枕孤眠谁分许。

看来这王灵妃和李荣也是有一段露水姻缘的。唐代的女道士并非青灯黄卷，和男人绝缘，相反会更自由放纵。顺便说下，李荣这个人，卢照邻也是认识的，有《赠李荣道士》一诗为证。

骆宾王代笔很上瘾，后来最著名的"一票"是《代徐敬业讨武曌檄》，前两篇都是代女人讨伐男人，这篇却是讨伐女人的。然而，这回是老虎头上拍苍蝇，老骆这次代笔，把自己的老命都代没了。这是后话。

立了一番军功，按理说应该升一下官吧，但是老骆不会走门路，所以朝廷只给了个武功县主簿之职。这个职位相当于县委秘书长，品级为正九品上，比原来的奉礼郎只高一点点。就在此时，骆宾王写成他著名的《帝京篇》，这首诗题目原为"上吏部侍郎帝京篇"，是给当时的吏部侍郎裴行俭看的，看来也是求官用的。

现在一般的唐诗选本选诗时，很少选这一篇，但在当时这篇是很有名的，因为此篇，人们还传出种种轶闻。因为其中用了很多的数字，所以骆宾王有了"算博士"之称，仔细看下，果真有不少，像："秦塞重关一百二，汉家离宫三十六"、"三条九陌丽城隈，万户千门平旦开"，"小堂绮帐三千户，大道青楼十二重"等等，都是这样的。还有人说，其中的"倏忽搏风生羽翼，须臾失浪委泥沙"，预兆了骆宾王后来与徐敬业兴兵后失败丧生的结局，是所谓的诗谶。

骆宾王这番辛苦没有白费，裴行俭不久就将他调为明堂县主簿，后转为长安县主簿，虽然职位一样，但这两处是京县，所以是从八品上的品级，比原来又升了两格。又过了一段时间，骆宾王被提升为侍御史，这是一个从七品上的官职，是负责监察、弹劾官员的，相当于现在的中纪委或国务院监察部中的角色，这是骆宾王一生官宦生涯的顶峰。

然而，"没有关系想爬高"，是官场一大险事，这个职位也是挺能得罪人的角色，其实像骆宾王这样脾气率真，行事朴直的人，要是纯搞学术恐怕还能多混几年，官场中的险恶，骆宾王这样的人哪里应付得来？而且，当时是武后当政，诬告成风。没不久老骆就被诬贪赃而下狱。在狱中，他激愤难言，写下了他生平中最为出色的一首诗：

> 西陆蝉声唱，南冠客思深。
> 不堪玄鬓影，来对白头吟。
> 露重飞难进，风多响易沉。
> 无人信高洁，谁为表予心。

诗中的蝉孤影伶俜，代表了骆宾王此时的心声身境，和虞世南笔下那只"居高声自远"的蝉，有云泥霄壤之别。但对于很多人来说，骆诗中的蝉却更为感人。

坐了一年多的牢，遇到唐高宗立英王为皇太子（杨炯随后就成了他的跟班），这时大赦天下，骆宾王也因此被放了出来。出狱后，老骆两鬓如霜，已经是六十多岁的老头了，他心灰意冷，意兴索然。虽然隔了一年后，朝廷给了他个浙江临海县丞的职务，但老骆觉得混了一辈子到了最后，又成了九品芝麻官，郁闷极了。于是上任后没几天，就弃官而去。

其实，搁现在，骆宾王都六十多岁了，也到了回家抱孙子的时候了，在家里呆着混吃等死就完了。然而，老骆早年混迹于博戏之徒中，人虽老，赌性不减，而且这次是"孤注一掷"，赌上了身家性命——在晚年，他干了生平中最大的一票，那就是投身徐敬业幕下，公然反对武则天（其实李白也做过类似的事，投奔永王）。

于是，唐代文坛多了那篇《为徐敬业讨武曌檄》，这文章写得如太阿神剑出鞘，锋锐无比，千年之后读来仍是凛凛有生气，把骆宾王平生的坎坷怨气全爆发出来了。据说武则天看这篇檄文时，开始只是晒笑，但读到后面"一抔之土未干，六尺之孤安在"时，惊问道："这是谁的手笔？"左右告诉她是骆宾王，她很感慨地说："如此贤才沦落在外，这是宰相的过失。"

如果骆宾王能和员半千一样，也早早写篇文章，直接送到武则天手中，会不会他的仕途和命运完全是另外一种情况呢？这就难说了。骆宾王后来下落不明，有人说他和徐敬业一起被杀，也有人说他出了家，遁入空门。据说隔了十几年，宋之问游杭州灵隐寺时，碰到一个老和尚替他续了两联妙句："楼观沧海日，门对浙江潮"，这神秘老僧据说就是骆宾王。

这事恐怕也不十分可信，因为骆、宋二人是非常熟悉的朋友，骆宾王诗集里有《送宋五之问得凉字》《在兖州饯宋五之问》等，都证明他和宋之问是很熟的，再说宋之问到杭州时，已是中宗复辟之后，骆宾王没有必要再隐藏了。

骆宾王仕途历程：

——奉礼郎（从九品）

——武功县主簿（正九品）

——京县主簿（从八品）

——侍御史（从七品）

——县丞（从九品，没到任）

——终

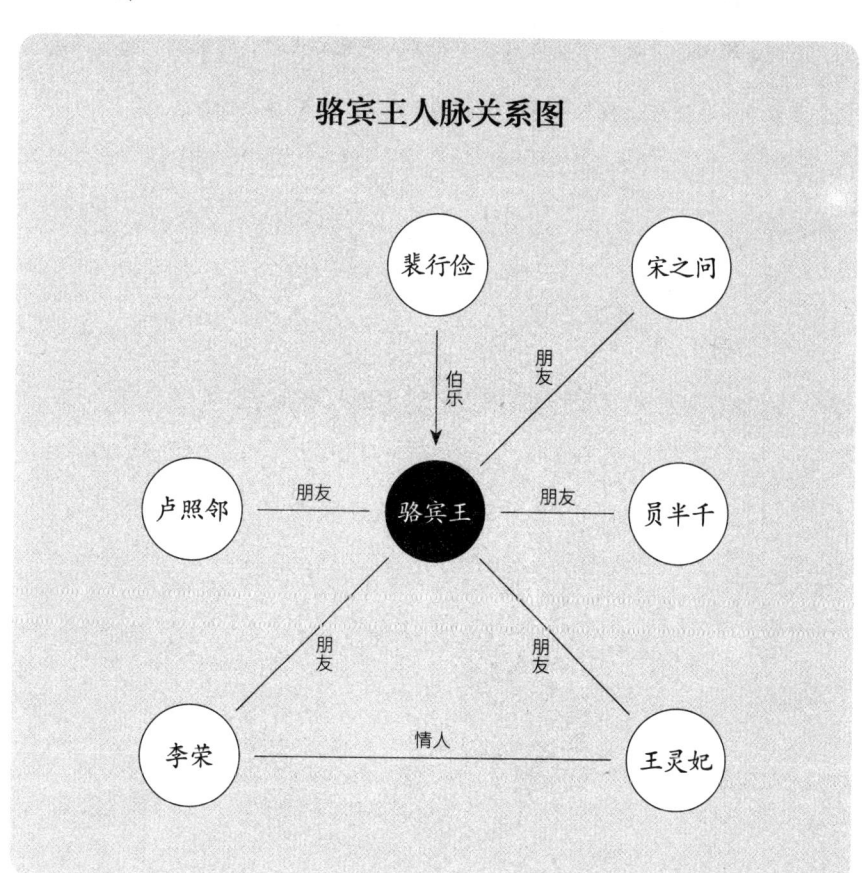

王杨卢骆，这几个人排在一起，不但文风上有近似之处，人生遭遇上也比较类似，他们或服务于皇官中的太子，或服务于王府里的王爷，而且王、杨、骆都早有神童之称，王、卢、骆都经历过牢狱之灾，都是终生坎坷，没做过什么大官。他们的仕途就像2012年的股市K线一样，一直低位徘徊，震荡走低，熊得很。据说当时的名臣裴行俭一眼就看出四杰"浮躁浅露"的性格，并断定他们做不上什么高位，能得善终就不错了。事实证明，老裴的"乌鸦嘴"还真灵。

　　宋之问有这样一段文字，虽然他的人品有问题，但这番评论倒是极为精当，不妨借来一用，为"初唐四杰"作结：

　　王也才参卿于西陕，杨也终远宰于东吴，卢则哀其栖山而卧疾，骆则不能保族而全躯：由运然也，莫以福寿自卫；将神忌也，不得华实斯俱。

| 芳意竟何成 |
陈子昂

陈子昂在初唐诗坛占有相当重要的地位，他一扫齐梁时的浮艳诗风，力主恢复汉魏风骨，为盛唐诗的茁壮带来充足的养分。什么叫齐梁之体呢？就是讲究音韵工整、诗句浮艳靡弱的那类。这一派文风，现在好像又流行起来了，像那些赏析古诗词的书，文字都是一样的软媚浮艳，一下笔，就是"青梅柳梦"，"流水淡烟"，"温一壶白月光"，"洁白一身，端静安素"之类。

初唐诗坛上，尤其是官廷中，几乎全是华丽丽的空洞辞章，像上官仪老儿这首《咏画障》："芳晨丽日桃花浦，珠帘翠帐凤凰楼。蔡女菱歌移锦缆，燕姬春望上琼钩。新妆漏影浮轻扇，冶袖飘香入浅流。未减行雨荆台下，自比凌波洛浦游。"全是风花雪月，清歌美人什么的。

而陈子昂讲究汉魏风骨，古朴刚健，不用华丽的辞藻装饰，自有一股清新质朴之气，这种风气影响了后来的李杜，所以论者觉得陈子昂功绩过人，金朝元好问在诗中夸道："沈宋横驰翰墨场，风流初不废齐梁。论功若准平吴例，合著黄金铸子昂"，意思说初唐时沈佺期和宋之问等还在延续齐梁风气，而陈子昂一举扭转这些萎靡诗风，其功绩和平定吴国的范蠡相当，应该用黄金为他铸一座像！

好了，我们重点不是谈诗文。我们还是看陈子昂当过什么官：

陈子昂生于661年，比郭震小五岁。他是四川梓州射洪县人，前面说过王勃、杨炯他们都曾经来到过梓州。史料中没有提过他们和陈家有什么来往，当然如果编电视剧的话可以下手，随意想象一下，也不算有硬伤。

陈子昂家并非是官宦世家，所以他写文章时，经常有点自卑："子昂少游白屋，未历朱门，闻王孙之游，空怀春草；见公子之兴，每隔青霄。"虽然并非是京城中的王孙公子，但他也不是纯草根，我们前面说过，唐代诗人几乎没纯草根。他家在当地算得上是豪族，父亲叫陈元敬，生得身材魁梧，豪迈倜傥，用陈子昂自己的话就是"河目海口，燕颔虎头"（《我府君有周居士文林郎陈公墓志铭》），大嘴大眼，虎头虎脑的。陈元敬年青时就侠名远扬，而且仗义疏财，有一年乡里闹饥荒，他打开自家粮仓分散给群众，一天散万钟之粟，不求半点回报。

陈子昂的父亲陈元敬虽然也当过文林郎这样的九品闲职小官，但从没进过朝堂，一直守在家里，"饵地骨炼云膏四十余年"，地骨、云膏不知是啥东西，大概就是和石髓、钟乳一类，是当时的求仙者吃的奇特药材吧。老陈后来活了七十四岁，在唐朝算是长寿一族了，或许是他的养生法起了效用？

陈家如此有钱，所以陈子昂和很多唐朝"富二代"一样，自小就斗鸡走马、饮酒赌博。其实就这样过一辈子也不错，后人有"愿为五陵轻薄儿，生在贞观开元时。斗鸡走犬过一世，天地安危两不知"这样的感叹，陈子昂要是一直这样玩下去，潇洒走一回，是初唐文坛的损失，倒是他个人的幸运。

然而，"潘多拉之盒"还是打开了，陈子昂有一次偶然进了乡里的学校，看到别人读书的场景，突然就萌发了想读书的念头，有些事情，真的好像是宿世因缘，就像有些人喜欢唐诗一样，莫名其妙地就非常痴爱。此后，陈子昂发愤读书，以他的聪明才智，自然进境很快，不久就"精穷坟典"，学有所成。然而，人生识字忧患始，从此走向了那坎坷凶险的仕途。

二十一岁那年，陈子昂首次来到长安城。长安城里，冠盖如云，车马辐辏。并无亲故在朝中当大官的陈子昂，在这里像蚂蚁一样，根本没有人关注。《独异志》里传说：当时陈子昂购买了一架非常昂贵的古琴，又当众摔毁，借以"炒作"。正史中对此无记载，这件事究竟有没有发生过，也很难说。

在京师里混了两年，积累了一些声望，二十三岁时，陈子昂就进士及第了。当时唐高宗刚刚在洛阳驾崩，群臣商议将棺材送回长安下葬。刚登第的新进士陈子昂就大了胆子（这样的大事儿，一般是朝廷重臣拿主意）慨然上书，说洛阳这个地方非常好，就葬在这里算了，为什么非要葬在长安呢——"何独秦、丰之地，可置山陵；河、洛之都，不堪园寝？陛下岂可不察之？愚臣窃为陛下惜也"。

其实武则天是满心愿意采纳陈子昂这个建议的，后来她一直驻留在洛阳，很少去长安住，就证明了她对洛阳是何等的偏爱。然而，归葬长安是唐高宗李治临终时的愿望，史书上写，李治病危时，大赦天下，他强撑病体，问大臣："百姓听说大赦天下，高兴吗？"近臣答："百姓非常高兴！"高宗叹道："苍生虽喜，我命危笃。天地神祇若延吾一两月之命，得还长安，死亦无恨。"

武则天当时肯定也听过这句话，虽然她非常狠毒，但对高宗还是有些感情的，于是没有采纳陈子昂的建议，还是把高宗葬在了长安，就是现在依然没有被盗过的乾陵。不过，这篇《谏灵驾入京书》为陈子昂加分不少，女皇对陈子昂这个人倍加关注，特地召他到宫中的金华殿问话。只见陈子昂相貌村野，举止上也不大懂礼仪，但是这人胆大，敢说敢道，武则天总体印象还好，封他为"麟台正字"。这是一个正九品小官，和校书郎职责相似。

因为那首《登幽州台歌》，在大多数人的印象里，陈子昂就是一个耿直不阿、仕途无望的穷书生。其实，武则天挺关照他的，很多朝廷大事都问讯于他，像开凿蜀山去攻打吐蕃等馊主意，都是在陈子昂的力谏下，才及时终止，避免了劳民伤财。武则天越来越信任他，升他为右卫胄曹参军（从八品），跟随左右——注意，这官郭震也做过，他们应该当过同事。

六年后，大周朝改元，武则天正式登基。陈子昂更是不遗余力地写诗写文歌颂女皇，像《大周受命颂》《庆云章》等，都是吹捧武周朝的，试看下面这首：

> 昆仑元气，实生庆云。大人作矣，五色氤氲。
> 昔在帝妫，南风既薰。丛芳烂熳，郁郁纷纷。
> 旷矣千祀，庆云来止，玉叶金柯，祚我天子。
> 非我天子，庆云谁昌。非我圣母，庆云谁光。
> 庆云光矣，周道昌矣。九万八千，天授皇年。

这里面，"非我天子，庆云谁昌。非我圣母，庆云谁光"，拍得女皇心里很是舒坦，于是武则天又提拔他为从八品的右拾遗。这个官是专门给皇帝提意见的，老杜后来也做过这个职务，所以后人称为"杜拾遗"。

又是六年后，陈子昂迎来又一个人生转折点，当时契丹人反唐作乱，史称营州之乱。第一次派武三思领兵出征，崔融跟随，陈子昂写下《送著作佐郎崔融等从梁王东征》一诗，结果武三思瞎指挥，被契丹人打得惨败，两名大将被活捉，灰溜溜地逃回。但就这样崔融还能升官，从六品著作佐郎变为五品著作郎，官服由青绿变绯红，这事我们前面说过。

第二次征讨时，武则天还是派武家人出马，这次是派了另一个侄子建安王武攸宜，随军当笔杆子的，正是陈子昂。崔融有没有送陈子昂呢？没有！不是他们交情不好，因为当时崔融还没回京，等陈子昂到了幽州，也就是现在的北京这一带，崔融才回去——看这意思，似乎陈子昂替了崔融的班，陈子昂集中有《登蓟城西北楼送崔著作融入都》一诗，足可为证。

性格决定命运，人家崔融随军出征，只是"安分守己"地干自己职责所在的事，让写露布写露布，让写檄文就写檄文，闲了没事，就想老婆写情诗。那时候没飞机扔凝固汽油弹，在最高统帅的指挥部里，还是挺安全的。

但陈子昂的脾气不这样，他看见武攸宜屁本事没有，不知兵机将略，却挺着肚子摆架子，这仗打得真叫一个窝囊！打仗不在行，收集祥瑞之物讨武则天欢喜倒不怠慢，一次军中发现一只白老鼠，"身如白雪，目似黄金"，于是全军上下一起捉老鼠，还让陈子昂写了个表，大吹什么"昔宋克鲜卑，苍鹅入幕，今圣威远振，白鼠投营"，然而一仗下来，大将王孝杰坠谷而死，唐军兵败如山倒。

"一将无谋，累死千军"，现在有句话叫"不怕神一样的对手，就怕猪一样的队友"，队友无能，都拖累死你，何况是猪一样的统帅。陈子昂看不过去，自请率一万人为前锋，保证可以击溃敌人，但武攸宜认为是挑战他的权威，呵斥不允。后来因陈子昂多次抨击他指挥失当，这猪头恼羞成怒，把大才子降为军曹。他忿懑积于心中，于是有了那首著名的《登幽州台歌》："前不见古人，后不见来者。念天地之悠悠，独怆然而涕下。"

然而，诗坛得意，官场失意，幽州随军一行，虽然"收获"了这首妙绝古今的好诗，奠定了他在初唐诗坛的不朽地位（当时陈子昂可是丝毫没这感觉），但却得罪了武氏一族，为陈子昂日后的悲惨遭遇埋下了伏笔。

在这一年，还有一个不幸的消息，给了陈子昂沉重打击。那就是他的好朋友乔知之，被武则天的侄子武承嗣害死。

乔知之这个人出身名门，其父乔师望，被唐高祖的女儿庐陵公主招为驸马，他本人做到左司郎中（从五品）这样的官。乔知之写的诗清丽可人，其实挺不错的，只不过像《唐诗三百首》等诸多选本都没有选过他的诗。比如像《定情篇》

中的"人间丈夫易，世路妇难为，始如经天月，终若流星驰。天月相终始，流星无定期"，很有白居易的风格；《哭故人》一诗中，"古木巢禽合，荒庭爱客疏。匣留弹罢剑，床积读残书"等句，又哪点比郊、岛等人差了？

乔知之和陈子昂是好朋友，陈子昂集中有好多送给他的诗：像《西还至散关答乔补阙知之》《度峡口山赠乔补阙知之王二无竞》《题居延古城赠乔十二知之》等等，乔知之虽然存诗不多，但也有《拟古赠陈子昂》一诗，其中写："以此从王事，常与子同衾"，看到这里，腐女们可能眼睛一亮，原来他们是好基友啊？其实，这是化用《诗经》中"与子同袍"、"与子同裳"的典故，如果乔知之爱的是陈子昂，那倒没有后来的灾祸了。

乔知之有个美丽的侍婢叫窈娘（或称碧玉），她温柔貌美，因为爱她爱得如痴如狂，乔知之竟然坚持不结婚。有人可能觉得奇怪，既然这样爱窈娘，乔知之为什么不娶她呢？要知道，唐代贵贱等级很严酷，"以妾为妻"，是犯法的，要判一年半的有期徒刑。所以，窈娘的身份就只能是姬妾，为了怕她受大老婆欺负，所以乔知之干脆不作结婚的打算了，这在当时就足以让世人惊诧了。

然而，坏种武承嗣却偏偏要夺人所爱，借口让窈娘去教家中姬妾梳妆，就此将她霸占。乔知之气愤心痛之余，写了《绿珠篇》一诗寄情，密送给窈娘，看了诗后，窈娘痛不欲生，于是投井自尽，酿出一场惨剧。武承嗣这厮不但不愧疚，反而将怨气撒在乔知之身上，让酷吏罗织罪名，杀害了乔知之。

陈子昂知道这一切，却无能为力，他的性格是"尤重交友之分，意气一合，虽白刃不可夺也"，所以他不想再为武家人写奉承文字了，心灰意懒之际，正好家里老父亲病重，他就上表要求辞官，武则天对他还不错，让他休假回家，官职先保留着，俸禄照发。

回到老家后，陈子昂在射洪县的西山下，修了茅屋数十间，种树采药，平淡度日。闲下来之后，陈子昂决心写一本《后史记》。我们知道《史记》是写到司马迁生活的汉武帝时期，陈子昂是想从汉武帝时接着写，一直写到唐朝。然而，编订好大概的结构，没有来得及完成，一连串厄运就袭来了。

先是父亲病重去世，生性至孝的陈子昂悲痛欲绝，他本来身体就不好，经过这一场打击，病得拄杖也难以行走。而本地的县令段简，又罗织罪名，想加害陈子昂。为了免祸，陈家人给段简送去二十万钱，但姓段的狗官丝毫不讲情面，当时陈子昂病重难行，捕吏们就用板车拉了他押到县衙里，关进狱中。四十一岁的陈子昂，就这样悲惨地死在了黑牢！

元代辛文房的《唐才子传》中说："呜呼！古来材大，或难为用。象以有齿，卒焚其身。信哉，子昂之谓欤！"似乎说这场祸事，只是段简贪图陈家的财产。但陈子昂当时并非罪臣贱民，还是堂堂的朝廷命官，他生性开朗，喜欢交朋友，朝中有凤阁舍人陆馀庆、殿中侍御史毕构、监察御史王无竞、亳州长史房融、右史崔泰之等一大群高官都和他交情很好。为什么段简有这样大的胆子，敢如此歹毒地对付陈子昂呢？

还是唐朝人沈亚之猜测的对，正是因为陈子昂得罪了武家人，加上朋友乔知之被害死，性格直爽的陈子昂肯定表达过不满，所以惹来这场杀身之祸，段简只不过是受人差使罢了，像《水浒》里的董超、薛霸那样的角色："太尉差遣，不敢不依"，幕后黑手，应该是武家子侄。网上还有篇"学术论文"，说上官婉儿也是幕后黑手，因为上官仪是齐梁风气的诗风，陈子昂反对这一派文风，所以遭到他孙女的嫉恨，这理由太也可笑，不值一驳。

陈子昂这个人，虽然好客豪爽，但"性不饮酒"，以后拍电视剧可别让他摆诗酒淋漓的 POSE。这里不能不提他的好友卢藏用这个人，此人和陈子昂交情极好，虽然他有很多"负面新闻"，像"终南捷径"这个成语就是他创造的，还有人说他也是太平公主的男宠之一，但人家卢藏用不但整理了陈子昂残存的文稿，而且一直抚养照顾陈家幼小的儿女长大成人。就凭这点，我就觉得老卢是好人，邀名当官，卖身给公主这些事儿，也不是什么伤天害理的大过恶，有对陈子昂存稿抚孤的功德，这个人就足以昂首于仕林。

陈子昂一生官职低微，和"初唐四杰"差不多，一辈子没有"着绯"（穿过红袍），但在初唐诗坛却是重量级人物。欧阳修编、宋祁主笔（列传部分是宋写）的《新唐书·陈子昂传》中，对陈子昂评价不怎么好：

子昂说武后兴明堂太学，其言甚高，殊可怪笑。后窃威柄，诛大臣、宗室，胁逼长君而夺之权。子昂乃以王者之术勉之，卒为妇人讪侮不用，可谓荐圭璧于房闼，以脂泽污漫之也。瞽者不见泰山，聋者不闻震霆，子昂之于言，其聋瞽欤！

意思说武则天得位不正，陈子昂却将治国之道进献于她，像是把宗庙的玉圭玉璧，送到女人家的内室里，让脂粉污染侮辱，瞎子看不见泰山，聋子听不见雷霆，陈子昂你是瞎子聋子吗？不知道武则天是女主摄政？

这番评论，带有封建正统色彩，当然不足为凭。但我觉得假如陈子昂不是在诗坛享有清誉，那有可能史书上给他下的评语更为糟糕，一不小心沦落成武周时跳梁上位的反面人物，也不是不可能。所以说牵扯到身后的"人生芳秽"，著名诗人还是比较沾光的。

陈子昂仕途历程：

——麟台正字（正九品）

——左卫胄曹参军（九品）

——右拾遗（从八品）

——终

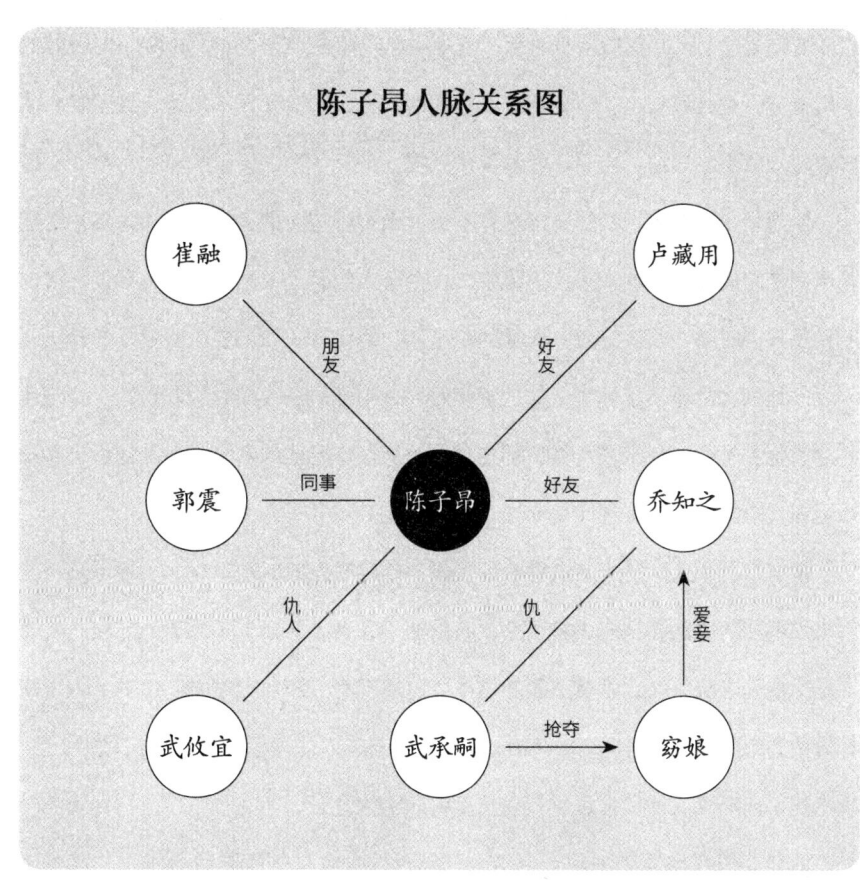

莫为愁沽酒
贺知章

贺知章这个人，我们相当熟悉，虽然他存诗很少，但《回乡偶书》和《咏柳》这两首诗，是大家自小就背诵的，所以他的大名，可谓无人不知，无人不晓。谁要连贺知章都不知道，恐怕小学都没读完吧。

然而，在初唐时，贺知章还真算不上什么有影响力的大人物。因为贺知章称赞李白是"谪仙人"的故事广为流传，以至于人们有个误区，常以为老贺生活的时代是盛唐时期。其实，查一下他的生卒年，他比陈子昂还要大两岁，和郭震、宋之问他们比也小不了多少，他的青年时代，同样是在武周时期度过的。要是他的寿数也和杨炯、陈子昂一样，那史书中可能根本没他的名字，他就像唐代那些永远湮没在史册中的普通文吏一样，不为人知。

贺知章这个人，是个老黄忠似的人物，年轻时默默无闻，轮不上他出头，但后来那些初唐时的名宿有的被贬杀，有的病死，到了开元天宝之时，放眼一看，文坛上的元老级人物，就剩下贺知章了。这情况有点和我们家乡临清的名人季羡林似的，像陈寅恪、胡适、辜鸿铭、郭沫若、周作人这些老一辈的名人都死光了，季老这个研究梵文的专家也成首屈一指的国学大师了。

就让我们在本篇中细聊一下这个"闷声发大财"的贺知章所走过的仕宦之

路吧。

贺知章，659年生，他的家乡在浙江萧山县，是太子洗马贺德仁的族孙，前面介绍过这个官是太子的侍从官，从五品上，品级不低。然而，他是人家的"族孙"，也就是同族的爷爷辈里有这样一号厉害的人物，旧时亲族蕃盛，贺知章未必能沾多少便宜。再说等贺知章长大，这人不知还在不在世，退没退休（古代叫"致仕"）。

真正帮了贺知章忙的，是他的姑父陆元方和表弟陆象先。当时陆元方和武则天的宠臣吉顼都当吏部侍郎。这里闲插一笔，简单说下吉顼这个人。从武则天留下的那方著名的《升仙太子碑》上，我们知道吉顼也进过控鹤监，当过内供奉。

史书中有这样两则故事，足以证明此事。一是酷吏来俊臣被关押时，武则天在宫里骑马闲逛散心，贴身服侍她的就是吉顼，他趁此机会打小报告说来俊臣民愤极大，非杀不可，才让女皇下了最后决心；再一个故事是，吉顼后来对武则天的侄子武懿宗态度很不和善，惹得武则天大怒说："太宗有马名狮子骢，无人能制。朕言于太宗曰：'妾能制之，然须三物，一铁鞭，二铁楇，三匕首。铁鞭击之不服，则以楇楇其首，又不服，则以匕首断其喉。'太宗壮朕之志。今日卿岂足污朕匕首邪！"吓得吉顼惶惧流汗，拜伏求生，最后被贬外放，不久死去。正是因为吉顼是女皇男宠，所以武则天才用"马子"比喻他吧。

吉顼挺会来事的，他主动推荐同事陆元方的儿子陆象先当洛阳尉，这是京城的官职，好差事。陆元方还有点不好意思，说这也太露骨了吧。吉顼振振有词地说："我为国家选人才，难道因为他是你儿子，就因私废公吗？"元方怎么看？元方当然乐意了，于是陆象先就顺利地当上了洛阳尉，之后一路绿灯，从监察御史到中书侍郎然后到宰相，当然，陆象先在历史上名声很好，他持政清廉宽和，有浓郁的道家思想，那句"天下本无事，庸人自扰之"，就是他的名言。

好了，不说陆象先了，还说贺知章。贺知章沾了表弟的光，这事可不是我说的，《新唐书》上就这样说："举进士。初授国子四门博士，又迁太常博士，皆陆象先在中书引荐也。"贺知章三十六岁时才中了进士，但他登第后，并没有从九品校书郎那样的基层职位干起，一开始就是"国子四门博士"，注意，这是一个从七品上的官职，相当于中县的县令，杨炯混到四十岁才到这个品级的。所谓四门博士，也是国子监的学官，教那些太学里的学生的。所以，贺知章一开始就是当老师的，后来从事"教育事业"大半辈子。

贺知章性格恢谐风趣，也挺合适当教授的。表弟陆象先曾经说："季真（贺知章的字）清谈风韵，吾一日不见，则鄙吝生矣。"要是贺老师生活在现在，去主讲百家讲坛，或是表演脱口秀，易中天和周立波的饭碗可能都要被抢去。晚唐张祜有诗写："贺知章口徒劳说，孟浩然身更不疑。"可见贺知章的口才是非常有名的。

贺老师整天这样嘻嘻哈哈，没个正形儿，加上担任的官职是文教系统，和同僚冲突少，所以在武周年间他平淡无事，没有遭到贬斥。然而，也正是因为这些原因，他也很少得到提拔。

贺知章的官服一直绿到开元十年，老贺都六十三岁了，放眼一看，"初唐四杰"早入土了，"文章四友"也全死光了，陈子昂、郭震的坟上也长草了，老贺也变成了贺老了。这时张说推荐他到丽正殿修书，升了个太常少卿，这是个正四品官，主管祭祀宗庙之类的礼仪活动。

又过了三年，贺老"六十六吃块肉"，升了礼部侍郎。这个职务，掌管礼仪、学校教育、科举考试及外交等事务。在这个职位上，贺老栽了个不大不小的跟头。这也反映出来贺老师虽然学问高，脾气好，但管理能力上是有缺陷的。什么事呢？

唐玄宗的二哥申王死了，要安排挽郎扶着棺材出殡。按当时的规矩，"挽郎"

可不是随便喊个谁来就能行的，入选者必须是官宦子弟，而且长相要清秀，身材要高大匀称，像武大郎那样的想也别想。有人说，这抬棺材哭丧的活儿，有啥意思，还都抢着干？你不知道，有过做"挽郎"的资历后，会被吏部记录在案，以后就可以补缺当官了。想人家一般百姓家的子弟，寒窗十年，点灯熬油似地苦读，中了进士，也是等着授官，你就跟着棺材走一趟，回来就有资格当官了，这便宜事你想不想？当然，一般人是想也白想，这是给"官二代"开的后门。

于是，成百上千个官家子弟都来竞聘，但"挽郎"人数有限，王爷死了，按规制，大约只需要四十个人。僧多粥少，狼多肉少，落选的是多数，这是肯定的。但官二代们个个气势凌人，不好惹啊，没选上的都不服气，于是围着礼部衙门聚众示威，鼓噪生事。要是这些人都是平头百姓，叫来金吾卫士一顿棍棒打跑也就算了，但这群人里，这个是张宰相的公子，那是个王尚书的少爷，打不得骂不得，贺知章没办法，只好关紧礼部的大门，自己从墙里面支了个梯子，爬上墙头去，苦口婆心地劝解大伙儿。饶是贺知章口才好，也不抵用，口干舌燥地劝了半天，那些官二代们还是不依不饶，贺知章急了一头汗，最后口不择言，竟然说："诸君且散，见说宁王亦甚惨淡矣！"意思说我有内幕消息，皇帝的大哥宁王李宪也快死了，你们不用等多久，下回我就安排你们。但当时人家宁王只是病了，还没死呢，人家到开元二十九年才死，又活了十六年哪，这就咒人家呜呼了，也不是个事儿。

于是贺知章演的这出"墙头记"，被大伙当作笑话四处传。皇帝听了，也责怪贺知章办事不力，将他从礼部侍郎改调为工部侍郎。有人觉得，工部主管建筑，这地方油水多啊，比礼部更好啊！但是唐代可能没有过多的贪污腐败行为，而且古人鄙视工程技术活，认为不过贱役工匠之流，礼乐才是大事情，所以从礼部调到工部，虽然品级不变，这种处理在当时是带有贬斥意味的。

又过了十年，开元二十六年，唐玄宗见七十九岁的贺爷爷还活得挺精神，于是加封他为太子宾客、银青光禄大夫兼秘书监。解释一下，太子宾客是太子侍从中地位最高的官儿，是正三品，而秘书监是主管全国的文化典籍，相当于国家图书馆馆长，品级为从三品，银青光禄大夫则是散官虚职，也是从三品。

当然，对于一般的臣子来说，这并不算多好的职位，当时的东宫太子（即后来的唐肃宗）手下的属臣，都不怎么受重视，待遇也不好。有个叫薛令之的人，时任太子侍读，抱怨工作餐不好吃，题诗在墙上道："朝日上团团，照见先生盘。盘中何所有，苜蓿长阑干。饭涩匙难绾，羹稀箸易宽。只可谋朝夕，何由保岁寒"，结果被唐玄宗视察时看到，大发雷霆，将他轰走，可怜的小薛，凄凄惨惨地徒步从长安走回福建，到家后不久就死了。

当然，贺知章这样的名宿大佬还是饿不着的，他也并非喜欢权势的人，当这样一个清闲官儿，正符合他的脾性，贺老为人和善，和同僚们少有冲突，所以成为德高望重的代表。尤其是天宝元年时，李白来到长安，求见了贺知章。贺老看了李白诗，连声称赞，夸他是"谪仙人"，又请李白喝酒，留下"金龟换酒"的佳话。

对于"金龟换酒"，人们一般都评价说贺知章生性豪爽，但其实这里面未免没有"显摆"的成分，这金龟是朝中三品以上大员才能佩戴的饰物，贺老熬了一辈子，终于穿上了紫袍，戴上了金龟，这份荣耀贺知章还是看得很重的，所以在李白面前，当然要炫耀一下。按唐朝制度，三品官要有四十八个人侍候着，随便派个人去拿钱，又有何难？但贺知章"老太太吃麻花"，要的就是这个劲儿，非要把金龟押饭店里，这不是显摆是什么？

当然，贺老当时是公认的"学术权威"，能这样平易近人地对待当时并没有多少名气的李白，一点不摆架子，不居高临下教训人，这种态度还是值得赞扬的。

现在看来，当时是贺知章抬举了李白，其实在后世，贺知章的知名度，很大程度上是沾了李白的光。有人说，他还沾了杜甫的光呢？杜甫在《饮中八仙歌》中第一个就写贺知章："知章骑马似乘船，眼花落井水底眠。"其实，杜甫和贺知章并无交往，他来长安时，贺知章已回乡并去世。关于贺知章的神采和性格，基本上全是从李白口中转述，杜甫是李白的"死忠粉"，李白称道的人，他当然也无比崇敬。

到了天宝二年，八十五岁的贺知章终于病体难支了。他一度精神恍惚，梦见到天庭里逛了一回。醒来后，大概觉得自己命不久矣，俗话说："叶落归根"，于是贺老上表给玄宗皇帝，要求辞官回家。

唐玄宗当时正和杨贵妃打得火热，心情极好，不但恩准他回乡养老，还亲自写诗送他，命太子和文武百官一起设宴相送，并且把绍兴的镜湖赐给了他。贺老《回乡偶书》第二首说："离别家乡岁月多，近来人事半消磨。惟有门前镜湖水，春风不改旧时波。"镜湖没改，但是姓贺了，归他所有了，不过他也不捞里面的鱼虾吃，因为他晚年奉道，这个湖就是放生用的。皇帝还特地加封其子为会稽郡司马，好跟着他照顾生活。

贺知章回到家乡，写了"少小离家老大回"那首诗后不久，就溘然长逝了。终年八十六岁，在古代算是罕见的高寿。后来肃宗登位，长安收复后，想起他算是自己的老师，于是追赠礼部尚书。但这是贺知章死了十四年后的事了，虽然说死后无觉无知。但有追赠，总比历史上好多大臣追夺爵位、开棺戮尸要强得多吧。

纵观贺知章这一生，其实过得挺幸福的，喝喝酒，写写字（贺知章的书法可是妙绝一时），虽不是位极人臣，但也吃穿不愁，不缺钱花，他有诗写："莫为愁沽酒，囊中自有钱。"看着那些名臣大腕儿们都挨杀的挨杀，病死的病死，自己却混着混着就成了年高德劭的老前辈，这感觉，爽！

附：贺知章仕途历程：

——国子四门博士（从七品）

——太常少卿（正四品）

——礼部侍郎（正四品）

——工部侍郎（正四品）

——太子宾客（正三品）

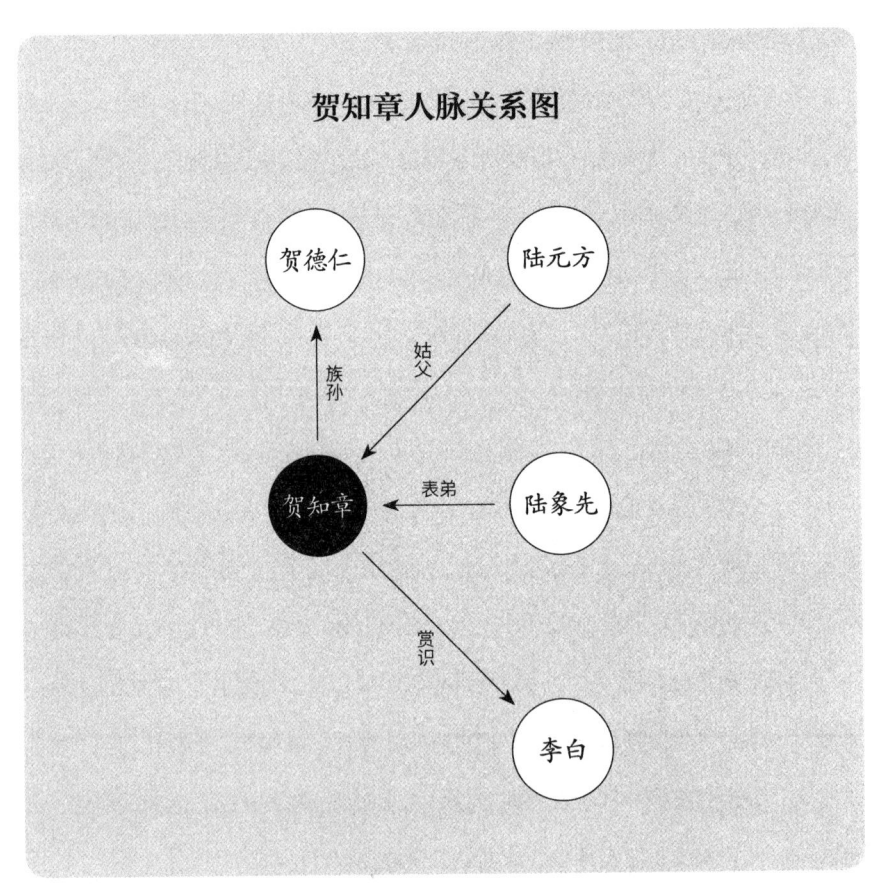

盛唐

日月丽天的盛唐，是唐诗花季中最为绚烂明媚的时期。李白和杜甫这两位最伟大的诗人，如并蒂牡丹般倾情盛开。更难得的是，一枝独秀不是春，百花齐放春满园，簇拥在他们身边，还有孟浩然、王维、高适、岑参、王昌龄、王之涣等一大批著名诗人，组成了超豪华的"主力阵容"。

还掩故园扉

孟浩然

提起孟浩然，谁不知道"春眠不觉晓"？不用读完小学，恐怕打上幼儿园起大家就会背。张说、苏颋两位"燕许大手笔"，虽然在当时是威风八面的朝中大佬，但现在，他们的名字远不如孟浩然这个终身白衣的穷儒响亮。

孟浩然生于公元 689 年，和张说、陈子昂等相比，要差上一辈人的岁数。他的家世可以说比较寒素，祖辈和父辈都不是什么显宦，至于他在京城写诗时自夸什么"维先自邹鲁，家世重儒风"，自称祖籍山东邹县，世代习儒，跑到战国时期和亚圣孟子去拉关系，那就很没谱了。就算是他真是孟子多少代孙，也就是嘴上风光一下，不会有什么实质性的效用。

孟浩然居住在襄阳，这个地方历来就有隐逸的老传统，东汉时这里就隐士扎堆，堪称"隐士大本营"，《三国演义》中写过，什么水镜先生、庞德公、伏龙、凤雏什么的，全在这里。

这庞德公，《后汉书》上写过，当年刘表请他出山做官，他不答应，人家刘表也是礼贤下士的人，不来？三顾茅庐这事我也会，于是自己亲自去请。庞德公不胜其扰就搬了家，来到了襄阳南面的鹿门山住下了，孟浩然在诗中写道：

夜归鹿门山歌

山寺钟鸣昼已昏，渔梁渡头争渡喧。

人随沙路向江村，余亦乘舟归鹿门。

鹿门月照开烟树，忽到庞公栖隐处。

岩扉松径长寂寥，惟有幽人夜来去。

孟浩然自幼就在鹿门山这里住，还写有"昔闻庞德公，采药遂不返"（《登鹿门山》）之类的诗句，所以打小就有隐士范儿。老孟虽然门第不像李峤、苏颋那样尊贵，也不像王勃那样出生在书香世家，但孟浩然就像一株生长在纯天然环境中的野菜一般，拥有着纯真、清新的自然气息。

孟浩然小时候，曾和一个叫张子容的朋友一起读书。开元元年（713年），也就是孟浩然二十四岁那年，张子容要进长安城参加考试，孟浩然自然要殷殷相送，并写下了《送张子容进士赴举》一诗：

夕曛山照灭，送客出柴门。

惆怅野中别，殷勤岐路言。

茂林予偃息，乔木尔飞翻。

无使谷风诮，须令友道存。

孟浩然写诗，典故历来很少用，这次却用了"谷风"这样一个《诗经》中的典故。《谷风》一篇是怨妇所作，说丈夫后来抛弃了自己的事情，孟浩然见张子容马上要发达了，生怕他也不认自己这个穷朋友了，所以强调"无使谷风诮，须令友道存"，咱们可别有"谷风"中说的那种情形，让我们的友情长存。不久，消息传来，人家张子容高中金榜，到杏园喝御酒，吃国宴去了。孟浩然听了，虽然不至于到"羡慕嫉妒恨"的程度，但心下可能也酸溜溜的不怎么好受。"春眠不觉晓，处处闻啼鸟"，老孟辗转反侧，睡不着觉啊，想想自己老是这样，埋没于蓬蒿之中，当一个草民，心下总是不忿。

孟浩然虽然无官无职，但也应该是襄阳的"大地主"，他的《田园作》一诗中写："卜邻近三径，植果盈千树。"看来他还是颇有些家资的。但自古富不敌贵，就这样当一个土财主，也没意思，于是孟浩然又写道："冲天羡鸿鹄，争食羞鸡鹜。望断金马门，劳歌采樵路。乡曲无知己，朝端乏亲故。谁能为扬雄，一荐甘泉赋。"这其中，将渴望功名富贵的心情，表露无遗，他说：羡慕那一飞冲天的鸿鹄（大概是指同学张子容吧），羞于和野鸡野鸭一样的小人争食夺利。吟着诗走在山间砍柴的路上，但玉堂金马的皇家门第中是听不到的。乡里没有志同道合的知己，朝里也没有亲戚朋友。谁能像当年推荐扬雄一样，把《甘泉赋》那样的好文章上达天听呢？

到了二十九岁那年，孟浩然终于坐不住冷板凳了，他听说当时宰相张说被贬到岳州来当刺史（详见张说篇），于是背上包袱赶了过来，写下著名的《望洞庭湖赠张丞相》一诗进献："八月湖水平，涵虚混太清。气蒸云梦泽，波撼岳阳城。欲济无舟楫，端居耻圣明。坐观垂钓者，空有羡鱼情。"（这首诗历来有争议，有人说是给张九龄，但近年考证多证明是写给张说的）

前面介绍过，当时张说自己还忐忑不安，生怕朝廷中的人进一步对他排挤打击，可谓自顾不暇，正在屋中踱步转圈，想方设法写诗讨好苏颋，四处寻门路找人为他在皇帝面前说好话呢，哪有空理会孟浩然这个没什么来历的愣头青？于是孟浩然热脸贴了个冷屁股，求官的愿望成了肥皂泡，只好扫兴而归。

回来后，闷在家里，孟浩然气病了，写下《晚春卧病寄张八》一诗，倒出一肚子苦水，说："南陌春将晚，北窗犹卧病。林园久不游，草木一何盛……"都说骆宾王是"算博士"，喜欢用数字；孟浩然则是诗中"向导"，喜欢用方位词。这里有"南陌"、"北窗"，后来给唐玄宗念的那首《岁暮归南山》中又用"北阙休上书，南山归敝庐"，另外，在他集中还可以找出："北林积修树，南池生别岛"，"北土非吾愿，东林怀我师"，"横行塞北尽，独步汉南来"……你看叫他"孟导"，也不冤枉吧。

病好之后，这年的秋天，孟浩然结交上一个襄阳本地的小官贾升，他们一起吃吃喝喝，一起重阳登高什么的，并留有不少唱和的诗作，但此人只是个官职低微的小小九品主簿，相当于县衙中的秘书长一类的角色，收租催税时，可能会照顾一下老孟，推荐他当官这样的事情，姓贾的可没这能力。

静极思动，一年过后，孟浩然的心又开始驿动了，他坐了船从汉水转长江直奔洪州（江西南昌），结识了诗人刘眘虚。对于这个人，大家可能也没多少印象，但在初唐众诗人的心目中，他的地位却并不低。唐人写的《明皇杂录》中把他和王昌龄、常建、李白、杜甫等人并列，均作为"虽有文章盛名，皆流落不偶"的代表，宋代严羽也把他和"沈宋"、"初唐四杰"、陈子昂、王维、韦应物他们相提并论，《唐诗鉴赏词典》中选有他的《阙题》一诗：

道由白云尽，春与青溪长。
时有落花至，远闻流水香。
闲门向山路，深柳读书堂。
幽映每白日，清辉照衣裳。

我们看此诗的意境，颇有些孟浩然那种恬淡纯真的境界，两人看来是气味相投的。

不过，刘眘虚当时也是平民百姓，年龄比孟浩然还小了十几岁，孟浩然拜访他，真的就是纯粹以文会友吗？我觉得不然，刘眘虚虽然年龄小，却有过一次被皇帝亲自召见的经历：他少时就聪颖过人，九岁就会写文章，上书给朝廷后，得到召见，被授予"童子郎"的称号。所谓童子郎，并非是有品级的官职，只是对通晓诗书的儿童授予的一种奖励性称号，当然，获得这种称号后，和平民百姓就会有些区别，不用负担租徭赋税了。

孟浩然大概也是因为这个原因，才专程去拜访了刘眘虚，顺便请教一下，皇帝召见时的种种礼仪和情形吧。当时又没有网络，这些经验和见识只能口传心授。

在这次游历中，孟浩然游览了庐山，当时又不收门票，不逛白不逛啊，顺便还收获了一首名诗：那就是《晚泊浔阳望庐山》一诗，从其中"尝读远公传，永怀尘外踪"一句看，孟浩然的心中还是一直有着隐逸情怀的。也正是在这一段时期，孟浩然又结识了年方二十来岁，从四川出游过来的李白。李白当时还没有多少名气，一看孟浩然，就认作老前辈，写下这首诗赞美他：

赠孟浩然

吾爱孟夫子，风流天下闻。

红颜弃轩冕，白首卧松云。

醉月频中圣，迷花不事君。

高山安可仰，徒此揖清芬。

有人一见诗中的"吾爱孟夫子"就大惊小怪,这是不明白古人的语言习惯所致,这里只是表达对孟浩然的喜爱和亲近罢了。唐太宗不也还说过:"我见魏征多妩媚"。同样,下句"风流天下闻"中的"风流",也不是拈花惹草那种事。"红颜"也不是说美女,而是说孟浩然年轻时就不想当官,现在头发白了,依旧高卧松云之间,李白这是把老孟往隐士上夸,其实,或许他不知道,孟浩然哪里是"弃轩冕",他做梦都想当官啊,这句改为"红眼望轩冕"才对。

孟浩然游荡了不少地方,虽然结识了包融、储光羲等一干诗人,但只是文人间互相唱和吹捧一下,共同发发牢骚之类,对于仕途是不可能有什么实质性的帮助的。

这年的冬天,孟浩然已经三十九岁了,《水浒传》的序言中说:"人生三十而未娶,不应更娶;四十而未仕,不应更仕",这话不知唐代时有没有,但从孟浩然急切的心情看,似乎也有类似说法。于是孟浩然抓住青春的尾巴,趁还没过四十,决心到京城里去考一次进士。

唐代取士的方法分三种:生徒、贡举、制举。已经在京师各学馆、州县各学校成业的诸生,送来尚书省受试的,名曰生徒,如果不从国子监等各类学校出身,就要先在州县受试,一层层考试后,再到尚书省应试的,名曰贡举。以上两种考中后叫进士及第。此外,每隔一定的年限,天子下诏进行一次大考,选拔特殊人才,这就叫制举,一般要地方官员进行举荐。所以,进士及第,和制举登科是有区别的,前面说到的杨炯,史书写是制举登科,这就是细微的区别。

孟浩然这段时间,和来此地就任的襄阳刺史韩思复关系很好,大概也是得到了韩刺史的帮助,才让老孟有了进京赴试的资格吧。

时为开元十五年,这一年的冬天正好是大风大雪,似乎在预示着孟浩然此行的坎坷艰难,这首名诗就是吟于狂风飞雪之中的《赴京途中遇雪》:

> 迢递秦京道，苍茫岁暮天。
>
> 穷阴连晦朔，积雪满山川。
>
> 落雁迷沙渚，饥乌集野田。
>
> 客愁空伫立，不见有人烟。

这景象，透出迷惘和凄凉。看来孟浩然对于这次应试，也是自觉希望渺茫，所以自己就先气沮神伤起来。一切景语皆情语，同样是冰雪满地，人家上官婉儿正得意时，就写过"遥看电跃龙为马，回瞩霜原玉作田"，多来精神啊。

孟浩然顶风冒雪，辛苦了一路，终于在开元十六年（728年）的新年时来到了长安城，此时已是初春的光景，"雪化了云开，冬去了春来"，孟浩然的心情也是充满了美好的憧憬，于是他挥笔写下《长安早春》一诗，其中写有"雪尽青山树，冰开黑水滨。草迎金埒马，花伴玉楼人。鸿渐看无数，莺歌听欲频。何当桂枝擢，归及柳条新"，由此可见，孟浩然的对这次科举考试还是充满期待的。

然而，场试过后，孟浩然就傻眼了：榜上无名！之所以落第，我觉得有两个方面的原因，一是少人汲引，唐代虽然号称科举公平，但也多有请托关照之事，孟浩然一个"乡下老赶"，哪里能博得主考官的青眼？再者就是孟浩然诗虽然好，但是出自天然，像田家饭菜一样清新爽口，但用作皇家宴席就不合适了。你看那些什么张说、崔融之类的写起赋来，高华堂皇，辞藻富丽，孟浩然的诗，却总是带着一股寒俭之气，至于写肆意铺陈的文赋，大概也非孟浩然所长，如今我们翻看《全唐文》中，没有收入一篇他的文章，这也是他应试科举时难以得中的原因吧。后来苏东坡说孟浩然："韵高而才短，如造内法酒手，而无材料耳。"其实就是说孟浩然肚子里的典故少，没货。

科举不第，历来有两条出路：一是卷铺盖回老家，以后再来考；二是留在长安，花钱租个住处，就近温习功课，更重要的是结识一下达官贵人，疏通一下关系，为将来的应考增加一些印象分。

孟浩然大老远来这么一趟也不容易，于是就在长安住下，当时王维正好也在京城，王维当时是什么官职呢？什么也不是，为什么呢？因为当时王维被贬到济州（山东巨野）当一个小小的九品司库参军，王维待了四年多，再也不愿受苦，不服从吏部安排，就悄悄回长安城来了。根据我的考证，他多半被玉真公主养起来当"外宅夫"了。这事在王维篇中细说。

王维性格中始终有向往隐逸的成分，见到孟浩然这样的人，当然感觉特别亲切，于是两人成为至交好友。闲着没事，王维就领他到皇家学士云集的秘书省中去参观一下，所以后来孟浩然有"正字芸香阁，幽人竹素园。经过宛如昨，归卧寂无喧"之类的诗句，对当时那些"正字"、"校书郎"之类人员的工作环境，也见识领略了一下。这就像现在的高中生去参观清华、北大一样，心里满是憧憬吧。也就是这时候，他认识了刚中进士后"分配"到这里的王昌龄。

有机会时，在王维的帮助下，秘书省的文士们吃酒聚会时，也带上孟浩然，有次大家一起联句吟诗，论到老孟这里了，他朗声说道："微云淡河汉，疏雨滴梧桐。"使得满座惊叹，纷纷说孟浩然这一联真是神来之笔，写得太好了，大家伙为了向这一妙联致敬，于是都搁下笔，不再续了。慢慢地，孟浩然的知名度也大大提升了。如果能够就这样慢慢加温，待时而沽，第二年重新应考，也说不定有些指望。因为前面例子摆着呢，那张子容和孟浩然家世相仿，也是京城没根基的人，怎么就中了呢？所以老孟中举的愿望，也并非"癞蛤蟆想吃天鹅肉"。

随后却发生了这样一件有趣的事情，孟浩然和王维混熟了以后，就经常去王维家里饮酒谈诗，这一天，俩人正聊得投机，突然唐玄宗就驾到了，老孟吃了一惊，吓得一抱头钻到床底下去了。王维听得孟浩然在床下直喘粗气，心想这事也瞒不得皇帝，一会儿要是皇帝听见床下有人，怀疑是刺客，这惊驾之罪如何得了，于是只好抢先汇报了真实情况。玄宗听了，却不恼怒，温言说道："朕最近也听说过这样一个人，躲什么，出来见一下朕。"孟浩然于是顶着一脑袋瓜子土出来了，见他情形狼狈，玄宗就先有了几分不悦，接着让孟浩然写首诗看看吧，这老孟赖狗扶不上墙头去，念了首这样的诗：

北阙休上书，南山归敝庐。

不才明主弃，多病故人疏。

白发催年老，青阳逼岁除。

永怀愁不寐，松月夜窗虚。

这首诗，确实不怎么顺耳，"不才明主弃，多病故人疏"一句充满牢骚之意，惹得唐玄宗怒道："卿不求仕，而朕未尝弃卿，奈何诬我？"——你自己不来考取功名，我什么时候把你拒之门外来，你这不是诬蔑我吗？于是孟浩然的御前面试彻底失败。

历来有人怀疑此事只是传说，然而，这事却不是野史，正史《新唐书》中赫然记载，也不会是无中生有吧。当然，此事有几点疑问：第一，孟浩然和王维是朋友，在家里一起谈诗论文，又不是被捉奸在床的奸夫淫妇，为什么吓得往床底下钻？你就大大方方地让王维引见一下不就得了？第二，王维当时从济州逃回，论品级只是九品小官，而且在京中并无官职，皇帝为何突然来到他家里？宋代黄庭坚写《题孟浩然画像》中说是："故人私邀伴禁直，诵诗不顾龙鳞逆",这是把王维当中书舍人的年代提前了,此时的王维焉有在皇宫中宿值的资格?

对于这样疑问,我猜测,还是说王维此时,多半是居住在玉真公主的别馆之中,"私侍公主"来着。可能这天正好公主不在,出去玩了,孟浩然乡下佬一个,想开开眼界,看看公主住处什么样儿,王维就私自请了他来,所以皇帝一来,他才吓得朝床底下钻。而且正是因为在玉真公主的住处,以玄宗的兄妹情深,肯定不时来看看,玄宗兄妹间亲密得很,一切礼仪从简,也并不会事先传报什么的,故而才有这档子事。

能诗善画的王维,给孟浩然画过一张像,这张像后来被一个叫张垍的人题了一个款,注意此人并非是和王维同时期的张垍(张说的儿子,身为驸马),因为题款中说:"虽轴尘缣古,尚可窥览。观右丞笔迹,穷极神妙。襄阳之状顾而长,峭而瘦,衣白袍,靴帽重戴,乘款段马……一童总角,提书笈负琴而从……风仪落落,凛然如生。"

既然说"轴尘缣古",这画已经是"文物"了,所以这个张垍不是同时代的人,应该是南唐后主时那个也叫此名的大臣。亏了他题了这样一个款(因原画早已不存),我们才大致知道一点孟浩然的样子:他长得又高又瘦,身穿白袍,着深色鞋帽,骑一匹没精打采、步履懒缓的马,还有位十来岁的小书童拎着书箱、背着古琴跟着。

由此来看,孟浩然平时的风度也不差啊,看来还是经历的场面少,一见到皇帝就蔫了。孟浩然失望之余,在长安住到秋天,身上带的钱也花得差不多了,于是怅然写诗道:"一丘常欲卧,三径苦无资。北土非吾愿,东林怀我师。黄金燃桂尽,壮志逐年衰。日夕凉风至,闻蝉但益悲。"孟浩然求官未成还蚀了本,如今混到隐居不甘心,求仕无门路,心情就像秋风里的寒蝉一样凄切。

郁闷之余，孟浩然写下《题长安主人壁》一诗后，愤然离开了长安。

久废南山田，叨陪东阁贤。
欲随平子去，犹未献甘泉。
枕籍琴书满，褰帷远岫连。
我来如昨日，庭树忽鸣蝉。
促织惊寒女，秋风感长年。
授衣当九月，无褐竟谁怜。

我们看孟浩然这人的性格也不是那种温和谦让、与人为善的类型。你看他求官未成，上来就大发牢骚："久废南山田，叨陪东阁贤。"意思说，我来京师陪这些达官贵人们喝酒聚会，把我家的田地都荒废了。这话怎么说的，谁让你来的啊？人家王维好不容易引荐他到王公官宦的筵席上凑数，他一点不感恩，反而抱怨连连，也不反思一下，你要是想当农村专业户，跑长安来干吗？人家让你多结交点官场人物，也是为了你想当官的目的啊，你自己没考中，皇帝御前面试又失败，这事怨得谁来？

接下来，孟浩然也是自我矛盾，一会儿说"欲随平子去"，平子，是东汉的张衡，发明地动仪的那位，他曾作有《归田赋》，这里代指隐逸的愿望。接着又说"犹未献甘泉"——扬雄因献《甘泉赋》，而得到皇帝器重，当了大官，说明孟浩然还是不甘心，要当官。

然而，求官无望，在长安待下去也没啥意思，秋风生渭水，落叶满长安，看到这一片萧瑟景象，孟浩然更是觉得透骨生凉，不免悯然长叹。京城，这座让孟浩然绝望的都市，用无情的秋风为他送行。

孟浩然离开长安后，一时无脸回家乡见父老乡亲，于是他先是漫游了一下洛阳，和储光羲又重新小聚了一下，然后他又动身去江南，找朋友张子容，当时张子容在乐城（今浙江乐清）当县尉，临时前，孟浩然写诗抒志：

自洛之越

遑遑三十载，书剑两无成。
山水寻吴越，风尘厌洛京。
扁舟泛湖海，长揖谢公卿。
且乐杯中物，谁论世上名。

其实，孟浩然要是真这样想，就对了，如果早知道自己的生命也就剩下十年的时间，还争什么功名啊，当什么官啊，在山水游历中度此一生，多写几首好诗，就不虚此生了呗。按唐朝那种选官制度，上来也就是个九品官，慢慢考课铨选，也不知道哪一年才能升职呢，何苦来着？然而，孟浩然虽然嘴上说着"且乐杯中物，谁论世上名"，但他的心中却始终郁郁难平，像我们学过的《宿建德江》，就深刻反映了他旅途中惆怅的心情：

移舟泊烟渚，日暮客愁新。
野旷天低树，江清月近人。

小时候读此诗，一点也领会不了诗中的落寞失意之情，如今看来，孟浩然行走在吴越画卷一般的清幽山水中，却一点也没有悠然愉悦之情，心境还是相当凄苦的。

　　古人行路，是非常慢的，但慢有慢的好处，现在坐飞机，就像做梦一样，一会儿江南，一会儿塞北的。一路上孟浩然不仅细致地饱览了江南山水，还结识了崔国辅、曹三御史、陶翰、临安李主簿等人。其中崔国辅对他最好，管酒管饭，两人成了极好的朋友。不过崔国辅也是刚刚中了进士，到山阴县做了个小小县尉，不能给孟浩然仕途上的帮助。

　　到了这年的年底，孟浩然终于见到了"发小"张子容。相会之日，正是除夕之夜，两人感慨万千，张子容写诗道："远客襄阳郡，来过海岸家。樽开柏叶酒，灯发九枝花。妙曲逢卢女，高才得孟嘉。东山行乐意，非是竞繁华。"我们看，张子容虽然被贬到乐城当县尉，但毕竟是有官职的人，华灯之下，摆下酒宴，这句"妙曲逢卢女"，卢女指卢莫愁，相传古时善歌的女子，此处指献歌的乐妓，而"高才得孟嘉"，"孟嘉"是东晋名士，陶渊明的姥爷，此处则是比喻孟浩然了。

　　两人欢聚了一番，但听说张子容当了官后，也有诸多的不如意，孟浩然心中也渐渐平息了些急切想当官的念头。也许是喝酒过量，孟浩然过了年后，就病在人家张子容这儿了。

　　养好病之后，又赶上张子容也要调动官职，要离开此地，孟浩然也只好又回到襄阳。在襄阳消停了两年，孟浩然又好了伤疤忘了痛了，这就像我们炒股巨亏之后，过了几年，又渐渐忘记了"割肉斩仓"的血泪，重新萌发了想借此发财的念头一样。然而，不做不输，越做越输，这一次的长安之行，依旧收获的是深深的失望。

　　孟浩然当时又见了次王维，因为那次孟浩然给皇帝的印象非常不好，王维也不便再度举荐他。于是就写诗劝慰他不要再费心力求功名了，回去隐居好了：

送孟六归襄阳

杜门不复出,久与世情疏。

以此为良策,劝君归旧庐。

醉歌田舍酒,笑读古人书。

好是一生事,无劳献子虚。

王维说孟浩然既然素来闭门不出,不明世事,那就隐逸到底吧,这也是人生的一种活法,喝喝村里的小酒,闲来读读古书,不为仕途上的那些鸡争鸭斗困扰,就算能当个小官,整天为俗事所忙,"有酒不暇饮,有山不得游",何苦来着!所以王维劝他,就这样过一生吧,不要再羡慕司马相如献赋得遇那样的事情了。其实王维口中这样说,后来实际上也是这样做的,他虽然官职很高,但始终过是半官半隐,经常请假在辋川山庄过着清素寡淡的生活。

其实,孟浩然也是如此,他在鹿门山过的隐逸生活,那种"开轩面场圃,把酒话桑麻"的闲适生活,其实正是好多达官贵人们羡慕的,只是他自己不觉得幸福而已。但是,当时的孟浩然窝了一肚气,认为是王维不帮忙,于是愤然写了《留别王维》一诗道:

寂寂竟何待,朝朝空自归。

欲寻芳草去,惜与故人违。

当路谁相假,知音世所稀。

只应守索寞,还掩故园扉。

从"当路谁相假,知音世所稀"一句看,他对王维还是有一定的怨气的,最后那两句,也是在赌气:唉,我这样的人就该寂寞终老,回到家乡把门一关,再也不理任何人啦!

实际上,孟浩然回到家乡后,根本没有"闭关",当时韩思复的儿子韩朝宗——也就是李白后来"生不愿封万户侯,但愿一识韩荆州"吹捧的那个韩荆州,想推荐孟浩然入朝为官,然而,这期间又出了岔子,本来约好了第二天同行,孟浩然和朋友喝起酒来了,朋友还提醒过:"你明天有要事,咱少喝点吧。"孟老头倔脾气上来了:"什么要事,喝酒最重要!"于是第二天烂醉如泥,韩朝宗在路上等了半天,不见老孟前来,气得拂袖自行赴京而去。

又过了两年,张九龄贬到荆州来当大都督府长史,孟浩然早年也曾经拜谒过他,于是就投入了张九龄的府中,当了一名幕僚。从而,他集里留下一大堆"和张丞相"、"陪张丞相"、"从张丞相"的诗句。但孟浩然毕竟不是官场中人,过了一段时间,他对这些礼仪应酬也颇为厌倦,他在诗中说:"返耕意未遂,日夕登城隅。谁道山林近,坐为符竹拘……愿随江燕贺,羞逐府僚趋。欲识狂歌者,丘园   竖儒。"其中"符竹"指郡守职权,老孟有了职位,就被拴住了,不自由了。接下来,从"羞逐府僚趋"等语,明显说明孟浩然讨厌和那些府僚们一起前趋后拜地整天迎来送往了,这时候他再想想王维劝他的诗句,恐怕就不会再有那样大的情绪了吧。

而且,孟浩然此时已是五十多岁的老头,身体上也吃不消,不久他背上生了一个大疮,肿痛难消。于是他就辞去了幕僚职务,回襄阳养病去了。过了一段时间,孟浩然的背疮即将痊愈,不巧在京城时认识的朋友王昌龄来了。王昌龄当时是被贬岭南,遇赦而归。孟浩然和他欢聚之余,不免开怀畅饮,哪知这患背疮是不能过量饮酒的,两人喝得高兴,也没顾及这些。结果王昌龄走后不久,孟浩然就突然发病，没几天就去世了，终年只有五十一岁。

孟浩然死后不久，王维当了殿中侍御史（从六品），被派到南方巡视，来到襄阳，这才知道孟浩然已经死了，当即写下《哭孟浩然》一诗："故人不可见，汉水日东流。借问襄阳老，江山空蔡州。"

孟浩然一生求仕，却始终没有半点成效，终生白衣，潦倒无成，所以也被后来求仕无门的落魄文人们引为知已，他们对他深表同情。晚唐时张祜也是四处奔波，一官未得，于是写诗自嘲道："行却江南路几千，归来不把一文钱。乡人笑我穷寒鬼，还似襄阳孟浩然。"

最后，这里要特别提一下王士源这个人，此人籍籍无名，少有人提及，但他对于保存孟浩然的诗稿居功甚伟，而且诸如孟浩然醉后误了韩朝宗的约期、和王昌龄喝酒喝死等种种轶闻，都是出此他的序言之中，据他写的《孟浩然集序》中说："浩然凡所属缀，就辄毁弃，无复编录，常自叹为文不逮意也。流落既多，篇章散逸……"孟浩然这人写诗是随写随丢，常常是写了后就觉得不满意，所以他平生所作大都丢弃，不像人家白居易，把平生作品爱如珍宝，专门做了好几个"备份"，分别放在不同地方。

王士源觉得可惜，于是细心搜集了孟浩然的所有他能找到的诗作，仔细整理成册，进长安时，捎给秘书阁的学士们看，这时秘书阁里任校书郎的是一个叫彭殷贤的人，他见这个小册子虽然"书写不一，纸墨薄弱"，但里面全是上好的诗句，于是又缮录了一遍，送到秘书阁（皇家图书馆）保存，这才使孟浩然这二百八十多首好诗得以流传。

彭殷贤缮录后，重写了一篇序，其中着实夸赞了一番王士源，说："昔虞坂之上，逸驾与驽骀俱疲；吴灶之中，孤桐与樵苏共爨。遇伯乐与伯喈，遂腾声于千古。此诗若不遇王君，乃十数张故纸耳。"意思说，当年千里马和一般的劣马一起拉车，作好琴用的孤桐差点和普通柴火一块被烧了火，如果没有伯乐和蔡邕，千里马和孤桐哪能发挥出它们的材用？现在孟浩然的诗篇，如果没有王士源珍存下来的话，这些诗就是十几张旧纸片而已。这些话，虽然有恭维王士源的成分，但人家王士源的功劳是不能抹杀的，要不孟浩然的诗可能也像王之涣一样，大都散失，仅存个位数的了。

孟浩然仕途经历：

终生白衣

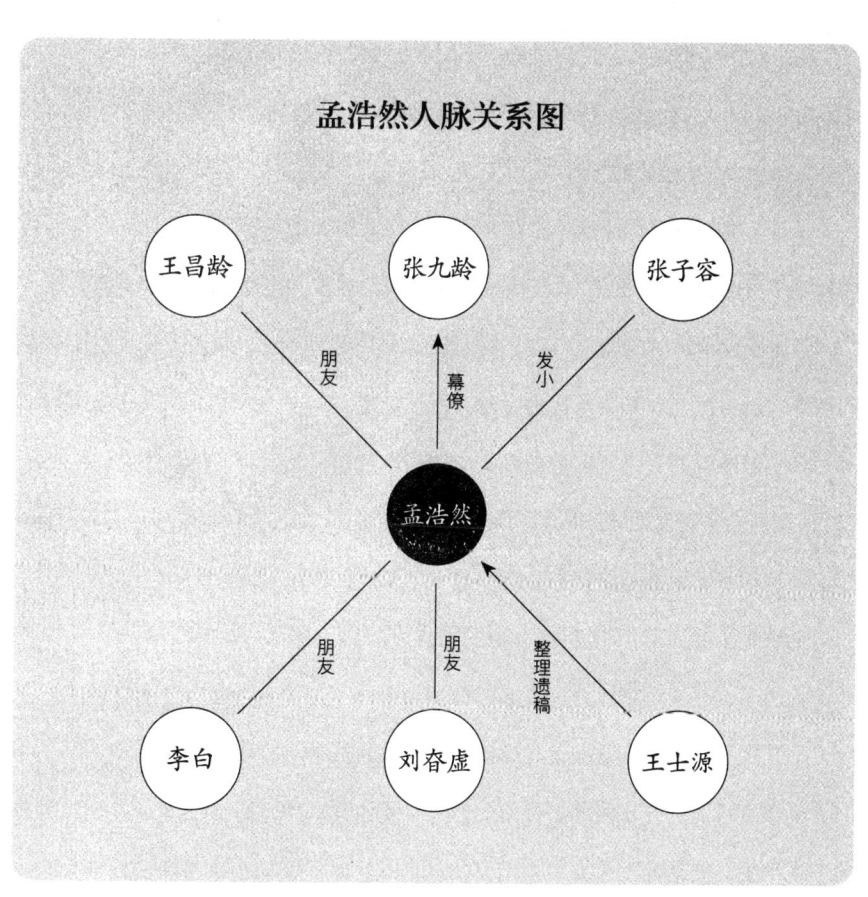

| 人闲桂花落 |

王维

在山水田园类诗人中，向来是"王孟"并列，这里先说孟浩然，后说王维，是按着年龄的大小来的。传统看法中，王维的诗，要比孟浩然高明，其中原因有很多，最主要的是这样两个：

一是王维的诗题材广泛，意境开阔，不但写有山水田园诗，还有应制诗、边塞诗等多种形式的题材；二是王维的诗从思想境界上，也略胜孟浩然一筹。

相比于孟浩然的浅窘与寒碜，后人说王维"出则陪岐、薛诸王及贵主游，归则餍饫辋川山水，故其诗于富贵山林，两得其趣。"——人家王维出山就陪着王爷、公主们游玩，回去就沉醉在终南山的幽静林间，正所谓"出得厅堂，下得厨房"，富丽高华的台阁之辞固然会写，淳古淡泊的隐逸之情自然也深得其中三昧。好了，这本书主旨不是谈诗艺，还是看一下王维的官宦经历。

王维生于公元700年左右，他的家世也不算多显赫，父亲王处廉，仅仅做过汾州司马这样的小官，终生没穿过红袍。而王维却少年得志，二十岁时就高中状元，正式步入仕途，这完全是凭借其超凡出众的个人才华。

王维虽然不以神童著称，但他的诗才早就不凡，像"每逢佳节倍思亲"这样的千古绝唱，就是他十七岁时写出来的。十九岁时，就第一次参加了科举考试，考题是《赋得清如玉壶冰》，当时他写道：

> 玉壶何用好，偏许素冰居。
> 未共销丹日，还同照绮疏。
> 抱明中不隐，含净外疑虚。
> 气似庭霜积，光言砌月馀。
> 晓凌飞鹊镜，宵映聚萤书。
> 若向夫君比，清心尚不如。

当时的试帖诗，就是这种形式，一般是写五言六韵十二句。注意，有人看到"若向夫君比"中的"夫君"二字，就生硬地解释说王维是以女子的口吻来写，谬矣。古文中的"丈夫"、"夫君"，都可以代指"好男儿"，并非是女人唤老公。

按说王维这诗句也不算差啊，可是发榜时，没有王维的名字。后来一问，才知道科举中有请托举荐等诸般"猫腻"。王维多才多艺，能诗会画，还擅长弹琵琶，于是就经常和唐玄宗的兄弟岐王和薛王等人混在一起吃喝玩乐。在一次酒宴上，经岐王引见，"妙年洁白，风姿郁美"的王维怀抱着琵琶，像个歌妓一样在酒宴间为玉真公主献艺。

公主听了王维演奏的《郁轮袍》后，让宫婢将王维带入室内，换上华丽无比的锦绣衣衫，然后安排王维入宴，坐在宾客的上首。席间，众人谈笑之际，公主觉得座中王维风流蕴藉，语言谐戏，不禁一再瞩目。

当王维吐露出渴切想考取功名的愿望时，玉真公主心情正好，于是说，你这一年考去吧，保你中状元。岐王这时插话说："状元这名次，你不是许给张九皋（张九龄的弟弟）了吗？"玉真公主瞅着王维，越看越爱，也顾不得张九皋这头的情面了，嗔道："我爱谁就是谁。"于是第二年，王维就顺顺当当地进士及第，而且是头名状元——看唐代科举也黑暗吧！

这玉真公主是唐玄宗的胞妹，他们的母亲窦德妃被祖母武则天叫到宫中秘密处死，二人幼年时相依为命，共同度过了那段担惊受怕的时光，所以感情特别深厚。玉真公主不嫁人，自愿当女道士。大家可不要认为，一当上女道士，就是"缁衣顿改昔年妆"，过青灯黄卷下的日子。她的宫观，舒适华丽的程度一点不逊于皇宫，甚至尚有过之，当时就有大臣上书嫌太过奢靡。而且，唐代公主，尤其是初唐盛唐时的公主，个个爱吃"荤腥"，养几个男宠，并不算稀奇的事情。当时的玉真公主，正是三十多岁的"熟女"，看见王维这样的美少年，恐怕不会放过他吧？所以很显然，王维这个状元，也是被"潜"了以后得来的。

高中状元之后，朝廷随即就给了王维一个从八品太乐丞的官职，这个官职隶属于太常寺，是皇家礼乐机构，看来是为了发挥王维的音乐特长。古人最重郊庙祭祀之类的礼仪，所以这个职位，也不算委屈。而且，这是个服务于皇家的机构，大概也是玉真公主有意安排的，好让王维方便进出宫禁及皇家苑观，时刻能在她附近，招之即来，来之能战。

然而，没过多久，王维在这个职位上没待几个月，就被贬到济州（山东巨野）去当九品司仓参军去了。什么原因呢？公开的说法是因为"伶人舞黄狮子"的事件。什么叫"伶人舞黄狮子"？据说依唐代律令，舞黄狮子的节目，是专门为皇帝而演的，不得私自娱演，否则当以犯律处置。王维身为太乐丞，手下的人可能彩排演练时出现了这种情况，故而获罪。但这事按说并非什么大娄子，依王维和歧王及玉真公主之间的关系，不会被如此重责吧？这背后肯定另有原因，说不定正是"成也萧何，败也萧何"，王维中举是因为玉真公主提携，这次被贬，也是极有可能惹恼了这位刁蛮难侍候的公主。或许是王维不甘心一直低声下气地服侍她,所以她一怒之下,找个借口就让王维尝尝到偏远地区受苦的滋味。正像后来薛涛惹恼了韦皋,就被发落到松潘高原上去一样。

王维被赶出京城,是在721年的秋天,于风寒叶落之时来到偏远的山东济州,心境自然十分凄凉。好在王维性情恬淡,又喜欢与人为善,来到济州后,和同僚们关系还过得去,这从他写的《济上四贤咏》这一组诗可以看出来,什么崔录事、成文学、崔郑二山人等当地名流士绅都得到他的"善祝善颂"。王维虽然经常和尊贵的王爷公主们一起游宴,但来到济州,也不摆架子,这里的乡下老头子"赵叟"请他吃酒,他也欣然前去:

济州过赵叟家宴

虽与人境接,闭门成隐居。

道言庄叟事,儒行鲁人余。

深巷斜晖静,闲门高柳疏。

荷锄修药圃,散帙曝农书。

上客摇芳翰,中厨馈野蔬。

夫君第高饮,景晏出林间。

我们看王维性情中,天然有一种清素、恬静的性格,不见得要追求高官厚禄、华衣美服、高轩良骥,那些热闹繁华,并非是他的所好。安安稳稳地守着一方小天地,"宅"个三年五载的,他还是耐得住的。这也是很多艺术型人格的共同特征。

王维虽然比较能"宅",也不像王勃、杜审言他们那样太过锋芒毕露,从而惹出什么祸端,但当时没有网络,信息不便,远在偏僻的济州,王维的心中还是挺落寞的。后来他在这里碰见了好朋友祖咏。

祖咏这个人，也是一个相当有性格的人，在科举考试中，题目是《终南望余雪》，前面我们说过，试帖诗是五言六韵十二句的格式，祖咏下笔很快，不一会就写下了："终南阴岭秀，积雪浮云端。林表明霁色，城中增暮寒"这四句，随即就交卷了。考官人挺好，提醒他："你还没写完啊？"祖咏白眼一翻，诗意已尽，就这样了。耽误了一次高中的机会，却留下这首千古传诵的好诗。

这一次和王维相见，是祖咏再度应试得中之后，这次估计他没敢再玩什么悬乎的事，于是稳稳当当地中了进士。授官时，给了山东这边的小小官职，正好路过济州，得以和王维相见，两人亲密非常。时为开元十三年（725 年）的冬天，大雪满地，寒冷异常，祖咏的到来，给寂寞中的王维送来一丝暖意。

然而，喜相逢之后就是伤别离，祖咏临行时感叹道："四年不相见，相见复何为。握手言未毕，却令伤别离"，聚在一起的时间实在太短了。王维更是悲伤莫名，写道："送君南浦泪如丝，君向东州使我悲。为报故人憔悴尽，如今不似洛阳时"。王维一直看祖咏的船随着波涛汹涌的河流远去，依旧伫立哭泣了许久，这才回去。

王维在济州当了四年的小小参军，按唐代制度，四年之后任期就满了，就要重新考评调动。但是六品以下的低级官员，由于人多职位少，并非所有人都能期满后顺顺当当地改官再任，也要"竞争上岗"的。所以主持官员铨选的吏部，油水大大的，当个吏部侍郎，比那些什么品级更高的国子监祭酒、太子宾客之类的又高又虚的头衔要实惠得多。

王维一贯清高，于是就被晾在一边，没给派什么官职。这一阶段，是王维生平中的一个比较"神秘"的空白期，历来研究者们众说纷纭。但有这样两件事是确凿无疑的，一是离开济州后，王维曾经隐居在河南的淇水河边。有王维集中的这首诗为证：

淇上田园即事

屏居淇水上，东野旷无山。

日隐桑柘外，河明闾井间。

牧童望村去，猎犬随人还。

静者亦何事，荆扉乘昼关。

王维隐居在幽美宁静的淇水河边，过着闲逸的田园生活，月下抚琴、松间作画，真是神仙一流的人物。有不少女孩子，恨不得穿越过去，和"妙年洁白、风姿郁美"的王维一起在此地花前月下吧。

然后，又一件确凿无疑的事情，那就是在淇水没有多久，最多两年时间，王维就又回到了长安城。此时，也正是孟浩然御前"面试"失败事件发生的时候，由此可见，当时的王维和皇帝非常亲密，关系似乎比中书舍人、黄门侍郎等那些近侍们还要融洽，但是，王维当时并无职事，只是个待选的外官而已。再说了，长安米贵，居大不易，王维的家世也不是什么显贵，怎么就能在长安住下了？而且这一住就是六年，这期间王维啥职务没有，又无经济来源，凭什么优哉游哉地过日子？一点也不着急？

历来研究者或是为贤者讳，或是基于正史上的官方资料，都把前面玉真公主引荐王维的这件事给忘了。你当人家玉真公主是"打酱油"的啊，这位公主在开元、天宝年间，影响力还是很大的，李白后来得到推荐，不正是因为玉真公主的关系吗？所以，王维在长安闲居这些年，还有后来去嵩山隐居这段日子，据我推测，可能真是被玉真公主"养"起来了。假如我是玉真公主，能忘记这位风流俊雅、能诗擅画又精通音乐的极品帅哥吗？

这期间，王维的妻子死了，当时王维三十岁左右，后来就终生没有再娶。有关王维妻子的资料很少，但是可以推断出她姓崔，因为王维有写给他妻弟崔兴宗的不少诗，王维还给崔兴宗画过像，题诗道："画君年少时，如今君已老。今时新识人，知君旧时好。"但奇怪的是，王维集中现在居然找不到写给妻子的任何文字，这或者不代表他对自己妻子的无情，或许是有很多愧疚之情，无法明言吧。后来王维有诗："一生几许伤心事，不向空门何处销？"这里所指的伤心事，恐怕也并非全指他后来陷贼为官的事情吧。

到了三十五岁左右，王维不知为什么又想当官了，他上书给当时的宰相张九龄，以求汲引，一般研究者，都说是张九龄赏识提拔了王维，让他当了右拾遗（从八品上），但我觉得还是玉真公主起的作用，不然的话，张九龄不久就罢了相，贬到荆州去做长史了，而把张九龄拱下宰相之位的，正是有名的奸相李林甫。这家伙毒啊，"口蜜腹剑"的专利人，如果王维毫无根基，只是张九龄的党羽，那很快就得挨整，不被捏个罪名下狱就算幸运，怎么说也要贬出京师。

然而，事实并非如此。随后，王维就被升为监察御史（正八品上），升了两级。而且这个职务，有弹劾百官，在皇帝面前给大臣们"打小报告"的权利，是个相当重要的位置。至于不久被派到西域去慰劳军队这件事，也不像有些人说的那样，是有意让他去边疆受苦。

当时的情形是这样，河西节度使崔希逸率兵大败吐蕃，捷报传来，皇帝去派王维代表朝廷去慰问一下，这身份是相当尊贵的，属于钦差大臣的角色。虽然去的是荒凉艰苦的西北地区，但几十万重兵聚集的大军区里，难道就没有好酒好肉好房子？对于王维这种御使钦差，上上下下谁敢不高看几分，刻意巴结？万一回去在皇帝面前说几句不好听的话，小命可就悬乎了。当然王维不是这种人，但他有这能量，你要是当时的节度使，敢不招待好王维吗？所以，有人在文章中，无端替此时的王维悲伤叹气，实在是表错了情。看王维出塞时留下的诗句，也看不出一丝一毫的哀伤惆怅，比如像我们熟知的那首《使自塞上》，就是此时写的：

单车欲问边，属国过居延。

征蓬出汉塞，归雁入胡天。

大漠孤烟直，长河落日圆。

萧关逢候骑，都护在燕然。

全诗意境只有壮阔之美，并无"千堆战骨那知主，万里枯沙不辨春"那样的凄惨之意，而从"萧关逢候骑，都护在燕然"一句诗中，可以看出，节度使远远地派出了人员，前来迎候。所以，王维是风风光光地来这里的，体会不到什么悲苦之情。

王维来到西北，在这里住了一段，也因此留下不少边塞诗，但始终精神是比较欢乐的，比如："居延城外猎天骄，白草连山野火烧。暮云空碛时驱马，秋日平原好射雕"这样的，一直居住在中原的王维，来到这里，也算见识了一下，绝对是公费旅游，吃完烤全羊，喝足葡萄美酒之后，四处逛逛，多自在啊！这里独特的风土民情，自然风光，都瞧着很新鲜：

凉州郊外游望

野老才三户，边村少四邻。

婆娑依里社，箫鼓赛田神。

> *洒酒浇刍狗，焚香拜木人。*
>
> *女巫纷屡舞，罗袜自生尘。*

当时的凉州，即现在的甘肃武威，是丝绸之路上的重要关隘，当时胡汉杂居，什么样的风俗都有，所以有时也挺热闹的。

而且，王维在这里的时间也并不太长，他是秋天去的，到第二年的五月份，就又回到了长安。又过了两年，也就是王维四十岁这年，升为殿中侍御史。这是从七品的官职，负责纠察百官朝仪中失当的举止。比如像我在其他书中讲过的，许敬宗在长孙皇后葬礼上大笑这样的事，就应该是殿中侍御史来管的。这一年名相张九龄死了，这也可以证实，王维的仕途其实和张九龄的生死浮沉，并无关系。

然而，虽然职位是殿中侍御史，但王维这段时间频繁被外派，这年冬天，朝廷派他"知南选"，什么叫"知南选"？是这样一回事，当时岭南和贵州一带，因为多是少数民族聚居，于是自治度比较高，所用官吏多是当地"土人"，但朝廷又担心让他们自己选官，不免会成为"独立王国"，中央不好控制，于是大唐中央政府也要插一杠子，派一个五品官去主持选拔，虽然目标群还是他们本地人，但毕竟人事权在中央。同时还要派一个身为御史的人监督，王维就是去监督这个事情的。

这个差事，虽然去的是岭南荒僻之地，但决非像沈佺期、卢藏用一样是罚去受苦，王维是有大权在手的，去了后，少不了有人送礼巴结，实在是个美差。王维从长安出发，路经襄阳，正想看看老朋友孟浩然，不想他刚刚和王昌龄喝酒喝死了，于是王维了写了《哭孟浩然》一诗，还画了个像放在当时的州刺史的亭子里，后来这座亭就称为"孟亭"。

王维正好是冬天去，到岭南温暖之地，呆了几个月，还没有等到第二年的暑季到来，王维就回来了。这一趟很享受啊。王维大概是发了一笔小财，回来后，又动心思在终南山附近隐居，还在佛寺里找老和尚谈禅，对工作很是消极。

又过了一年，王维被任命为左补阙，品级同样也是从七品，这是一个给皇帝提意见的官，也算是皇帝近臣。但他此时开始半官半隐，很大一部分精力，都用在建设他买下来的蓝田别墅上了。

这个地方，原来是宋之问的，他当了考功员外郎贪污了一部分钱财后，曾经买下来修过一套宅院，现在都被王维买过去了。据王维后来的题诗中看，这里有文杏馆、华子冈、临湖亭、竹里馆、辛夷坞等清幽园林胜地二十多处，住在这里，真是神仙一样的出尘脱俗，悠闲自在。

终南山这块地方，一般人还真无福问津，原来太平公主把这里占去大半，她倒台死掉后，唐玄宗下旨将她的山庄分给了他的几个兄弟，就是岐王、薛王什么的。由此看来，我觉得王维能有资本据有这样一大片山庄，十有八九，背后还是玉真公主的能量，要不然王维就算能发点小财，也不可能拿下这么大片风水宝地。

不过您也别嫉妒，我觉得终南山这块风景绝佳的宝地，还就属人家王维配在这里住，让我们住这里，能写下那么多好诗吗？能有和山林花木息息相通、浑融一体的情怀吗？李白诗虽然好，但他性格奔放，让他静静地看"人闲桂花落"，估计他也坐不住，白居易虽然也酷爱闲适，但他不免有樊素、小蛮什么的左拥右抱，对这清幽的山水胜境不能不说是一种沾染。

在终南山的辋川别墅，王维写下不少妙绝千古的好诗，什么"深林人不知，明月来相照"，"月出惊山鸟，时鸣春涧中"，"空山新雨后，天气晚来秋"，都是诞生在这里。王维的诗，多有一种清寂恬静的气息，接近禅意。之所以说接近禅意，是因为王维虽然能耐得住寂寞，但诗中还是不免有一些感叹的，比像"兴来每独往，胜事空自知"，这个"空"字，透露出埋藏在心中的落寞和伤感。

但是，也正因为这样，王维的诗才更被人喜欢，虽然后人给他送了个"诗佛"的称号，但王维还是有情感的凡人，像寒山、拾得那样，这些不食人烟火的高僧们，那才是"秋到任他林落叶，春来从你树开花"，冷眼旁观这一切枯荣变迁，毫不萦怀，但那样的诗，往往是不讲"人事"，不说"人话"了。

值得庆幸是，此时的王维，结交了一个生平中最亲密的知己——裴迪。从王维对他的称呼看，他当时还是个白衣秀才，并没有什么官职。但他们却一见如故，非常亲密，王维曾经写诗给他道：

> 不相见，不相见来久。
> 日日泉水头，常忆同携手。
> 携手本同心，复叹忽分襟。
> 相忆今如此，相思深不深？

单看这首诗，怎么说也是"因为爱情"啊，但其实却是写给裴迪这个男人的，所以也难怪有人猜测王维和裴迪有断袖的嫌疑。

当然，古人男男之间经常存在着一种超越男女之爱的亲密友情，像什么刘关张之间的兄弟之情，还有"鸡黍张范"、"胶漆陈雷"之类，都不能一概用"同志"来涵盖。

虽然王维主要忙乎着散发山林，吟咏啸傲，但有玉真公主罩着，王维的仕途还是在稳步上升，每隔一两年就升一次职。四十二岁左补阙（从七品），四十五岁就升了侍御史（从六品下），然后四十六岁当上了库部员外郎（从六品上），这个职位是属于兵部的，主要负责皇家仪仗和京城卫戍部队的军备物资，四十八岁当上了库部郎中，这个官和库部员外郎职责基本相同，但品级要高得多，是从五品上，至此，王维的官袍终于由青转红了。

　　王维的仕途一路畅通之后，终于遇到一些小小的阻碍，在库部郎中一职上做了两年后，他的母亲去世了。王维事母至孝，母亲死后，他哭得"柴毁骨立，殆不胜丧"。当时王维都五十岁了，他的母亲大概也要有七十来岁了，按说在古时该算"喜丧"。

　　话说王维的母亲也姓崔，是博陵崔氏一族，笃信佛教，所以王维和另一个当大官的弟弟王缙都是终生奉佛的人。王维，字摩诘，取自佛经中的维摩诘，维摩诘传说是一个在家修行的大乘佛教的居士，是著名的在家菩萨。

　　母亲死了，前面说过按当时的规矩，要"丁忧"三年，王维这样本来就喜欢隐居，又生性至孝的人，自然是安安稳稳地在家住了三年。这期间，韩朝宗也死了，老韩就是想推荐孟浩然，但老孟因酒醉"放了人家鸽子"的那个人，也是李白低声下气求过的那个韩荆州（因他在荆州做过官）。不过后来韩朝宗也不得志了，屡屡挨整被贬。他死后，葬在著名的白鹿原，由王维给他写了墓志铭。

　　守孝期满，王维又被朝廷授予吏部郎中，虽然和原来一样，也是从五品的级别，但相比库部那种管后勤的职位，还是当组织部的主管更吸引人啊。在这一年，小日本派来的阿倍仲麻吕（汉名晁衡）要回国去了，当时中日友好，唐朝在白龙江之战中把日本人猛揍了一顿，让他们见识了一下大唐的威风，日本人只有崇拜的份儿。王维写了一首诗送他，这首《送秘书晁监还日本国》作为中日友好的象征，在 20 世纪七八十年代还是经常提的。

　　王维这诗前面，附了一篇小序，文字中对日本的评价挺客气的："海东国，日本为大，服圣人之训，有君子之风，正朔本乎夏时，衣裳同乎汉制。"

　　接着说王维当官的事儿。又过了两年，王维升了两级，当上了正五品上的给事中一职。前面我们说过，李峤也当过颇有权力的"给事中"一职。然而，王维当职一年多后，天崩地裂般的大事变发生了，这就是将盛唐图景撕碎的"安史之乱"。在这一场大浩劫中，当时的王维，又经历了一次人生中的大挫折，安禄山这些匪人占领长安，改伪号为"大燕"后定都洛阳，他们和日寇扶植汪伪政权时的做法相似，也要拉拢一批文化名人作点缀。于是当时像王维、吴道子、张璪（画家）、杜甫等人都被看押，然后他们被逼出任伪职。因为老杜当时并没有什么名气，敌人对他不重视，因此得以悄悄溜了出来，逃到唐肃宗那里。

但王维却没有办法溜掉，他性格优柔，也没有勇气像颜杲卿、雷海青一样刚烈赴死，他的反抗是消极的——他服药下痢，让自己变得病快快的，以为贼人就会饶过他。后来梅兰芳也用这法儿，装成伤寒发烧，没法登台唱戏。但是贼人不讲人道主义，还是强迫他就任了伪职。于是王维遭受了一次政治上的"强奸"。

正如闻一多先生说过，安史之乱中，李白"在乱中的行为却有作汉奸的嫌疑"，杜甫"表现他爱君的热忱，如流亡孩子回家见了娘"，至于王维却似他诗歌中曾写的息夫人，是"反抗无力而被迫受辱的弱女子"。

"莫以今日宠，能忘旧日恩，看花满眼泪，不共楚王言"，息夫人的反抗仅限于此，《红楼梦》中以"千古艰难唯一死，伤心岂独息夫人"来讽刺花袭人，对于王维来说，也不能不说是他一生中的一个污点。维摩诘在梵文中，有无垢和洁净的意思，正所谓："欲洁何曾洁"，如果说王维早年被玉真公主"潜规则"，一个男人家称不上被"玷污"，但在安禄山"政府"里任伪职（同样是给事中），却是一件真正让王维节操碎了一地的难堪事。

当然，王维也不是那种没有是非观念的人，有人说裴迪冒着生命危险去看望他时，他写下的《凝碧池》一诗（万户伤心生野烟，百僚何日更朝天。秋槐叶落空宫里，凝碧池头奏管弦）是故意留下来作日后洗脱自己用的，这也未免把王维猜测得太阴险狡狯了。我觉得那是当时王维真情实感的流露，虽然他只是一个温润如玉的才子，并不是那种披肝沥胆刚烈忠直的侠士，但是政治上这点觉悟也是有的。

当时主动向安禄山伪朝投怀送抱的大臣也不在少数。像张说的两个儿子张均和张垍，玄宗对他们恩宠非常，张垍是当朝驸马，娶玄宗的女儿宁亲公主为妻，玄宗特许他在后宫内置别院，赏赐珍宝无数。但这俩人事到临头，却主动投降了安禄山。

王维原来在大唐当的是给事中一职，安禄山照样封他这个职位，官职虽然没有变，但心情却天差地别。这些日子里，王维肯定是强颜欢笑，低调处事。伪职当了只有一年多，至德二年十月，郭子仪的大军就收复了两京（长安和洛阳）。王维这些伪政府的官员都被活捉，个个绳捆索绑，押到长安论罪。当时王维和郑虔（就杜甫诗里提过的那个"广文先生"）等人都被关押在杨国忠（已在马嵬坡被哗变的军兵杀死）原来的府第内，等待发落。

到了十二月，开始正式审理这些罪官。本来朝廷打算将给安贼当过官的人，一律斩首。但有人说这人罪行也是有轻重之分的，还是区别对待好，不能搞"一刀切"。所以把"陷于贼"的官员分成六类来定罪，有的斩首，有的绞刑，有的杖打。王维由于裴迪带出来的那首《凝碧池》诗而减轻了一些罪责，加上当时他的弟弟王缙在战乱中任太原府的少尹（相当于副市长），帮助名将李光弼给予安禄山的贼军沉重打击，当时正担任刑部侍郎。弟弟主动要求自己削去官职来给哥哥抵罪，加上王维这个人，平日里温厚和善，所以大家也都不忍心为难于他，于是他居然被无罪释放了。

继位的唐肃宗对王维的印象也不错，没过多久，第二年的春天就重复起用王维为太子中允。这虽是太子的僚属，但也是正五品下的官职，从一个罪犯一下子又恢复到五品高官，这对王维真称得上是"皇恩浩荡"了。王维接到这个诏书，真有点不好意思了，他在《谢除太子中允表》中说"捧戴惶惧，不知所裁"，想必并非是惯用的套话，而是发自内心的，王维接着表达了羞于再进朝堂的想法：

臣闻食君之禄，死君之难，当逆胡干纪，上皇出宫，臣进不得从行，退不能自杀，情虽可察，罪不容诛……伏谒明主，岂不自愧于心？仰厕群臣，亦复何施其面。跼天内省，无地自容……

意思是说，作为臣子应该是死君之难的，在安史之乱中，我既不能随驾效忠，又没有自杀殉节，实在是太羞愧了，又有何颜面去再立于群臣之中呢！

这些言辞倒还罢了，你可以说还是王维故作谦让的说辞，但从后面的"朝容罪人食禄，必招屈法之嫌"这句话上看，王维推辞就职的态度，应该说是比较真诚的。

不过，王维上了表后，皇帝还是坚持授予了他这个职位。这还不算，随后不久，又提拔他当了中书舍人（正五品上），这个职位的重要性，前面我们屡次说过。但是王维没有当太久，这个职务就由贾至接替，他还是干老本行——给事中（也是正五品上）。

值得一提的是，这期间，岑参、丘为、杜甫等人都一起在朝为官，他们经常赋诗唱和，堪称"诗人兴会更无前"，只可惜李白不在。贾至当上了中书舍人一职后，一高兴，写下了著名的《早朝大明宫呈两省僚友》（两省，指中书省和门下省）一诗，引得王维、杜甫、岑参这几位盛唐诗坛的大腕纷纷出手"论剑"，创造了诗坛上的一段佳话。那句"九天阊阖开宫殿，万国衣冠拜冕旒"一诗，就是王维在此时写的，有的人见此句意境雄浑大气，于是想当然地认为是诞生在玄宗在位时的开元盛世，其实不然，当时正处在山河破碎的安史之乱中，可见印象和真相往往相去甚远。

这时的王维已是年近六十的老人，经历过这许多波折后，王维向佛之心更甚，于是经常半官半隐，很多时候枯守在山林之中，正如他诗中所说：

> 独坐悲双鬓，空堂欲二更。
>
> 雨中山果落，灯下草虫鸣。
>
> 白发终难变，黄金不可成。
>
> 欲知除老病，唯有学无生。

虽然官职越当越高，后来皇帝又给了他一个尚书右丞（正四品下）的官职，这也是王维仕宦生涯的顶峰，所以后世的人，称其为王右丞，然而，对于此时的王维来说，官职和财富都不重要了，正如他诗中所说："晚年惟好静，万事不关心。"

之所以有这样的心态，一方面是王维奉佛十分虔诚的原因，但另一方面也和王维孤身一人，并无子嗣有关。爵位再高，钱财再多，但来日无多，已经没有多少日子好活了，也没有儿孙可以继承，还有什么意义呢？

当然，对王维没有后代这事，也有不少人胡乱猜测，古人一般都信奉"不孝有三，无后为大"，王维在三十来岁的盛年，妻子死后竟然又孤居三十多年，不娶妻妾，在当时是极为罕见的现象。按我原来的猜测，王维可能是被玉真公主"霸占"了。当然，也有人怀疑王维性取向有问题，只喜欢裴迪这样的男人。唉，其实男人也难做啊，像白居易、杜牧那样，风流了有人骂，要是像王维这样的，又有人猜疑这猜疑那，有道是"男人不流氓，发育不正常"。

当时王维的弟弟王缙，被派到蜀地当刺史，王维自知病体沉重，也没有多少日子好活了，于是写了篇名为《责躬荐弟表》的文章给朝廷，说自己无才无德，实在不适合留在朝堂，弟弟王缙倒是很有才干，所以自己愿意把官职全部辞掉，以求朝廷念在二人都已是花甲之年的老人的面子上，让王缙回来，这样兄弟俩还能见上一面。王维写得很是可怜："傥得同居，相视而没，泯灭之际，魂魄有依"，王维现在的亲人，也就只有弟弟王缙了，能看到弟弟后再合上眼，了此一生，就没有什么遗憾了。

皇帝看了后，也挺照顾王维的，就按他说的，把王缙调回了京师，这年五月兄弟俩刚得以团聚，七月王维就溘然长逝了。然而，王维死的时候，王缙并未在他身边，而是去了长安附近的凤翔这个地方。王维临死前，索笔写下一封给弟弟的信，又给平生的亲故（应该包括裴迪，他后来跟着王维的弟弟做事）一一写了永别信，信中的主旨多是劝大家诚心向佛，超脱苦海。写罢之后，王维扔下笔，就此一瞑不视。

王维的诗歌造诣就不在这里多点评了，他的风格如"秋水芙蕖，倚风自笑"，那一种风流倜傥的姿容，确实是千百年来人们印象中最典型的才子形象。人们往往说什么"才比子建，貌似潘安"，其实王维又何尝不俊秀，又何尝不多才多艺？

另外，简单说下王维的弟弟王缙，他的官后来当得很大，如果当时也兴名片，你会发现他上面印的是："金紫光禄大夫、门下侍郎、同中书门下平章事、持节河南副元帅、都统河南、淮西、山南东道诸节度行营使、兼东都留守"等一大堆头衔。他还曾被封为上柱国，这是正二品的高阶。

王维仕途历程：

——太乐丞（从八品）

——济州司仓参军（九品）

——归隐

——右拾遗（从八品上）

——监察御史（正八品上）

——殿中侍御史（从七品）

——左补阙（从七品）

——侍御史（从六品下）

——库部员外郎（从六品上）

——库部郎中（从五品上）

——吏部郎中（从五品）

——给事中（正五品上）

——陷贼任伪给事中

——被俘待罪

——太子中允（正五品下）

——中书舍人（正五品上）

——给事中（正五品上）

——尚书右丞（正四品下）

——终

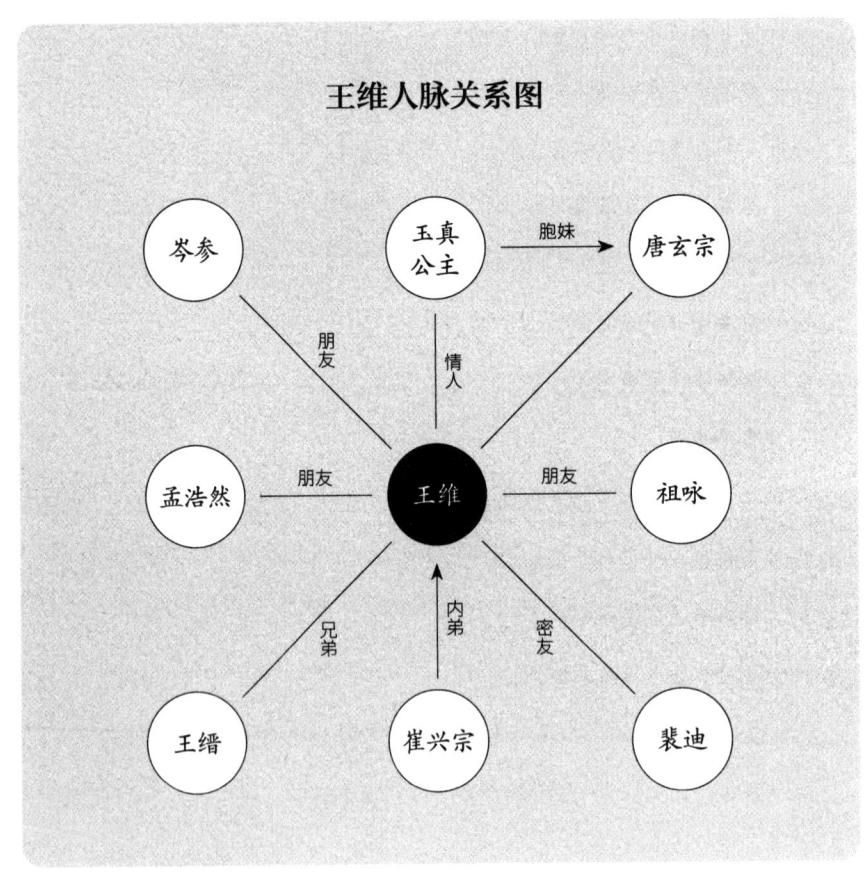

去时雪满天山路

岑参

  和山水田园诗互为犄角，相峙耸立在盛唐诗坛的，是边塞诗这一大类别，其实，不少称之为"边塞诗人"的作者，他们的诗集中，金戈铁马、瀚海雪川的篇目其实并不占绝对的多数，也有着风格各异的杂色诗作，但因为他们是靠边塞诗闻名于世，所以就被冠以"边塞诗人"的标签了。如果说田园山水诗派是王、孟领军，那么说到这一派，则首推岑、高。

  我认为，岑参是唐代最好的边塞诗人，因为他亲身经历过西北大漠的风霜雪雨、雄关冷月，所以他诗中反映的边塞诗景，最细腻、最生动，也最真实。多亏了岑参，才得以让我们有条件了解诸多盛唐时代的边塞图景，然而，可惜的是，岑参这个对历史做了巨大贡献的人物，《旧唐书》《新唐书》中却都把人家给遗忘了。

  一般来说，官职低微的白丁一般没有传记，是正常的，而人家岑参当过正四品的嘉州刺史，也算是"着绯一族"了，怎么却没有呢？像储光羲无传，后人推断因为他当了安禄山的伪官所致，而岑参可是忠诚无比，坚决拥护以唐肃宗为核心的中央政府啊！对于这件事，我觉得还是疏漏所致，《旧唐书》成书草率，《新唐书》编撰者宋祁那小子整天高烛燃着、美女陪着写稿子，可能一分心，就把岑参漏了。

还一件窝心的事是，岑参名字中"参"字的读音，至今也没有定论，现在一般都读shēn，读这个音的话，意思是天上的星斗名。据说已故文史学者蒋逸雪先生认为"岑有高峻义，故连类相属，名参商之参"，所以现在连中学语文课本里都读为shēn。但是，这个结论下得有点武断，也没有什么可靠证据，相比之下，读cān似乎倒是更有依据，我们看岑参的哥哥就叫岑况，这个"况"字就是比着"荀况"来起的，那为什么岑参的"参"字，就不是比着"曾参"、"曹参"等古代贤人来的呢？

岑参出身于名门，曾祖岑文本、伯祖父岑长倩和伯父岑羲，是有名的祖孙三代宰相。前面"初唐卷"中说过：杜易简的姨是岑文本的妈，而杜易简和杜甫的爷爷杜审言是堂兄弟，所以杜甫和岑参是能论上亲戚的，他们见了面后也非常亲热。

但是，岑参的家世，在他出生后，就倚仗不上了，因为岑长倩当宰相时，武则天的侄子武承嗣，妄图继承皇位，见岑长倩不支持他，就心生毒计，派酷吏来俊臣诬蔑其谋反，将其逮捕下狱后处死，此后，岑氏一族的家境也自此一落千丈。岑羲虽然后来又当上了宰相，但是他和太平公主是一党，所以到玄宗上位后也被灭了族，好在岑参不是他的直系亲属，不然唐代诗坛就没这一号诗人了。

岑参出生于715年左右，和杜甫差不多，大概还要小上两三岁，比李白、王维他们要小十来岁。因为家业凋零，加上曾当过晋州刺史的父亲岑植，又在岑参十来岁时就早早去世，所以恩荫这一条路是没指望了。虽然祖上很威风，但到了岑参成长起来后，他们都亡的亡，灭的灭，拼爹时爹已不在，几多无奈。

好在岑参有志气，还有科举这条路吧？靠自己的本事，改变命运。二十来岁时，岑参就来到长安，献书求官，这一段经历，他在《感旧赋》一文中写过："参相门子,五岁读书,九岁属文,十五隐于嵩阳,二十献书阙下。"我们知道唐朝时最讲门第,岑参当然也不厌其烦地在文中大讲岑家之前的辉煌岁月,再三提及"国家六叶(从唐高祖到唐玄宗),吾门三相"的旧事。然而,和杜甫一样,岑参在长安也是蹉跎了十年,并没有取得半点收获,反而让自己困顿不堪,用他自己文章中的话说就是:"我从东山,献书西周;出入二郡,蹉跎十秋。多遭脱幅,累遇焚舟;雪冻穿屦,尘缁敝裘。嗟世路之其阻,恐岁月之不留。"

人比人气死人啊,人家王维二十岁就中了进士了,岑参却一直等到三十岁时,才终于得以高中,据说是榜上的第二名(榜眼)。当然,比上不足,比下有余,比王维、郭震之类的不行,要是比苦逼孟浩然、瞎忙乎的老杜,岑参三十岁得官,也不算晚。兴奋之下,岑参写了《初授官题高冠草堂》一诗:

> 三十始一命,宦情多欲阑。
> 自怜无旧业,不敢耻微官。
> 涧水吞樵路,山花醉药栏。
> 只缘五斗米,辜负一渔竿。

这首诗,初看起来有些矫情,明明一直热心求取功名,却又叹息说"只缘五斗米,辜负一渔竿",你要学陶渊明,来长安干吗呀?但仔细想想,人嘛,本来就是有这诸般无奈,没职位时,会嗟叹无权无势无安全感,而拥有官职后,又觉得俗务缠身,无闲无趣无自由。

得中之后,岑参先是当了个"右内率府兵曹参军",这是一个从八品的官职,不熟悉唐代制度的人,都觉得委屈,其实像张说那样的头名状元,一开始还只当九品校书郎呢。所以这个起点,还是不低的。

唐代文人有不少是才兼文武的，所以吏部任职时也是量才使用，像郭震那种整天喜欢舞刀弄剑的后来就当了"右武卫胄曹参军"，而王维那样俊秀优雅懂音乐的帅哥就当了太乐丞，由此推断，岑参想必不是文弱书生，体格也是相当健壮的。

四年秩满之后，岑参觉得在朝里混，很是郁闷，从他早年写的《石上藤》一诗，足以看出他的抱负：

> 石上生孤藤，弱蔓依石长。
>
> 不逢高枝引，未得凌空上。
>
> 何处堪托身，为君长万丈。

当时已是天宝年间，姚宋已死，朝纲日渐昏乱。之前，他曾经送过颜真卿去出使河陇边关一带，还作了一首诗"凉秋八月萧关道，北风吹断天山草。昆仑山南月欲斜，胡人向月吹胡笳"。但这时的岑参，还没有亲眼望见过天山，这些句子都是听别人转述后想象出来的。

"丈夫三十未富贵，安能终日守笔砚？"也许是边塞风光吸引了岑参，于是便动了念头，想到边塞立功效命。他后来有诗送友人："脱鞍暂入酒家垆，送君万里西击胡。功名只向马上取，真是英雄一丈夫。"这不仅是对友人的激励，也代表了岑参的"价值取向"。

于是，岑参就到了安西四镇节度使高仙芝幕府中当了掌书记。唐代"书记"的职能，是字面上的本义，就是写写记记，做些文字工作，相当于节度使的秘书。如果干得好，可以升为节度副使，甚至是节度使。

这安西四镇，都在如今新疆西部和中亚一带，从长安西去，黄沙漫漫，一片荒凉之色，让久居中原的人心生茫然和骇异。这天山脚下的枯草沙碛、冷月残雪，也造就了最出色的边塞诗人——岑参。

虽然怀着一颗报国建功的雄心,岑参行在路上,还是心生惶恐:"走马西来欲到天,辞家见月几回圆。今夜未知何处宿,平沙万里绝人烟。"这和王维《使至塞上》诗中的心情大不一样,王维当的是御使钦差,前呼后拥一大队人马,吃住自然有人安排,而岑参虽然不至于单枪匹马,但最多也就是几个随从跟着,路上的辛苦劳顿,都一一亲身历尝。所以才有这样的感慨,这也是最真实的感情流露。

走在路上,岑参就开始想家了,他在半路上碰到一个从西北而来,要回长安的使者,人家兴高采烈地回归繁华如锦的都城,自己却奔赴那越走越是荒僻的苦寒关塞,心里别提有多酸楚了,于是有了《逢入京使》这首好诗:

故园东望路漫漫,双袖龙钟泪不干。

马上相逢无纸笔,凭君传语报平安。

虽然受了不少的风霜辛苦,但也见识了不少新鲜事,像吐鲁番的火焰山,好多唐朝诗人都没见过,岑参诗云:"火山今始见,突兀蒲昌东。赤焰烧虏云,炎氛蒸塞空。不知阴阳炭,何独烧此中?我来严冬时,山下多炎风。人马尽汗流,孰知造化工!"

经过五千多里的长途跋涉,沿着当年唐僧的取经路走了足足有十分之一后,岑参终于来到了天山脚下。当时,节度使高仙芝好战喜功,连续灭掉西域的石国等诸蕃,虽然这一举动,使众多的胡人部族对唐室产生了不信任感,为后来的西域安定带来无穷隐患,但当时的高仙芝,一时间气势正盛,风头一时无两。

然而,"风险是员工的,利润是老板的",岑参似乎没有什么太多的收获,"掌书记"只是军中比较低微的文职官员,上面还有节度判官管着他,从现有的资料看，高仙芝对岑参也没有格外重视过。

当时高仙芝的第一号笔杆子是什么人呢？他的节度判官又是谁呢？说起来也很有故事，这人叫封常清。他是哪一榜的进士？答：没考过，读的书全是他的外公教的。却说他本是山西人，从小就跟着这个被流放到西域充军的外公长大，他外公也就是个负责看守城门的门岗老头，闲来无事，一老一少就在夕阳残照的城楼上诵读诗书，谈论学问。别说，不知是封常清聪明，还是他外公乃是位隐世高人，反正封常清后来称得上是自学成才了。

这封常清堪称是自我推荐的天才，放现在也值得职场新人们学习一下。他见高仙芝手下有亲随三十人，衣甲鲜明，威风凛凛，就自告奋勇写了封自荐信给高仙芝，想当人家的亲兵。但是，他一无学历，二无门第，而且高仙芝把封常清叫过来一看，只见封二这个小兄弟身材细瘦，像只癞鸡，再看相貌，嘴有点歪，眼还有点斜，走两步瞧瞧，还有点一瘸一拐的。高仙芝差点没气乐了，挥手打发他一边玩去。

第二天一大早，高仙芝整好装，正要出门，一看封常清又拦在门口，把自荐信举在手中。高仙芝说："你这人烦不烦啊，我又不缺随从！"没想到，封常清反而怒了，他说："我慕公义，愿事鞭靮，故无媒自前，公何见拒深乎？以貌取士，恐失之子羽。公其念之？"——意思是，我因为觉得您是个了不起的人杰，才特地来自荐，你为什么对我这态度，看我相貌不好就拒绝我？孔圣人就说过不可以以貌取士的，您就不反思一下吗？

抬出这番大道理来，也显示了封常清是个饱读诗文的人，但高仙芝还是不为所动，仍旧把他轰了出去。然而，这封常清阴魂不散，就此缠上高仙芝了，接连几十天，无一日不像卖保险、搞传销的一样，天天上门来纠缠。俗话说："好女怕缠郎"，找工作看来和找对象一样，高仙芝最后不胜其烦，于是勉强答应了他。

但后来，封常清就显示出他过人的才华，当时高仙芝平定西北番邦部落的一次叛变，回来后一看，报捷书竟然早已写好了，而且措辞和语气都是高仙芝最想说的话，最想要的词。兴奋之余，得知此文正是封常清的杰作。当时，封常清只是个小小随从，写捷报并非是他的职责，算是"狗拿耗子，多管闲事"，但高仙芝一看，这封常清拿起"耗子"来，比"猫"都强。看来，有志在职场中上位的人士，就是要抓住机会，主动表现自己。

自此之后，高仙芝就非常重视封常清了，当高仙芝升任节度使后，封常清这个无学历的人就成了节度判官（节度使的副手），比科举第二名的岑参职位还高。

这里说了一大段封常清的事迹，似乎是跑题了，其实还是有必要的，因为封常清对岑参的影响非常大，两人关系也相当不一般，随后会说到。

第一次出征西域，在高节度使领导下的岑参，心情并不是太好，一是因为初次来边塞，不适应这里既苦寒又荒凉的环境；二是在职场上，岑参也觉得不怎么受重视，没什么大的前途。一天又一天，看着大漠里的如血残阳落下又升起，岑参心中无比的苍凉寂寞，他写道："沙上见日出，沙上见日没。悔向万里来，功名是何物！"

这段时间里，他写下了《安西馆中思长安》《河西春暮中忆秦中》《早发焉耆怀终南别业》等诗句，其主题无非是想家和孤独，此处，还有什么"长安遥在日光边"，"东去长安万里余"，"长安不可见，喜见长安日"之类，都反映出这样的心情。我觉得，从《轮台即事》这首诗中，能最为真切地体会到岑参当年心中的孤栖寥落：

轮台风物异，地是古单于。

三月无青草，千家尽白榆。

> 蕃书文字别，胡俗语音殊。
>
> 愁见流沙北，天西海一隅。

好容易熬到五年任职圆满，已是天宝十一年，三十八岁的岑参终于能够回返长安。但是，他的官职也没有得到大幅提升，朝廷派他当大理评事（从八品官），这个职位是属于大理寺的，类似于现在的最高法院或检察院这样的部门，"评事"一职品级不高，主要是负责案件的调查推究之类，不过比起"兵曹参军"来，虽然品级相似，但相对要"清要"得多。

在长安，岑参住了两年，其间他和杜甫、高适、储光羲等人一起游玩，共同登上长安的慈恩寺塔（即大雁塔），并写下同题诗。大家公认为杜甫写得最好，但岑参的诗其实也不错，像"塔势如涌出，孤高耸天宫。登临出世界，蹬道盘虚空。突兀压神州，峥嵘如鬼工"，气势雄健，有硬语盘空之势，也不比老杜逊色多少。

在长安住了两年，岑参的心又开始痒痒了，于是就有了第二次出使西域的经历。前面说过，岑参在塞外并不如意，一直想家，怎么现在又改主意了呢？据我推断，大概是封常清入朝后蒙受浩荡皇恩的事情刺激了他。天宝十三年，封常清风风光光地来到长安，唐玄宗封他为御史大夫（正三品），还把他的儿子封为五品官，并赏了一处大宅院，连封常清死去的父母也获赠封爵。

这一切，都让岑参看得双眼发红，这封二原来也就是个奴仆身份，啥"文凭"也没有，能当上节度判官，就非常难得了，没想到这才两年不见，居然摇身一变，成了三品大官。一打听，得知封常清在西北立了不少军功。看来在部队上提拔就是快啊！正好唐玄宗派封常清暂时担任北庭都护、伊西节度使，岑参一看，自己的老上级现在执掌重权，何不跟着他再去西北捞些军功回来？就算当不上三品大员，混个五品官当当，让官袍由青转绯，岂不快！

于是岑参打定了主意,要求再度出塞,别说,这次比上次风光了不少,担任的是封常清的节度判官,岑参自己写的《钵罗花歌并序》中提到过,"参忝大理评事,摄监察御史,领伊西、北庭度支副使",我们看岑参当时除保留"大理评事"一职外,还兼任监察御史,并且担任伊西、北庭两个重要军区的后勤部副总长。而且,岑参此时担任的职务,正是封常清没当节度使以前的差事,生动的升官路径摆在眼前,"封常清的今天,就是我岑参的明天",在这个憧憬的诱惑下,岑参于是又踏进了那白草黄沙的西北大漠。

这一次,岑参诗歌中的情绪明显有了不同,原来经常凄凄惨惨地叙述"双双愁泪沾马毛,飒飒胡沙迸人面",现在这种笔调收敛了不少,多了些"一生大笑能几回,斗酒相逢须醉倒"的雄健豪爽之气。像著名的《轮台歌奉送封大夫出师西征》中所写的"四边伐鼓雪海涌,三军大呼阴山动",还有"古来青史谁不见,今见功名胜古人"等等,都表现了昂扬向上的精神和气势。

从岑参集中留下来的众多诗篇看,他和封常清的关系相当亲密,除了这首诗外,还有《轮台歌奉送封大夫出师西征》《北庭西郊候封大夫受降回军献上》《陪封大夫宴瀚海亭纳凉》《奉陪封大夫宴》《奉陪封大夫九日登高》等等,都反映出岑参当时还是挺受器重的。

"琵琶长笛曲相和,羌儿胡雏齐唱歌。浑炙犁牛烹野驼,交河美酒归叵罗……"岑参职位升高,待遇恐怕也随之优厚了很多,吃着烤肉,喝着西域美酒,所以这苦寒荒凉之地,也不显得那样落寞愁惨了。

再八卦一下,当时的军中,不但有酒有肉,还有美女,岑参在《敦煌太守后庭歌》写:"城头月出星满天,曲房置酒张锦筵。美人红妆色正鲜,侧垂高髻插金钿。醉坐藏钩红烛前,不知钩在若个边。"在《玉门关盖将军歌》中写:"暖屋绣帘红地炉,织成壁衣花氍毹。灯前侍婢泻玉壶,金铛乱点野酡酥……美人一双闲且都，朱唇翠眉映明矑。清歌一曲世所无，今日喜闻凤将雏。"虽然这里说的都是敦煌太守和盖将军帐中的女人，但岑参叙述时，并没有明显的讽刺和反感，倒是有些羡慕之意，也不知岑参和胡姬有没有过风流事。从他的《醉后戏与赵歌儿》《醉戏窦子美人》等诗看，岑参也未必就是柳下惠。

然而，这种好日子没过两年，天宝十四年，"渔阳鼙鼓动地来，惊破霓裳羽衣曲"，坼裂盛唐画卷的安史之乱爆发了。高仙芝和封常清两位边关名将，都去长安勤王抗贼。不幸的是，西域的精兵良将，一时来不及调过去，高、封二人，带的都是仓促招募的乌合之众，哪里是安大胖子手下那些骄兵悍卒的对手？战局上连连失败，唐玄宗恼怒异常，加上宦官边令诚又不断说坏话，皇帝一怒之下，降旨先后将封常清和高仙芝二人都砍了脑袋。

读史至此，不禁掩卷感慨，正所谓，"世有无妄之福，亦有无妄之祸"，封常清发迹之快，想必当时让岑参艳羡不已，但哪知才短短两三年，紫绶金印的恩宠就变成了白刃加颈的极刑，让人不禁感慨万千，真是登高必跌重，伴君如伴虎。岑参没当这样大的官，也没有遭这样的祸，他远在西北，慢慢听命令回中原勤王，倒是平安无事。

当时唐肃宗在宁夏灵武成立了"临时政府"，岑参和杜甫都去投奔。肃宗封了他一个右补阙（从七品上）的官职，杜甫当的则是左拾遗（从八品上），这两种职位都是给皇帝提意见的官，只不过岑参的品级比杜甫要大两级。

没过多久，郭子仪收复两京，王维、储光羲他们那些伪官被绳捆索绑地捉回来，而岑参、杜甫这些第一时间追随唐肃宗的臣子，则趾高气扬地随驾返回了长安。

此时，岑参已经是四十四岁的人了，鬓上也生出了不少白发——"白发生太速，教人不奈何，今朝两鬓上，更较数茎多"。虽然身为皇帝谏官，职位清要，但毕竟只是个从七品的小官，从心情上来讲，可能还不如在西北"大军区"里当总后勤部副部长（度支副使）来得更实惠。当时，岑参有一首写给杜甫的诗，也比较有名，叫作《寄左省杜拾遗》，其中有"白发悲花落，青云羡鸟飞"之句，反映出他当时的心境是十分失落的。另外像《西掖省即事》中写："官拙自悲头白尽，不如岩下掩荆扉。"也是大发牢骚。

当然，说归说，岑参也舍不得真的辞官回乡，其实，岑参的官运和高适、王维比，是差了些，但比杜甫要强得多，杜甫后来因为上书替房琯说好话惹怒了皇帝，给贬出朝廷，当华州司户参军去了。那是个九品小官，琐事一大堆不说，居住环境也很差，老杜都快急疯了，后来干脆弃官不干了。

而此时，岑参却升官了，当了起居舍人。这是个从六品上的官职，负责记录皇帝言行的官，所以也能够参与一些机要，还是挺重要的一个职务。但是，这个职务他只当了一个月的时间，随后就外派为虢州（今河南灵宝）长史。这是一个从五品的官职，是虢州的二把手。记性好的朋友可能记得，王勃当年正是在此处任参军时，陷入杀死官奴曹达一案，差点丢了命。但这已是八十多年前的事情了。

虽然升了品级，但是岑参非常不高兴，因为唐代官僚普遍觉得外派为官，是一种失败。岑参的仕途理想，大概是想由起居舍人升到中书舍人这一类职务，然后也弄个"同中书门下平章事"（宰相）干干吧？

到了虢州，已是秋风萧瑟的时节，岑参写下《佐郡思旧游》一诗，前面有一篇小序，非常真实地表现了他当时的心情：

己亥岁春二月，参自补阙转起居舍人。夏四月，署虢州长史。适见秋草，凉风复来。昔桓谭出为六安丞，常忽忽不乐。今知之矣。悲州县琐屑，思掖垣清闲。呈左右省旧游。

刚刚提升了起居舍人这个清要位置，不知为何，皇帝又改变了主意，把他拨拉到地方去了。岑参心里自然非常不痛快，想起汉光武帝时的桓谭，被贬为六安丞时，"忽忽不乐"，走到半路就死了，心里更是惨然，想到以后要处理繁琐的州县公事，不能像在朝廷里供事这样清闲了，于是感慨不已，写了诗给同僚们，抒发一下心情。

诗中的最后几句说："庭槐宿鸟乱，阶草夜虫悲。白发今无数，青云未有期"，秋风秋月之下，岑参愁苦惆怅，心事苍凉。我觉得，岑参在虢州之所以如此不痛快，想必是和当时的一把手郡守（刺史）关系不好的缘故。他有《衙郡守还》一诗写道：

　　世事何反复，一身难可料。
　　头白翻折腰，归家还自笑。
　　所嗟无产业，妻子嫌不调。
　　五斗米留人，东溪忆垂钓。

所谓"衙"郡守，是参见州刺史的意思，岑参混了大半辈子，头发都如霜似雪了，还要向这里的刺史（也许资历年龄都不如他）恭恭敬敬地参拜，实在是引以为耻。所以岑参才有"头白翻折腰，归家还自笑"的感慨，这里的"笑"，只是苦笑罢了。岑参心中其实萌发了辞官不干的想法，但是家无产业，没有这点官家俸禄，一大家子人谁来养活啊！

在这里，岑参公事很忙——"顷来废章句，终日披案牍"，他埋怨道："佐郡竟何成，自悲徒碌碌"，查岑参在虢州写的诗，几乎全是这样的心事，非常的不如意。又有《题虢州西楼》一诗为证：

> 错料一生事，蹉跎今白头。
>
> 纵横皆失计，妻子也堪羞。
>
> 明主虽然弃，丹心亦未休。
>
> 愁来无去处，只上郡西楼。

由此看来，岑参把离京到这里任长史，看作是皇帝对他的贬斥和抛弃。可想而知，当时的岑参也是经常在愁闷中登上城楼，把栏杆拍遍，书空咄咄，愁肠百结。

在这里，岑参还郁闷地病了一场，反正在虢州任职的这三年，是岑参心情很憋屈的时光。到了他四十八岁时，终于盼来了调他回长安的诏书，给了他一个太子中允的官，这是太子的僚属，正五品下的官职，王维也曾经当过这个职务。

当时天下大乱，四方盗贼很多，都没有平定，所以太子也不能安安稳稳地在官中，当时的太子是雍王李适（即后来的唐德宗），被任命为天下兵马大元帅，在陕西潼关附近，岑参原来就在高仙芝、封常清下当军中的判官、掌书记之类的，这回重操旧业，再度出任了太子帐下的掌书记。

一年之后，局势渐渐平定，岑参回到长安，据专家考证（岑参年谱），这期间岑参还担任过祠部员外郎、考功员外郎、虞部郎中、屯田郎中、库部郎中等。但上述这些官职，多是从六品和从五品，相比太子中允这个正五品的官职，降了不少的等次。

到了岑参五十一岁的时候，官职得到最后一次提升——成为正四品的嘉州刺史。嘉州，即现在的四川省乐山市，不过岑参是看不到乐山大佛的，这尊举世闻名的大佛，虽然在岑参到来五十年前就开始动工建造，但一直要四十年以后，才得以完工，从此耸立在岷江、大渡河的汇流处。

看不到大佛，倒不要紧，更为不妙的是，这年的冬天，岑参刚要去赴任，蜀中就发生了内乱，利州刺史崔旰攻杀了节度使郭英义，其手下的牙将又纷纷起兵讨伐崔旰，于是四川这里兵荒马乱，烽烟四起，岑参见此情景，根本无法赴任，走到半路就返回长安了。

到了第二年的二月，朝廷派杜鸿渐（就是和王维弟弟一起崇信佛教的那个）率兵平叛，岑参也随军而行。当时大唐全境内，到处藩镇割据，谁的拳头大谁就是土皇帝，杜鸿渐虽然挂了元帅的名，但手下的兵马和崔旰打了几场，都是大败亏输，于是只好来"软"的，私下答应崔旰不少条件，让他"高度自治"，州府大权全委于崔旰，只要他名义上归顺即可。就这样，达成了暂时的和平，岑参也随军来到成都，等待局势进一步平定。

闲来无事，岑参在成都倒是逛了不少风景，写下《先主武侯庙》《扬雄草玄堂》《司马相如琴台》《万里桥》等诗，可惜啊，如果早上三五年来这里，高适是这里的节度使、杜甫也在浣花溪畔的草堂里住着，他们三人聚一聚，聊聊当年一起在长安登大雁塔赋诗遣怀的旧事，该多好啊！然而，现在老杜出川东去，高适则驾鹤东去——病故了。事实上，苍天留给杜甫和岑参的时间也已经不多了，他们的生命，也都只剩下两三年的时间了。

形势相对平定后，岑参终于到嘉州上任了。但时间很短，不知为何，就罢了官，是什么原因，史料中没有确切记载。大概还是因局势混乱，当地的官吏擅权自立，不服管束，岑参无法掌控局面所致吧。

本来，他想回都城长安，然而，此时蜀中盗贼猖獗，将四川到长安的路途完全切断，于是岑参无奈，只好先折回成都，等待时机。哪知道，在这里，岑参就此一病不起，他这一生，走过万里迢迢的漫漫长路，去过狂风怒雪、黄沙莽莽的大漠，那似乎是遥在天边的异域，都走了回来。如今却滞留在成都这座花团锦簇的城池中，再也回不去了。

成都虽好，但毕竟不是岑参的家，古人都认为要死在自己的家中，这才算完美的终结。公元770年，五十六岁的岑参病死在成都的旅舍之中，同年，杜甫死在湘江上的舟中。

岑参的边塞诗，是唐诗中空前绝后的瑰宝，他亲身经历过天山脚下的狂风、黄沙、残雪、冷月，生动地刻画出当时的边塞风情。安史之乱以后，天山一带就渐渐不再为唐朝所拥有，所以此后的诗人，包括宋、明之时的众多文人，都再也无缘来到这里，更不用说写诗题咏了。

当然，岑参除了边塞诗，还有不少别样风格的好句，虽然这里说的是仕途，但还是忍不住在篇末摘几句与大家共赏：

山风吹空林，飒飒如有人。（《暮秋山行》）

昼吟庭花落，夜讽山月移。（《虢中酬陕西甄判官见赠》）

秋风万里动，日暮黄云高。（《巩北秋兴寄崔明允》）

终日风与雪，连天沙复山。（《寄宇文判官》）

砌冷虫喧座，帘疏月到床。（《赵少尹南亭送郝侍御归东台》）

月如眉已画，云似鬓新梳。（《夜过盘石隔河望永乐寄闺中效齐梁体》）

岑参仕途历程：

——右内率府兵曹参军（从八品）

——节度使掌书记（从八品）

——大理评事（从八品官）

——监察御史兼伊西、北庭度支副使（正八品）

——右补阙（从七品）

——起居舍人（从六品）

——虢州长史（从五品）

——太子中允（正五品）

——祠部员外郎（从六品）

——考功员外郎（从六品）

——虞部郎中（从五品）

——屯田郎中（从五品）

——库部郎中（从五品）

——嘉州刺史（正四品）

——终

岑参人脉关系图

- 高仙芝 —上司→ 封常清
- 高仙芝 —上司→ 岑参
- 封常清 —上司→ 岑参
- 储光羲 —朋友— 岑参
- 杜甫 —朋友— 岑参
- 高适 —朋友— 岑参
- 岑况 —兄弟— 岑参

丈夫穷达未可知
高适

古人常有"人生三十未娶,不应再娶;四十未仕,不应再仕"的说法,虽然传说中也有姜太公八十岁才遇到周文王而发达的事情,但一般来说,过了四十岁,尤其是到了五十多岁,基本上就没有什么提拔的希望了。

然而,唐代诗人高适,五十岁前,连七品芝麻官也不是,充其量当过从九品的县尉,但短短几年,他被升为谏议大夫、淮南节度使、散骑常侍等职位,成为三品以上的朝中大员,并加封银青光禄大夫及渤海县侯,所以《旧唐书·高适传》中说:"而有唐已来,诗人之达者,唯适而已"——诗人中最为飞黄腾达的,就是高适了。

当然,这句话并不严密,像李峤就曾经达到过正二品的职位,张说更是达到正一品,拥有"开府仪同三司"的显赫荣耀,银青光禄大夫算什么,人家王维的弟弟王缙,就是金紫光禄大夫,明显比高适高一级,何况还有"上柱国"这个勋阶。在高的身后,像白居易这样的,也做到"太子少傅",是从二品的高官,前有古人,后有来者,都比高适强,但高适升官速度之快,恐怕倒是首屈一指。

不过,高适在诗坛的名气比他们大,更像是典型的诗人,张说、李峤以文章著名，诗名远不如高适。像王缙那样的，虽有几首诗，但少有人提及，更是算不上是"诗人"。

《红楼梦》的"金陵十二钗"中，有一个"晚来韶华"的李纨，而唐朝诗人中，晚来韶华者则以高适最为典型。

高适出生于公元 700 年左右，和李白、王维差不多。他的父亲叫高从文，曾经官至韶州（今广东韶关一带）长史。高父大概也是病死在高适尚未成年之时，因为后来少年高适"不事生业"，弄得家里穷困潦倒，十分落魄。要是有他那做官的爹，也不至于这样吧。

高适早年流落在河南商丘一带，经常求一些达官贵人们（大概是其父故知）施舍几个钱，以便能让他有条件安心完成学业。到了二十岁那年，高适觉得自己的"书剑"已经学得有模有样了，该去京城里露一手了，于是就来到繁华的长安城里，寻求仕途，年轻人都有"明星梦"，喜欢幻想，当时高适想的是：

二十解书剑，西游长安城。
举头望君门，屈指取公卿。

他以为凭自己的本事，到了长安，弄个一官半职，和玩儿似的，就算是公卿之位，又有何难哉？现实兜头浇了高适一盆凉水，"白璧皆言赐近臣，布衣不得干明主"，像他这样的小角色，连皇帝的面都见不着，正所谓"云霄何处托，愚直有谁亲"，没关系，没门路，在长安混，难啊！

当时虽然是开元盛世，国家一派繁华景象，但对于高适这样一个无门第可倚、无钱财可恃的穷小子，长安城实在不是他待的地方，那些金鞭骏马的官二代、富二代，谁肯理他啊？看到那些有权有势的人作威作福，高适胸中盛满辛酸。好在他是诗人，能把这心中的苦水从笔端倾泻而出，化为这两首佳作：

行路难二首

长安少年不少钱，能骑骏马鸣金鞭。
五侯相逢大道边，美人弦管争留连。
黄金如斗不敢惜，片言如山莫弃捐。
安知憔悴读书者，暮宿灵台私自怜。

君不见，富家翁，旧时贫贱谁比数。
一朝金多结豪贵，万事胜人健如虎。
子孙成行满眼前，妻能管弦妾能舞。
自矜一身忽如此，却笑傍人独愁苦。
东邻少年安所如，席门穷巷出无车。
有才不肯学干谒，何用年年空读书。

茫茫都城中，自己就像一颗微不足道的沙粒，又像一只无足重轻的蝼蚁。

长安容不下他这个穷小子，高适只好又回到"梁、宋"，即河南开封、商丘这一带，以耕钓为生。然而，这一次对他的打击非常沉重，多年后，高适还在诗中耿耿于怀："忆昔游京华，自言生羽翼。怀书访知己，末路空相识，许国不成名，还家有惭色。"

归田隐居这件事，听起来挺风雅的，但实际上"不好玩"。如果是像王维那样的有朝廷俸禄、衣食不忧，有钱花不尽的，到田园山庄里那么一坐，"深林人不知，明月来相照"，自是萧散适意。但如果本无资产，要靠种田过活，那就惨了。尤其是像高适这样的读书、学剑，有着理想的人，安能一辈子"修理地球"啊！所以李白的理想是"功成拂衣去，归入武陵源"，这是很有道理的。

这段时间，高适也不断结交官场中人，什么李少府、郭少府、孟少府、颜少府、熊少府、蔡少府、刘少府、陆少府、崔少府、侯少府、白少府、张少府、裴少府、田少府等，几乎写了半本百家姓，可见高适也是个喜欢交际的人。

所谓少府，就是县尉一类的人物，这些八品以下小官，可能在收租征徭上能给高适一点照顾，但指望他们举荐自己到朝廷当官，恐怕不现实。而且，高适后来有这样的感慨："君不见今人交态薄，黄金用尽还疏索"，常言道"酒肉的朋友，米面的夫妻"，这些交际中，高适这个寒酸布衣，收获的恐怕也不见得尽是温情和欢乐。

百般无奈之后，高适又萌发了到边庭立功的想法，他曾在诗中写道："万里不惜死，一朝得成功。画图麒麟阁，入朝明光宫。"到了战场上，立下大功后，一下子就会封为高官，甚至被画进纪念功臣的麒麟阁内永远被人瞻仰，这是何等荣耀。相比之下，那些皓首穷经的书呆子们，多么可笑："大笑向文士，一经何足穷。古人昧此道，往往成老翁。"

于是二十八岁的高适就打点行装，到幽燕一带的前线去从军。哪知道，到了军队上，发现一样黑暗，像他这样无背景的才士，一样难混。激愤之余，高适写下那篇著名的《燕歌行》，其中揭露了将军骄奢淫逸，军士却命如蝼蚁的残酷事实："战士军前半死生，美人帐下犹歌舞！"

这也是高适的边塞诗的亮点所在，由于他身在军营，更能体会到普通军士的辛苦，所以他的诗有批判性，更为贴近普通人，也更有价值。相比之下，岑参虽然在描写异域风光上细致生动，写实传神这方面要胜高适一筹，但因为他身居高位,也属于"既得利益者",故而诗中少有"边兵若刍狗,战骨成埃尘"这样替普通兵士申诉的句子,思想性要逊于高适。

军中也不好混,没进士"文凭",也当不上官。于是高适又心灰意冷地回到商丘,继续种他的地。当然,高适的心依旧不"安分",他可不打算"在农村干他一百年",还是有空就到处游历,寻找机会。天宝三年,高适四十一岁,在游大梁(开封)时,遇见了李白和杜甫,这事高适诗中倒没写,小弟杜甫写过:"昔者与高李,晚登单父台。寒芜际碣石,万里风云来……"虽然现在看来是盛唐诗坛的一次难得的重量级诗人的聚会,但当时李白和杜甫都是平民,三个白衣书生在一起喝喝酒、发发牢骚,各自心中恐怕都不怎么当回事,正所谓"当时只道是寻常"。这时高适和杜甫都很穷,而李白刚被"赐金放还",可能是花李白的钱吧。

杜甫是标准的"白粉",对李白的风姿十分倾倒,而一开始并不怎么"粉"高适。后来他是给高适写过诗,但那是在高适当了大官后,可能是想套套近乎,得到点好处吧。有人说高适人品不好,后来对李白和杜甫的态度很冷淡,其实,我们现在只知道李白、杜甫的名气大,把这次三大诗人聚会当成非常重要的一回事,但在当时高适的心中,估计和他见的什么侯少府、熊少府之类的没啥区别。

之后的高适,又游荡了六年多,这期间,来到过山东的济南、东平等地,和当时的太守李邕有过一面之缘,但是除了蹭了一顿饭外,也没有什么别的收获。直到天宝八年,高适四十六岁时,来宋州做刺史的张九皋(即张九龄之弟,开始玉真公主许状元给他,后来改为给王维)非常欣赏高适,举荐他去长安应试。

看来有没有人保荐,是非常重要的,高适这回去应试,一举得中了。然而,考中了不代表万事大吉,后面还有一层层的关系要疏通呢,吏部的门路走了没?看来高适还是不懂这一套,于是给他派了一个不怎么好的差事,去河南封丘县(今开封附近)当一个小小县尉(从九品)。

大多数文人,都对当县尉这个低级差事十分郁闷,高适的这篇《封丘作》应该是代表了他们共同的心声:

> 我本渔樵孟诸野,一生自是悠悠者。
> 乍可狂歌草泽中,宁堪作吏风尘下。
> 只言小邑无所为,公门百事皆有期。
> 拜迎官长心欲碎,鞭挞黎庶令人悲。
> 归来向家问妻子,举家尽笑今如此。
> 生事应须南亩田,世情付与东流水。
> 梦想旧山安在哉,为衔君命且迟回。
> 乃知梅福徒为尔,转忆陶潜归去来。

虽然一直是身在草泽,心求仕路,但真的当上了官,却发现官场真的不好混。"拜迎官长心欲碎,鞭挞黎庶令人悲",这句话,说得何等深刻和沉重!当了官,首先就是要抹杀良心,再就是抹杀"羞耻"二字,这才能"遇上官则奴,候过客如妓,治钱谷则仓老人,谕百姓则保山婆",对上官谄媚巴结,对百姓凶神恶煞,这才是称职的官场走狗,而县尉这样的角色,尤为如此。

但高适不是这样的人,他是有自己的节操和风骨的,虽然奋斗了大半辈子,好不容易才得了一官半职,但是让高适这样违背良心,窝窝囊囊地活着,他是决计不肯的!于是没过多久,高适毅然弃官而去。

虽然弃了官,但高适却没有像陶渊明一样归田隐居,毕竟有科举"文凭"了,于是他又返回长安寻找机会。不过,长安人都势利得很,你没权没势没钱没色,谁愿意搭理你啊?高适郁闷之余,在《赠任华》一诗中倾诉道:"丈夫结交须结贫，贫者结交交始亲。世人不解结交者，唯重黄金不重人。黄金虽多有尽时，结交一成无竭期。君不见管仲与鲍叔，至今留名名不移。"

就在这时，高适又遇见了老杜，杜甫当时献了三大礼赋后，一点收获没有，也是穷屌丝一族，于是老杜也很同意高适的观点，也写诗道："翻手为云覆为雨，纷纷轻薄何须数。君见不见管鲍贫时交，此道今人弃如土。"一样也提管鲍之交，一样也提贫贱时的交情，俩人看来是说到一块去了，堪称是惺惺相惜。在此时，他们一起和储光羲、岑参等人登上大雁塔，赋诗遣怀。

也许是听了岑参在军中的经历，为人豪放的高适，想来想去，觉得还是在军队里比较适合自己。于是他就来到西域找机会，当时的陇右、河西节度使哥舒翰，也是一位大唐名将，见了高适后，非常欣赏，就上表推举他当了个左骁卫兵曹，这官也很小，只是正九品下的官职，但能让高适充当府中的掌书记，整天接触到的是哥舒翰这样的重量级人物，这起点多高啊，比当那个封丘县尉强太多了。

从这段时间高适留下的诗中看，他没有岑参走得远，只是在甘肃的武威、兰州一带游历，从他这时写的诗中看，这段日子还是比较悠闲的："幕府日多暇，田家岁复登。……边城唯有醉，此外更何能。"经常有空去玩，有酒可饮，也挺惬意的。不过，诗人就是这样，一旦心情畅快了，反而写不出好诗了，在河西幕中的这三年，高适虽然也写了不少诗，但却没有特别出色的。

天宝十四年，高适五十二岁时，安史之乱爆发，高仙芝、封常清没有敌得过安禄山，被皇帝降旨杀死，于是又调哥舒翰来对付贼军，此前高适已成为了左拾遗（从八品），这时又升为监察御史（正八品），随大军前去讨贼。没想到，连"战神"哥舒翰竟然也不是安贼对手，大败之后，他竟然被俘虏，为了活命，还屈膝投降了。但安禄山后来觉得他没什么利用价值，又将他杀掉了。哥舒翰真是窝囊，一世英名尽付流水。

当时，高适却表现得十分机灵，他眼见败局已定，驻守潼关的哥舒翰大军已成土崩瓦解之势，就立刻自行快马加鞭回到长安，向唐玄宗禀报形势已是万分危急，又替皇帝分析形势，觉得只有四川是可以避难的后方。玄宗听了，对高适深为嘉许，封他为侍御史（从六品）之职。

当时唐肃宗逃到宁夏灵武，在那里登基。玄宗一开始想让诸位皇子各守一块土地，自行征兵调粮，抵抗贼兵，高适认为这事后患无穷，决计不可，玄宗虽然没有认真听取这个意见，但还是觉得高适忠心可嘉，人才难得，就封他为谏议大夫（正五品），高适一下子官袍绿换红了。

此时，唐玄宗的权力渐渐丧失，唐肃宗开始掌控全局，果不出高适所料，给诸皇子"高度自治权"这事，后果很难预料，江南的永王李璘拥兵自立，想霸占江东，尝尝当"唐朝版孙权"的滋味，此时，李白也加入永王李璘的帐下，写诗鼓动他这一"分裂"行为："龙盘虎踞帝王州，帝子金陵访故丘。春风试暖昭阳殿，明月还过鳷鹊楼"。当时安禄山并无一兵一卒渡过江淮，这时正是张巡血战睢阳、全城壮烈殉国的时候，李璘的大军不打贼人，却去取南京，分明是想割据造反，哪里是正义之举？

唐肃宗听说高适早就劝谏过玄宗，不禁对他大有好感，于是将高适召来，问他计谋。交谈之中，君臣很是投机，于是皇帝封他为御史大夫（正三品），兼扬州大都督府长史兼淮南节度使，率大军讨伐李璘。

至此，我们看高适从比正县级还低的八品小官，成为了穿紫袍的三品大员，当三品大官虽然很难，但也不算稀罕，令人惊奇的是，高适这一系列升迁过程，就发生在短短的一年之内，官袍由青转红，由红转紫，也称得上是"四时仕宦"了。不过，这是在安史之乱中，形势跟和平时期不一样。

却说高适率领大军，很快击败了永王李璘的势力，俘虏了李白。李白这时才惶恐起来，四处写诗写信托人说请，当然也写给高适，让他念着早年相识一场的份上，照顾一下。但高适这时候，却没有理睬李白。这后来也成为他屡屡被人诟病的一件事。但当时高适和李白虽然喝过酒，却不见得有多深的交情，高适早年游荡时，一起喝酒的人多了去了，而且，公是公私是私，因私废公也不对吧？

按理说，高适平叛立了功，应该再升一级吧，然而，由于高适仗义执言，不懂得阿附权贵，当时的大宦官李辅国很讨厌他，于是再三在皇帝耳边说他的坏话。唐肃宗于是罢了他的御史大夫一职，改为不大管事的太子詹事（正四品），去洛阳呆着。

其实，这时候做个闲官，就此过半官半隐的生活也不错了。但是人在官场，就身不由己，第二年朝廷又降职，让高适去四川彭州当刺史（正四品下）。这时，一路颠沛流离、衣食无着的老杜，也来到了四川成都。高适听说后，给他送了点钱物，老杜感激之余，写了《酬高使君相赠》一诗表示感谢："古寺僧牢落，空房客寓居。故人供禄米，邻舍与园蔬。双树容听法，三车肯载书。草玄吾岂敢，赋或似相如。"高适在这一年的"人日"（即正月初七），也写了一首诗回赠，这就是著名的《人日寄杜二拾遗》：

  人日题诗寄草堂，遥怜故人思故乡。
  柳条弄色不忍见，梅花满枝空断肠！
  身在南蕃无所预，心怀百忧复千虑。
  今年人日空相忆，明年人日知何处？
  一卧东山三十春，岂知书剑老风尘，
  龙钟还忝二千石，愧尔东西南北人！

看来高适此时的心情也不是很好,虽然当上了三品以上的大员,但朝廷正是多事之秋,事多政繁;春色虽阑,但人寿已高,白发满鬓,已经是人生的黄昏了(事实上高适的寿命只剩下四年了)。所以,虽然拥有着高官厚禄,却也是"心怀百忧复千虑"。

有的人读这首诗,觉得高适此诗的用意,和《红楼梦》中的凤姐对刘姥姥说"大有大的难处"的意味相仿,是说自己虽然发达了,烦心事一样的多。一方面安慰杜甫心中的落差,一方面防止杜甫赖住自己,跑官要官。

记性好的朋友应该会想起,岑参不是也来四川当官了吗?不是也曾经滞留在成都,并且病死此处吗?是的,但遗憾的是,他来四川要晚上五六年,当时高适已回长安,杜甫也因蜀中大乱离开成都了。所以,这三大诗人在成都聚会的场景就这样阴错阳差,老天没有给安排。

高适任职时,四川的局势就不安定,不断有人作乱,原来西川节度使叫崔光远,此人庸碌无能,统御不了当时的局面,朝廷一怒之下,将其罢职,改由高适任成都尹(相当于市长)、剑南西川节度使。高适兵权在手后,随即平定了四川的局势。

然而,内患刚平,外敌又至,四川紧靠着吐蕃,他们见大唐国内混乱,国力衰弱,于是不断入侵。高适率军和吐蕃兵马对敌,吃了几个败仗,把松州、维州及云山城都丢了。

外战不力,皇帝于是调高适回京,派更为凶狠的严武去抵御。高适于是结束了三年多的四川之旅,回到京师任刑部侍郎(正四品),不久又升左散骑常侍(正三品),加银青光禄大夫,进封渤海县侯,食邑七百户。前面说过,如果封爵不加"食邑"多少户,那就不叫"实封",只是荣誉性质,加封食邑后,这些户的租税,就全归高适收取享受了。

之所以朝廷对高适这样好，我觉得有两个原因：一是这时候皇帝换了，唐肃宗驾崩，唐代宗即位，而原来高适当过太子詹事，可能当时给太子的印象非常好；再就是排挤高适的大宦官李辅国，终因恶贯满盈，被代宗皇帝暗地里派刺客杀死。

眼看高适的仕途又走上了"高速公路"，只可惜"喜荣华正好，恨无常却到"，正所谓"气昂昂头戴簪缨，光灿灿胸悬金印。威赫赫爵禄高登，昏惨惨黄泉路近"，六十二岁的高适在最荣耀时却得病了，不久他就闭上了眼睛，与世长辞。

高适死后，皇帝追封他为礼部尚书，谥曰忠，可谓哀荣倍至。可以想象，如果高适再活上十年八年，可能他的官位还能往上升。但转念想想，高适能在五十岁后，骤然升到这样高的地位，也够本啦，他要是和孟浩然一样的寿数，也差不多就是穷困潦倒，终身白衣的一个狂生而已。

高适仕途历程：

——封丘尉（从九品）

——左骁卫兵曹（正九品）

——左拾遗（从八品）

——监察御史（正八品）→侍御史（从六品）

——谏议大夫（正五品）

——御史大夫（正三品）+扬州大都督府长史+淮南节度使

——太子少詹事（正四品）

——彭州刺史（正四品）

——成都尹+剑南西川节度使（正四品）

——刑部侍郎（正四品）

——左散骑常侍（正三品）+银青光禄大夫+渤海县侯（封七百户）

——终

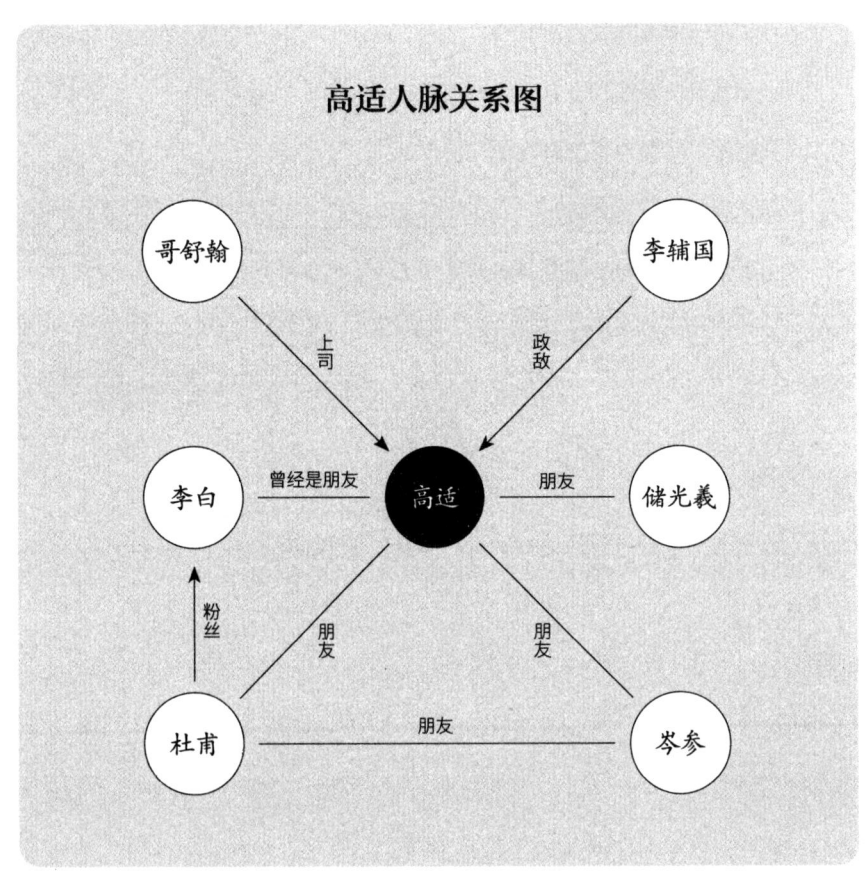

一片冰心在玉壶
王昌龄

提起边塞诗，我们会油然想起"秦时明月汉时关，万里长征人未还"，"大漠风尘日色昏，红旗半卷出辕门"之类的诗句，比起岑参、高适的那些洋洋洒洒的大篇幅，王昌龄的绝句倒更加醒豁动人。

不过，王昌龄的诗并非只有边塞诗出色，写美女也是十分传神："荷叶罗裙一色裁，芙蓉向脸两边开"，"西宫夜静百花香，欲卷珠帘春恨长"，像是一幅幅流丹溢彩的仕女图，拥有活色生香的端丽娴雅。当然，有点煞风景的是，王昌龄这些宫怨诗，基本上都不是"因为爱情"，而是托喻自己的怀才不遇，像"却恨含情掩秋扇，空悬明月待君王"，就是借宫妃之口，表达同样的渴望："皇上用我吧！"

王昌龄的生年和籍贯有很多说法，这个和他的仕途无关，此处也不细究了，追溯到他的"八辈祖宗"，据说是琅琊王氏，就是东晋时王羲之那一族的，不过正所谓："旧时王谢堂前燕，飞入寻常百姓家"，这老辈的风光，是指望不上了。现有资料表明，王昌龄的父亲、爷爷都没有当过什么大官，他后来给史部侍郎的书信中哭穷说："昌龄久于贫贱，是以多知危苦之事……每思力养不给；则不觉独坐流涕，啜菽负米，惟明公念之。"可见王昌龄早年是很落魄的。

在古代，当官是唯一能改变命运的途径，于是王昌龄也踏上一条艰辛的求仕之路。开元十一年（723年）正月，唐玄宗去山西太原，重访他当时出为潞州别驾的旧地，王昌龄也慌忙赶了过去，写了一首《驾幸河东》诗，赶去颂圣："晋水千庐合，汾桥万国从。开唐天业盛，入沛圣恩浓。下辇回三象，题碑任六龙。睿明悬日月，千岁此时逢。"

然而，拍皇上的马屁，也是要有一定资格的，当时唐玄宗也就看看近臣张说之类人的诗，王昌龄的这首诗，估计李隆基根本就不可能看到。献书无门，失落之余，王昌龄于是萌发了从军出塞的念头，他曾经写过"白马金鞍随武皇，旌旗十万宿长杨"，并且以"军嫂"的视角写"金章紫绶千余骑，夫婿朝回初拜侯"，对那些耀武扬威的军中将帅充满了艳羡之情，这恐怕都是对从军立功抱有憧憬时的作品。

打定主意后，少年王昌龄就收拾行囊，踏上那西风古道，风尘仆仆地漫游西北的河、陇边塞，从诗中看，他应该到过萧关——"蝉鸣空桑林，八月萧关道"；到过临洮——"平沙日未没，黯黯见临洮"；到过玉门关——"青海长云暗雪山，孤城遥望玉门关"；甚至到过碎叶——"碎叶城西秋月团"，当然有人考据说这地方太远，王昌龄不见得真去过，也许是听人家描绘后写下的。

他究竟去过哪里，此书中就暂不关心了，总而言之，出塞之旅程，并没有王昌龄想象的那样如意，虽然这一次行程让他收获了扬名万古的好诗，从而占据了盛唐诗坛的一席之地，但对王昌龄的仕途却是一点帮助也没有。对于当时的人来说，写诗只是副产品，当官才是正事儿啊！一不小心成为诗人，多是"无心插柳柳成荫"。

这一趟回来后，残酷冰冷的现实，让王昌龄对戍边立功这一想法，也渐渐丧失了兴趣，他在《代扶风主人答》一诗中写道：

杀气凝不流，风悲日彩寒。浮埃起四远，游子弥不欢。
依然宿扶风，沽酒聊自宽。寸心亦未理，长铗谁能弹。
主人就我饮，对我还慨叹。便泣数行泪，因歌行路难。
十五役边地，三回讨楼兰。连年不解甲，积日无所餐。
将军降匈奴，国使没桑干。去时三十万，独自还长安。
不信沙场苦，君看刀箭瘢。乡亲悉零落，冢墓亦摧残。
仰攀青松枝，悒绝伤心肝。禽兽悲不去，路傍谁忍看。
幸逢休明代，寰宇静波澜。老马思伏枥，长鸣力已殚。
少年与运会，何事发悲端。天子初封禅，贤良刷羽翰。
三边悉如此，否泰亦须观。

诗中说，王昌龄在扶风（长安附近的一个县），遇见了一个老"退伍军人"，此人以自己的沉痛经历，讲述了当兵并不是什么好事，吃苦、挨饿、九死一生不说，混了大半辈子，还是两手空空地回来——"乡亲悉零落，冢墓亦摧残"，所以这人劝王昌龄还是玩笔杆子吧。

俗话说，不听老人言，吃亏在眼前。老人的切身体验和王昌龄在边塞的见闻，都促使他改变了想法，还是读书考功名吧。

要说王昌龄还真不赖，又苦学两年后，中了开元十五年（727年）的进士，同榜的还有常建，那位写下"曲径通幽处"的著名诗人。可惜的是，他们俩仕途都不怎么好，都是沉沦宦海，终身只得一尉。

中了进士后，王昌龄被安排进秘书省当了个校书郎（从九品）。这是很不错的起点，虽然品级不是很高，但相对是比较清贵的。前面说过，此时孟浩然曾眼巴巴地从襄阳赶过来应试，在王维的引荐下，进过秘书省之类的机构参观过。大概就是这段时间，王昌龄和孟浩然相识，两人比较投机，孟浩然离京时，曾写下《出关旅亭夜坐怀王大校书》："向夕槐烟起，葱茏池馆曛。客中无偶坐，关外惜离群。烛至萤光灭，荷枯雨滴闻。永怀芸阁友，寂寞滞扬云。"

从王昌龄留下的诗歌来看，他是一个性格外向，喜欢交际的人。假如盛唐也时兴手机，如果你想知道哪个大诗人的"手机号"，王昌龄那里准是谁的都有。孟浩然自不用说，其他如李白、王维兄弟、岑参兄弟、高适、张九龄、裴迪、李颀、储光羲、常建、崔国辅、崔颢、綦毋潜、刘眘虚……他都有过交情。

因此，看王昌龄的诗集，感觉他好像是"接待办"的，整天迎来送往，他总共留下的一百八十二首诗里，有三十二首是以"送"字打头，此处还有不少"留别"之类的，可见其交际之广。

不过，王昌龄的性子豪爽耿直，不图势利，不阿谀权贵，交往的多是身份低微的朋友，对他的仕途帮助不大。在秘书省待了有七八年，一直得不到升迁，于是接近四十岁的王昌龄又考了"博学宏词科"，我们前面说过，制举是不定期举办的，有官职的和没官职的都能考，没官的授官，有官的升迁。

王昌龄的本领，那是没得说，一考就中。但是，吏部却给他授了个汜水尉（现属河南荥阳市）。这个官职，也是从九品，而且从中央去了地方，王昌龄费了半天劲考试，却得了个这种结果，恐怕心里也郁闷。看来，朝中无人莫做官，确实如此啊，你看人家李峤，舅舅当吏部侍郎，提得多快，看贺知章的表哥陆象先，亲爹就是吏部侍郎，后来可不就当了宰相，你能拼过人家吗？

事实证明，来到此处，对王昌龄来说是一次劫难。他这个人，重义气，性耿直，心高于顶，不苟于俗辈。这样的性子，在"基层"的土衙门中，很容易出事。前面说过，像王勃在虢州、杜审言在吉州，都惹出事端来。当然，像王维那样脾气温柔的一般不会惹事，但也都觉得很委屈。

王昌龄在这里，没干满任期，就"因事获罪"，被贬谪岭南。因为何事？史料中都没有细说，《旧唐书》说他："不护细行"，大概是行事不拘小节，任性而为，得罪了同僚或上官所致。

这一次去岭南，为时很短，前后也就一年多的时间，除掉路途上花费的时间，在岭南大概只有几个月的时光。开元二十七年（739年），四十来岁的王昌龄遇赦由岭南北返长安。这年的秋天，在巴陵（即湖南岳阳）遇到了大诗人李白，两个性格豪迈好喝酒的人聚在一起，自是一见如故，王昌龄当时写下《巴陵送李十二》一诗："摇曳巴陵洲渚分，清江传语便风闻。山长不见秋城色，日暮蒹葭空水云。"

北上途中，王昌龄又路过襄阳，想起老友孟浩然就住这儿，平生重情义的王昌龄哪里能不去拜访？岂知他不去还好，去了"老孟"命难保。当时孟浩然"疾疹发背"，不能喝酒，但是孟浩然高兴之余，狂饮大醉，王昌龄走后不久，他就旧疾复发，死于家中。这要是放今天，如果孟家人把王昌龄告上法庭，恐怕少不了判他负有一定的责任，要进行经济赔偿的。

喝死了孟浩然，王昌龄回到长安，活动了一段时间，吏部又给了个江宁（现属南京）县丞（正九品）的职务。这个职务相当于副县长，虽然比县尉大了一丁点，但也是芝麻小官。

此时，王昌龄已是四五十岁的年纪，中进士也有了十三年，按正常的仕途升迁，就算穿不上红袍（升为五品），也起码弄个从七品上下的官职，才不算委屈吧。

在南京这里，王昌龄待的时间比较长，足足有八年左右。现在有一幅传世古画，叫《琉璃堂人物图》，画的就是唐代诗人王昌龄在他的任所江宁琉璃堂与诗友李白、高适等聚会的情景。当然了，没有史料证明这三大诗人在此处相逢过，这估计是后人想象出的场景，不过，王昌龄和李白、高适都是好友，这是无疑的。

画画和演电影什么的，往往只表现风雅之事，比如爱情剧，主人公似乎没有其他事，像是专职谈恋爱一样，王昌龄在这里当县丞，也不是整天风花雪月，饮酒赋诗，这里的政务还是比较繁琐的。他曾写诗诉苦道："县职如长缨，终日检我身。平明趋郡府，不得展故人。故人念江湖，富贵如埃尘。迹在戎府掾，心游天台春……"抱怨这九品微官薄禄像无形的绳索把自己拴住了，大有"长恨此身非我有，何时忘却营营"的感慨。

然而八年之后，吏部考察了王昌龄任期的表现后，因为他"不矜细行，谤议沸腾"，将他贬为龙标县的县尉。龙标，在湖南怀化附近，和凤凰古城离得不远，风俗和风景也类似。如果是现在，就当是免费的旅游了，但唐代时，当地物质条件匮乏，是谁也不愿去的苦地方。

听到这个消息，王昌龄的朋友们，都愤慨不平，纷纷写诗表示关心，最有名的就是李白："杨花落尽子规啼，闻道龙标过五溪。我寄愁心与明月，随君直到夜郎西！"。

王昌龄心情郁闷，所以一路上磨磨蹭蹭，兜了个大圈（走水路），从南京出发后，游历了安徽宣城一带，又折到九江、岳阳，过武陵桃花源，走了有差不多一年时间，才到龙标县上任。在这里，一呆又是八年，不觉王昌龄已是头白如雪，年近六十了。不过此时的王昌龄还是"壮志在我胸"，有诗道："辰阳太守念王孙，远谪沅溪何可论。黄鹤青云当一举，明珠吐著报君恩。"从他的诗中看，王昌龄生性是十分豁达的，贬斥算什么，咱不提了，我终有一日，还是能建功立业，风光一把的。这和李白六十岁还要请缨杀敌的思想是一样的。

任龙标尉期间，天下大乱，安禄山占领了长安，吏部的铨选制度恐怕也无法正常进行，王昌龄此时任期也已经满了，于是他就回到中原，《旧唐书》说是回乡，但从前面临行前充满豪情的诗意看，也不排除他此行的目的，是想继续寻找做官的机会，找一个更合适的职位。

然而，在这时，王昌龄却遭遇到一个离奇的厄运。他路过安徽亳州，不知因为什么事，得罪了当地的刺史闾丘晓，被这厮杀害了。究竟是什么原因，竟然让这人对王昌龄痛下杀手，往死里整，各种资料均无记载，成了千古之谜。由此可见，诗人有什么用啊，还是官大一级压死人，"破家的县令，灭门的府尹"，威风啊！

"草怕寒霜霜怕日"，闾丘晓后来因为延误军机，被节度使张镐杖杀。当时闾丘晓像《水浒》中的假李逵一样哀求，说自己有八十老娘要养之类的话，结果张镐说："那被冤杀的王昌龄的双亲谁来奉养？"闾丘晓顿时惭愧沮丧，无话可说。张镐算是给王昌龄报了仇，但王昌龄却无法活过来了，也不知因此少留下多少好诗。

最后，借用他自己的这句诗，凭吊一下终生仕途坎坷的王昌龄：

莫道弦歌愁远谪，青山明月不曾空。

王昌龄仕途历程：

——秘书省校书郎（从九品）

——汜水尉（从九品）

——江宁县丞（正九品）

——龙标尉（从九品）

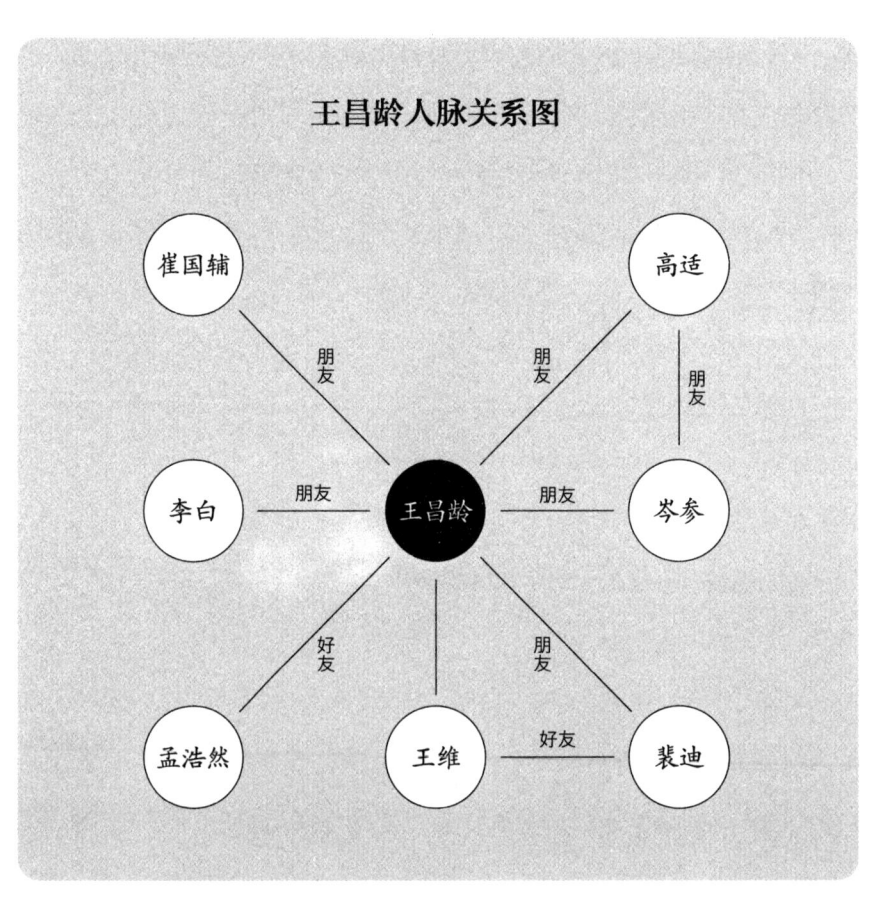

一醉累月轻王侯
李白

"李杜文章在,光焰万丈长。不知群儿愚,那用故谤伤。蚍蜉撼大树,可笑不自量!"自从韩愈大吼这几声之后,李白、杜甫在盛唐的卓绝地位,已成为定论。按"官方"的说法,伟大的浪漫主义诗人李白和伟大的现实主义诗人杜甫,同时出现在盛唐,组成璀璨夺目的双子星座。这两座高峰,屹立百代,垂范后世,也使得盛唐诗篇,成为空前绝后,不可逾越的不朽经典。

当然,李、杜二人的仕途,都不怎么风光,李白虽有翰林之名,但只是翰林供奉而已,远非后来参与机要的翰林学士,而杜甫更是四处寄人篱下,依托亲故,屡屡求乞。但正如白居易所说:"翰林江左日,员外剑南时,不得高官职,仍逢苦乱离……天意君须会,人间要好诗。"

意思还是我们经常说的:"国家不幸诗人幸,赋到沧桑句便工。"其实有时想想,杜甫倒还罢了,像李白那样天马行空,不受羁縻的人,如果真给他拴个中书舍人之类的官职,每天把满腹才华都用在写敕书上,那才是浪费人才呢。所以说,唐玄宗把李白"赐金放还",其实还是很正确的。但是"吟诗作赋北窗里,万言不值一杯水",这郁闷谁替李白解脱呢?

众所周知,李白有"谪仙人"之称,他的身世也是十分的扑朔迷离,和一般的唐代文人大不相同。对于他的出生地，有的说是山东，有的说是四川，有的说是陇西，甚至说是远在中亚的碎叶。

山东之说，出自《旧唐书》，已被证明完全不符合事实，陇西是李白自认的祖籍所在，在他自己写的《上韩荆州书》等文章中，都白纸黑字的写着，但这是祖籍，并非他的出生地。

有关于李白的身世，除了他自己的叙述外，最原始、最权威的记载大概就是其族叔、宣州当涂县令李阳冰的《草堂集序》中的记载，这其中的叙述，同样是充满了神秘的悬疑色彩：

李白，字太白，陇西成纪人，凉武昭王暠九世孙。蝉联珪组，世为显著。中叶非罪，谪居条支，易姓为名，然自穷蝉至舜，七世为庶，累世不大曜，亦可叹焉。神龙之始，逃归于蜀，复指李树而生伯阳。惊姜之夕，长庚入梦，故生而名白，以太白字之。

细读这一段话，会发现其中似乎在用曲笔隐藏着惊人的秘密。所谓"凉武昭王暠"，是指十六国时期西凉的建立者李暠，李唐皇族也是奉他为祖先的，这里的意思是说，李白无疑和李唐皇室是一家人。其中的"自穷蝉至舜，五世为庶"，也是别有意味。"穷蝉"一词出自《史记·五帝本纪》，即帝王世系："虞舜者，名曰重华，重华父曰瞽叟，……穷蝉父曰帝颛顼，颛顼父曰昌意，以至舜七世矣。自穷蝉至帝舜皆微，为庶人。"如果李白出身并非皇室谱系，那是不会用到"穷蝉"这个生僻的专用词汇的。

固然，唐代李姓皇族都人丁兴旺，像李渊就有二十二个儿子，章怀太子的儿子李守礼竟然生了六十多个子女，李白和李唐皇室同宗也不算稀罕，唐人又习惯往自己脸上贴金，姓卢就认范阳，姓杨就说出自弘农，如果只是这样写，也没什么好惊奇的。

然而，接着又出现了一段颇为刺目的字句，像一个奇怪的谜团浮于纸上："中叶非罪，谪居条支，易姓为名。"李白的父辈或祖辈，因为躲避罪责和灾祸，就跑到"条支都护府"（碎叶城是其中心城市）来，更名换姓，一直躲到武则天神龙元年，才又潜回四川。

这里的"中叶非罪"，到底是什么罪呢？李阳冰闪烁其词，没有说清楚。后来，李白故交之子"宣、歙、池等州观察使范传正"，为李白重新修整了坟墓，并写了《唐左拾遗翰林学士李公新墓碑并序》，其中说得更清楚点：

> 公名白，字太白，其先陇西成纪人。绝嗣之家，难求谱谍。公之孙女搜于箱篋中，得公之亡子伯禽手疏十数行，纸坏字缺，不能详备。约而计之，凉武昭王九代孙也。隋末多难，一房被窜于碎叶，流离散落，隐易姓名。故自国朝已来，编于属籍。神龙初，潜还广汉，因侨为郡人。父客以逋邑，遂以客为名。高卧云林，不求禄仕。公之生也，先府君指天枝以复姓，先夫人梦长庚而告祥，名之与字，咸所取象。

这里点明了是"隋末多难"，但是正所谓："一句谎话，要十句谎话来圆"，既然是隋朝时避难，那李渊一创建大唐，岂不完全可以风风光光地返回中原了？为什么一直到武则天的"神龙初"，才敢潜回广汉（四川）？李白父亲一直化名为"客"，不敢以本来的姓名示人，他在躲避什么？这一切，都说明那句"隋末多难"是谎话。

我非常怀疑，李白就是唐朝开国初期"玄武门之变"中被杀的太子李建成或齐王李元吉的后代，正是因为他是这种身份，才会在初唐时期一直东躲西藏，到了武则天篡唐为周后，方觉得舒了一口气，胆敢悄悄地回到中土来了。

当然，既然李白当时就不敢表明身份，那么经过了上千年，我们更加无法拿出铁的证据，来验证他的真实身份。不管怎么说，李白这种神秘兮兮的身份，对他的仕途是没有什么大的帮助的，相反，还给他参加科举造成一些麻烦。

当时参加科举，要有真实详细的"家状"，写清楚应试者的籍贯，祖宗三代都是什么人之类，有人说，李白之所以终生没有参加过科举，正是因为他的身世暧昧难明，拿不出证明身份的"档案材料"来。但这恐怕也不是唯一的原因，我们知道，唐代很多胡人都能当官，武则天时"左台胡御史，右台御史胡"，满朝不少胡人官员，而且像日本的阿倍仲麻吕（晁衡）正是和李白同时代的人，竟然也参加了科举，而且中了进士，他的"档案材料"怎么来的？李白如果真心想参加科举，还是有办法的。

但是李白的理想大概就是不想流于常俗，总是觉得自己就是高人一等，不想从科举登第后一步步从县尉什么的干起，想和姜子牙、诸葛亮一样，被皇帝一请去，就当权倾朝野的大官，干一番风云激荡的事业。

"白玉一杯酒，绿杨三月时。春风余几日，两鬓各成丝。秉烛唯须饮，投竿也未迟。如逢渭水猎，犹可帝王师。"李白是一个至死还满怀理想的人，当他已是两鬓如霜的老翁，还期盼像姜子牙一样，能够大展身手呢！当然，李白也不是纯粹的"官迷"，他还有学剑、学仙等理想，但本书中主要是说仕途，我们还是看一下李白的求仕历程吧。

写此文时，正是桃花怒放的春天，想李白当年和友人相聚，写下《春日宴桃园序》的时候，应该也是一样的明媚桃花，一样的如醉春风吧。可是，前面一直顺畅如流的文思，此刻却仿佛停滞了，接连几天，我都没有下笔。

后来，我才恍然明白了其中的原委，因为李太白可圈可点的潇洒行止实在太多，无论是"西上莲花山，迢迢见明星"那样的求仙访道，还是"举杯邀明月，对影成三人"的诗酒淋漓，抑或"笑尽一杯酒，杀人都市中"的行侠论剑，都是值得大书特书的事情，而仕途，恰恰是李白这位"谪仙人"的"最短板"，是他处处委屈、时时困顿的难愈伤疤。所以，这才让我踌躇良久，觉得难以下笔吧。

然而，人生的片段中，实在难说能够完全充斥着美好和浪漫。即便是李白这位最有名的浪漫主义诗人，也有挣扎在尘寰中的经历。

关于李白的出生地，有不少的争议，但他的幼年，却基本上可以确定，是在四川江油，杜甫诗中写"匡山读书处，头白好归来"，也是指此处的匡山，绝非山东济南的那个小石堆一样的匡山。少年李白在这里读书学剑，并喜欢道术，受道家思想影响很深，像《访戴天山道士不遇》："犬吠水声中，桃花带露浓。树深时见鹿，溪午不闻钟。野竹分青霭，飞泉挂碧峰。无人知所去，愁倚两三松。"正是李白当时行踪的写照。

其实，学道后来成为李白求取功名受挫时最好的安慰剂。当"抽刀断水水更流，举杯消愁愁更愁"时，他就会躲进"早服还丹无世情，琴心三叠道初成"的道家梦境中，得到真正的沉酣和宽慰。

前面说过，公元720年，许国公苏颋离开长安，到四川来任"益州大都督府长史"一职。当时李白大约二十岁左右，听得这个消息，就急忙赶来拜见。据说当时苏颋夸奖了他一番（详见前文苏颋篇），鼓励他继续好好读书，将来一定会有出息。但是，苏颋并没有实质性的举荐行为，李白还是该干吗干吗，继续在匡山里的云间石上，读书舞剑。

相比之下，和李白差不多大的王维，已经走了玉真公主的门路，登科中举了。远离长安这个政治中心的李白，在仕途上，是早就输在起跑线上了。不过好在当时信息不发达，可能李白根本不知道这事。人比人，气死人，不比较，就不生气。

李白继续闷头读书，到了二十四岁时，他决定出川去游历一番，长长见识，求取功名。"峨眉山月半轮秋，影入平羌江水流。夜发清溪向三峡，思君不见下渝州"，这一首诗，就是一幅绝好的少年李白出蜀图，当时的李白乘舟顺流而下，心情还是挺激动的。

不过，李白此次出行，目标并非是直奔长安，参加科举，他似乎没有这个打算。有专家猜测，李白是出身于富商家庭，大概是对的，他曾经写过《估客乐》，"海客乘天风，将船远行役。譬如云中鸟，一去无踪迹"，完全不像其他诗人那样，对商贾们持批判态度。

李白手中有剑，囊中有钱，壶中有酒，不急不忙，来了一次长江沿线游。是不是还沿途贩货做生意呢？这事李白没有提（在唐代毕竟做买卖不是什么光彩的事）。在江陵（荆州），他遇见了有名的道家高人司马承祯，这人我们前面也提过，就是他嘲笑过卢藏用以"终南捷径"求取功名。不过，他对李白的印象很好，此人当时已是七十八岁的老翁，看到二十五岁的年轻李白，竟然倍加夸奖，说他有"仙风道骨，神游八极之表"，要说李白的风度仪表，也确实不俗，称得上有神仙之姿，于是李白兴奋之余，写了一篇《大鹏遇希有鸟赋》，其中以"大鹏"自比，以"希有鸟"比司马承祯，足见李白的骄傲和自信。

当然，这"希有鸟"也不是等闲之物，《神异经》中说："（昆仑之山）上有大鸟，名曰'希有'，南向张左翼覆'东王公'，右翼覆'西王母'。背上小处无羽，一万九千里，西王母岁登翼上会东王公也。"最西边的西王母和最东边的东王公，相聚不过是这只鸟张开翅膀的距离，而且人们想象，王公和王母能在"希有鸟"的背上见面，这哪是鸟翼啊，简直是"亚欧大陆桥"嘛。

认识司马承祯，在当时似乎没有起到什么显著效果，但其实这次交往，对李白日后得睹天颜，走进皇宫，有很大帮助。因为司马承祯，李白后来才结识了他的师弟吴筠，结识了吴筠，又可以和玄宗的胞妹玉真公主拉上关系。

李白继续沿途旅行，在游览洞庭湖时，与之同行的蜀中友人吴指南死了。李白为之守尸郊野，时值炎夏，李白也不避讳难闻的气味，猛虎野兽前来，李白也坚决守卫，不退半步。草草葬了此人后，李白还觉得过意不去，后来又费心费力为其迁骨改葬。这事是他后来在给安州裴长史（宽）写的信中叙述的，为的是说明自己重友重义。当然，李白也打过架，杀过人，这些他也是不避讳的，像后来他写给陆调的诗，回忆当年"我昔斗鸡徒，连延五陵豪。邀遮相组织，呵嚇来煎熬。君开万丛人，鞍马皆辟易。告急清宪台，脱余北门厄"的事情，确实是打架斗殴的经历。据李白的"粉丝"魏万讲，他曾经"手刃数人"，由此可见，李白对于打打杀杀的经历是不隐讳的，所以，如果吴指南真是在争斗中丧命，他也不会不提。

经历了这样一场事，李白游荡到扬州时，病了一场。病好后，游历河南、湖北一带。在这里，他遇见了李邕，也就是后来在他诗中说过的拥有冲天豪气的"李北海"，此时李正在陈州（今河南省淮阳县）当刺史。其实说起李邕来，和李白的性格颇有相似之处，都是高傲骄纵、睥睨世俗的人，然而，正像磁铁同极相斥一样，两个眼高于顶的人凑在一起，未必会惺惺相惜，反而会闹意见。

这李邕看了李白的诗文，竟然不屑一顾，要说李邕这个人，也是出名的坏脾气，那个写黄鹤楼的崔颢曾经献诗给他，李邕翻开诗册，只看了开头一句："十五嫁王昌。"就骂道："小儿无礼！"转身回到内堂，吩咐家人把崔颢赶走了。

李白自己没有说吃瘪的详情，想必也是受到差不多的待遇，因为他在《上李邕》一诗中愤然说：

> 大鹏一日同风起,扶摇直上九万里。
>
> 假令风歇时下来,犹能簸却沧溟水。
>
> 世人见我恒殊调,闻余大言皆冷笑。
>
> 宣父犹能畏后生,丈夫未可轻年少。

我们看,李白一直是这样超级自信,自封为"大鹏",李邕虽然是前辈,但是在李白眼里也算不上什么,人家孔子(宣父)还说后生可畏,你李邕不可以看不起我李白!事实证明,李白比李邕名气大多了,千年之后,李白是唐代诗人的形象代表,幼儿园小朋友都知道,谁认识当年那个瞧不起李白的李邕啊?

开元十六年,李白二十六岁,他定居安陆,和当地的名门小姐——唐高宗时宰相许圉师的孙女结了婚。人家许家,可是真正有谱可查的名门,许圉师的父亲许绍是唐高祖早年的小伙伴,两人一起求学,所以大唐创立后,被封为谯国公,许圉师本人也是进士出身,官至宰相。

但是,正所谓"富不过三代",许圉师的儿子许自然和李天一差不多的德行,是个"坑爹"的主儿,他打猎时踏烂了人家的庄稼,出来一个农夫和他讲道理,要赔偿,结果这小子拉开弓,把人家老农也当兔子来射,一箭就把人家给射死了。苦主告到官府,许圉师忙压下此事,只是打了许自然一顿棍棒而已。不过初唐时的政治还是相当清明的,这事后来有人直接捅到御前。高宗把许宰相叫来,训斥他作威作福、倚仗权势。

要说这事本来就是许圉师的不对,皇帝正在气头上,赶快伏地请罪得了。但许圉师不知为什么还很横,竟然反唇相讥说:"至于作威福者,或手握强兵,或身居重镇;臣以文吏,奉事圣明,惟知闭门自守,何敢作威福!"那些领兵的大将,才叫作威作福,我一个文官,哪有什么威风可作?唐高宗听了大怒,说:"汝恨无兵邪！"说到这份上，许圉师就该倒霉了，好在唐高宗毕竟比他老婆武则天仁慈得多，只是将老许贬官削职而已。

许家富贵不到三代，就此沦落。不过"百足之虫，死而不僵"，毕竟倒驴不倒架，还是有些家底的。当然，要是不破落，李白一个白衣书生，怎么着也娶不来许小姐。不见《西厢记》中的老相国夫人，还说："三代不招白衣婿。"现在看李白虽然是千古罕有的大诗人，但当时啥也不是，他那"凉武昭王暠九世孙"的宣传词，估计大家也不怎么信，唯一的长处，可能是钱倒有不少。

很多文章中，都把李白和许小姐结婚称之为"吃软饭"，我觉得也不完全是这个模式，李白要是当时没有一些家资，恐怕也无法攀上这门亲事。说不定，是落地凤凰一样的许家，看中了李白"包裹沉重"，慷慨多金呢。当然，李白长得也是一表人才，据后来李白的"死忠粉"魏万描绘："眸子炯然，哆如饿虎，或时束带，风流酝籍。"一副英气勃勃的样子。

然而，苏轼曾说，"人生识字忧患始"，从四处疯跑尽情玩乐的孩童，长成被拘束在课桌前的小学生，固然是忧患的开始，但人生的另一种大忧患的开始，则是结婚成家。没有家庭和子女之前，一人吃饱，全家不饿，身上的责任感要少得多，但结婚之后，尤其是有了儿女，身上的担子一霎时仿佛被用"移山大法"施了咒，变得非常沉重。

李白也不外如此，与许小姐结婚前，李白东游西荡，似乎根本没有想过求取功名。但此后的日子里，就开始了一次次痛苦的求仕历程。这期间，他不停上书拜谒达官贵人，像《上安州李长史》一文中，李白可怜巴巴地向这个"李长史"恳求："何图叔夜潦倒，不切于事情；正平猖狂，自贻于耻辱！一忤容色，终身厚颜，敢昧负荆，请罪门下。傥免以训责，恤其愚蒙，如能伏剑结缨，谢君侯之德。"

原来高唱"安能摧眉折腰事权贵"的李白，也有如此可怜的时候，李白笔下一直颂扬的祢衡（"祢衡耻逐屠沽儿"），此文中也成了被"批判"的角色，"正平猖狂，自贻于耻辱"，可见写作此文是多么违拗他的本心！

然而，低声下气地乞求，并不能得到这位"李长史"的顾盼，这人看李白既无显赫的家世，平日里又素有狂傲之名，许宰相家也是落地凤凰不如鸡了，举荐他对自己并无半点好处，于是就不屑一顾。正所谓，"前门长揖后门关，今日结交明日改"，李白的屈节自辱，只换回几声长叹。

如此过了三年多，许夫人先后给李白生下一对儿女，大的是女儿，叫李平阳，小的是儿子，叫李伯禽。这都借用的是知名古人的名字：平阳，汉朝有平阳公主，是汉武帝的姐姐，另外李世民的妹妹也称平阳公主；而伯禽，是周公旦的长子。有了儿女之后，李白的压力就更大了。吟诗、修仙、行侠、经商，这些玩意儿，在许夫人看来，大概都是不务正业，混个功名当个官，才是正经事。

于是，开元十八年，三十岁的李白，来到当时的政治中心长安。此前，孟浩然刚来过一次，可谓是乘兴而来，败兴而归。应进士不第，托王维见皇帝，又"面试"失败。当孟浩然灰溜溜地离开长安后，李白就到了。

来到长安，李白想拜访当时的政坛大佬张说，但张说此时病入膏肓，不久就死了。于是，李白认识了张说的儿子张垍。

张垍是玄宗的女婿，即当朝驸马，和皇家的关系相当密切。大概是通过他，李白此时结识了玉真公主。李白和玉真公主的关系到底是怎么样呢？在此时，李白写过《玉真仙人词》，夸公主是："玉真之仙人，时往太华峰。清晨鸣天鼓，飙欻腾双龙。弄电不辍手，行云本无踪。几时入少室，王母应相逢。"大概俩人有过一段浓情蜜意的时光，但后来，也许是太白性情高傲，冒犯了玉真公主，于是公主把他晾起来了。

这事从《玉真公主别馆苦雨赠卫尉张卿二首》诗中，可以得到证明。李白这时是住在玉真公主别馆的，虽然是"别馆"，那也是公主的行宫，并非一般客栈，难以想象会"对外开放"，一般人能随便住吗？所以，李白和玉真公主的关系绝非一般。

然而，这首诗中所说的情绪，却是一种落寞酸楚的味儿，充分写出被冷落的感觉：

> 秋坐金张馆，繁阴昼不开。
> 空烟迷雨色，萧飒望中来。
> 翳翳昏垫苦，沉沉忧恨催。
> 清秋何以慰，白酒盈吾杯。
> 吟咏思管乐，此人已成灰。
> 独酌聊自勉，谁贵经纶才。
> 弹剑谢公子，无鱼良可哀。

注意，这正是王维潜回京师"闲居"的时候。据我推测，玉真公主此时和王维的感情正在升温中，所以李白来的时机不佳，要是早来个三五年，趁王维正在济州当参军时，说不定玉真公主一高兴，像推荐王维一样，也给李白个状元名分。

李白失落之余，在长安四周游荡，并且像《笑傲江湖》中的令狐冲在洛阳时一样，和市井无赖之徒混在一起，斗鸡、赌钱、喝酒、打架什么的，像前面提过的，他在长安北门处打架，被人家围住，形势很危急，多亏友人陆调救了他："君开万丛人，鞍马皆辟易。告急清宪台，脱余北门厄。"就是这时候发生的事情。

"黄金散尽交不成"，李白在长安混到第二年的夏天，此时，唐玄宗移驾洛阳，于是李白也像随驾隐士卢藏用一样，跟着来到洛阳一带。在这里，他认识了两个朋友，一个叫元演，一个是崔宗之。

这俩人都是官二代。元演的父亲，在太原府当官，而崔宗之就是杜甫"饮中八仙歌"中的那个"宗之潇洒美少年"，他的父亲是当过齐国公的崔日用，这人在平定韦后和太平公主的诸次事变中，押宝押得很准，人们叹道："日用才辩绝人，而敏于事，能乘机反祸取富贵。"这就好比面对股市中的大起大落，做空做多都得心应手，涨跌都能发财，但崔日用也很实在，承认自己的"成功"都是非常危险和侥幸的："吾平生所事，皆适时制变，不专始谋。然每一反思，若芒刺在背"，事后想想，也是一身冷汗来着。

崔宗之既然名列酒中八仙之一，自然和嗜酒如命的李白十分投缘，这几人一起饮酒写诗，玩了一番。本来崔宗之的父亲崔日用就当过吏部尚书，如果仍然健在，有可能照顾一下李白，但他开元十年左右就死了，崔宗之也是个只知道吃喝玩乐的年轻人，对想要求取功名的李白，是没有多少帮助的。

此时，正好元演要去南方，顺道就和李白一起去了江南的安陆。游荡了三年，一点收获没有，这次拉着官二代元演回到家里，也算是结交了一些上层社会的朋友，能掩盖一下求仕无成的窘态。从后来李白所写的"会稽愚妇轻买臣，余亦辞家西入秦"这样的诗句看，他也是经常受老婆奚落的。

虽然李白有好几任老婆，这里的"会稽愚妇"无法确认就是许夫人，但唐代女人也势利得很，像后来官至工部尚书的杜羔，其妻刘氏在他名落孙山后，就写诗嘲笑："良人的的有奇才，何事年年被放回。如今妾面羞君面，君若来时近夜来。"李白两手空空地回到家里，恐怕也没有多少面子，许夫人忙里忙外，又要料理田产，又要照顾幼小儿女，丈夫得不了功名，回来又整天喝醉，恐怕她心中对这段婚姻非常后悔。

李白自己也承认做丈夫不怎么够格,曾在《赠内诗》中忏悔道:"三百六十日,日日醉如泥。虽为李白妇,何异太常妻。"所谓太常妻,是说东汉有个叫周泽的官封太常,估计难振雄风,经常借口要洁身敬祖,不和妻子同房,天天这样,他老婆可受不了啦,就自己跑去相就,他大怒,说人家冒犯斋禁,竟把妻子送到牢里监禁起来。时人讥曰:"生世不谐,为太常妻。"李白好酒如命,经常烂醉如泥,难免未尽到做丈夫的义务,故而赋诗向老婆道歉。

李白回到家中,消停了一段日子。他在安陆附近的白兆山桃花岩,建了一处石屋,过起貌似很惬意的诗酒田园生活:"问余何意栖碧山,笑而不答心自闲。桃花流水窅然去,别有天地非人间。"然而,这只是"看上去很美"。

自我陶醉了一把后,过了两年,李白已是三十四五岁的年纪,幽谷山川之中,虽然风景绝佳,但呆上几个月,不免也会厌倦。李白又是喜欢热闹活泼的性格,就这样在桃树下一直坐下去,成为桃谷老仙,他也不甘心哪。

开元二十二年的春天,他又开始活动,当时襄阳刺史是韩朝宗,就是那个约孟浩然一起赴京,结果以被老孟放了鸽子的。于是,李白洋洋洒洒地写了一篇千古名文,来拜访韩朝宗,这文章就是收入《古文观止》中的《与韩荆州书》。实事求是地说,其中的"生不用封万户侯,但愿一识韩荆州",这句话相当虚伪,李白拜访韩朝宗就是为了求官,如果李白真的早早被封为万户侯,成为"开府仪同三司"的紫袍人员,会对韩朝宗这样低三下四吗?

当然,我们不能对干谒之词,作过多的苛责,这篇文章文采飞扬,还是很能体现太白神魄的。只不过,这篇说得"天花乱坠佛跳墙"的文章呈上去后,韩朝宗却根本没有给予李白任何实质性的帮助。

据李白的"铁杆粉丝"魏万讲:"(李白)长揖韩荆州,荆州延饮,白误拜,韩让之,白曰:'酒以成礼',荆州大悦。"如此看来,李白对于韩朝宗也是礼敬佩至，甚至有点诚惶诚恐。

然而，"全无节操"的求乞，换来的还是权贵们的不屑一顾。李白心里别提多郁闷了，于是就有了那著名的《襄阳歌》，此中生动地描绘了李白醉眼朦胧中的感觉："鸬鹚杓，鹦鹉杯。百年三万六千日，一日须倾三百杯。遥看汉水鸭头绿，恰似葡萄初酦醅。此江若变作春酒，垒曲便筑糟丘台。"李白大喝特喝，恨不得把整条汉江都变成酒。当官作什么？名气有什么用？以下这几句诗就是李白一贯讲究的"古来圣贤皆寂寞，唯有饮者留其名"的另一种表达：

"咸阳市中叹黄犬，何如月下倾金罍？君不见晋朝羊公一片石，龟头剥落生莓苔。泪亦不能为之堕，心亦不能为之哀。清风朗月不用一钱买，玉山自倒非人推。"这里说，秦朝的李斯，最后上了刑场，感叹再也不能牵着黄狗去打猎玩了，羊祜是晋朝名臣，德行很高，声誉很响，但现在他的碑也残破不堪，尸骨更是早已朽烂了。这里的"龟头"是指驮碑的石龟（赑屃）的脑袋。

李白这种心态，说起来有点"吃不到葡萄就说葡萄酸"的心理，但这里并不是挖苦李白，这说明李白虽有"谪仙"之称，他仍然是个活生生的，立足于人间，同样拥有我们一般人所具有的共同情感的人，并非纯脱俗的寒山、拾得。

在这次游历中，李白结识了老头宋之悌，对，就是那个宋之问的弟弟，一开始当参军时教刺史的家姬唱歌的那个，他此时被贬往越南，路经此处时，李白慕名拜访他，拉他一起喝酒，还写了《江夏别宋之悌》一诗相赠，别说，这事在以后李白遭难时，还真起了作用，这事后面会说到。

在襄阳又没有什么收获，整天和孟浩然喝酒也不是事儿，于是李白又在这年秋天，黯然回归安陆。想那许夫人见李白花光了真金白银，又醉醺醺地回来了，也少不了唠叨埋怨。

李白本来自信心很足，经常自认是"天生我材必有用"，自己一出手，就可以经纶天下，名闻四海。但在现实面前，他却屡屡碰壁。但越是这样，他越不甘心，总想着证明自己。第二年初夏，官二代酒友元演来了，说他爹在山西太原当官，邀李白一起去玩玩。

在太原，李白受到了元演父亲的热情接待，让他大吃大喝了一番，"琼杯绮食青玉案，使我醉饱无归心"；吃完后就四处游玩，"时时出向城西曲，晋祠流水如碧玉"；玩时还有漂亮女人作陪，"兴来携妓恣经过，其若杨花似雪何，红妆欲醉宜斜日，百尺清潭写翠娥"。这段日子李白虽然过得很痛快，也很感谢这位朋友，但"梁园虽好，不是久恋之家"，老在人家这里住着，也不是事儿。于是李白住了半年多，也知趣离开，返回湖北安陆。

在归乡的途上，李白路过嵩山，结识了学道的隐士元丹丘以及他的朋友岑勋。我们大概都记得那首著名的《将进酒》中的句子："岑夫子，丹丘生，将进酒，杯莫停"，这里的岑夫子就是岑勋，这个人生平事迹不详，不过我们学书法时经常临的《多宝塔碑》（颜真卿书）中的文字就是他撰稿。

而元丹丘是一位道家高人，经常炼丹求仙什么的，李白对他非常崇信，曾写诗说："云台阁道连窈冥，中有不死丹丘生"，两人的关系也是非常亲密，虽然不是亲戚，但比亲戚还亲："吾将元夫子，异姓为天伦。本无轩裳契，素以烟霞亲。"后人总是夸赞李白和杜甫的"伟大友谊"，其实翻开李白的诗集，在他的诸位友人中，给这位元丹丘写的诗应该是最多，情意也最为诚挚亲密。然而，接触到这样一个人，很可能也不合许夫人的心思，自己的老公整天向往"琴心三叠道初成，早服还丹无世情"什么的，你乐意吗？

春花秋草，总是催人老，李白东游西荡，始终没有什么结果，许氏夫人一生也没有看到他解褐为官，甚至没有听到过这方面的好消息，就一病而逝，时为开元二十八年，李白四十岁。如果她能再多活两年，起码也能因为李白奉诏赴京作翰林供奉的事情而自豪兴奋一下吧。

许夫人去世之后，李白没有理由再待在安陆了，因为那是人家许家的地盘。于是他移家到东鲁，来到任城（今山东济宁）。在此处，李白放荡交游的性子不改，和韩淮、裴政、孔巢父、张叔明、陶河等人终日纵酒酣歌，效仿晋朝的"竹林七贤"，自称为"竹溪六逸"。不过这其中，也就孔巢父略微有点名气和事迹，其余皆碌碌之辈，沾了李白的光，青史上也留下一个名字。

通过和孔巢父的结交，李白又结识了远在江南的道士吴筠，这人是司马承祯的师弟，大家一说，还都是熟人，不免都觉得有些缘分。不久，求仙好道的唐玄宗，召吴筠进京，吴筠顺便说起李白这个人来，玉真公主也勾起了旧时情愫，两人都在皇帝耳边夸赞李白的才能和风度，说得皇帝也心生好奇，于是下旨，召李白进京来见。

李白一听，乐得直蹦高，高唱："白酒新熟山中归，黄鸡啄黍秋正肥。呼童烹鸡酌白酒，儿女嬉笑牵人衣。高歌取醉欲自慰，起舞落日争光辉。游说万乘苦不早，著鞭跨马涉远道。会稽愚妇轻买臣，余亦辞家西入秦。仰天大笑出门去，我辈岂是蓬蒿人。"

据魏万《李翰林集序》中透露的信息，此时李白所称的"会稽愚妇"，应该是指李白的第二个女人，一个姓刘的女子。后来此人和李白坚决分手了，这个女人可能见李白整天喝酒胡闹，心中十分不乐意，少不了埋怨他。现在李白以为踏上了金光大道，自信心瞬间膨胀，以为是"盼了好久终于盼到今天，梦了好久终于把梦实现"，于是狂喜不已。

来到长安后，李白迎来他这一生最值得夸口的时期，遇见了贺知章，得了"谪仙人"这个称号，又有"金龟换酒"这场佳话，见到唐玄宗，又有"御手调羹，龙巾拭吐"的恩宠，甚至有"贵妃捧砚，力士脱靴"这样的轶闻。

不过，李白一向擅于夸张，尤其喜欢夸耀权贵们对他的恩遇，像什么："汉东太守醉起舞。手持锦袍覆我身，我醉横眠枕其股。"之类的描述，也未必全是真实情景，要是真的汉东（湖北随州）太守对他这样好，何苦后来又东奔西走地求人干谒，就在汉东太守门下作个幕僚不行吗？有人说是因为太白高傲，不情愿，高傲还对韩荆州那样低三下四？

李白应诏来京，玄宗只给了他一个翰林供奉之职，这个职务没有品级，并非是参与机密大事的翰林学士。我们知道，安史之乱后，翰林学士有皇帝的私人秘书性质，并在很大程度上掌握权力中枢，有内相之称。而李白所担任的只是皇帝的"御用清客"这一角色。《红楼梦》中的贾政还有一群写诗、下棋、画画逗乐的文人，皇帝哪能没有？玄宗时的翰林侍诏们，也是多才多艺，算卦的、耍杂技的、下棋的、画画的、唱歌的、念佛者、炼丹的，吹拉弹唱，三教九流，无所不有。

当然，凡事皆有可能，从翰林待诏出身，后来又掌握大权，甚至成为宰相一级的人物，这事也并非完全没有。五十多年后，发动"永贞革新"的核心人物——王伾、王叔文，就是翰林待诏出身，他俩一个擅长书法，一个精通围棋，因为得到太子的信任，所以太子继位后（是为唐顺宗），就让他们掌握了大权，然后发动了一系列革新。但正是因为他们被目为"伎艺方术之流"，不是科第出身的大臣，所以在朝堂中的"群众基础"就不好，被认为是由邪门歪道上位的"乱臣"，随着宦官扶唐宪宗上位，"二王"被先贬后杀，连带着刘禹锡、柳宗元等"八司马"也遭了难。

以李白的脾气，就算拥有"二王"那样的际遇，也未必能掌得稳朝廷大权，如果是那样，他的下场恐怕绝对不会好过王伾、王叔文。纵观历史，大凡机谋深远的政治动物，都是老奸巨猾者，没有像李白这样性格张扬、大大咧咧的。

其实仔细剖析，李白让杨贵妃磨墨、高力士脱靴这事，不大可能是真的。多半是他醉后吹牛罢了。当时杨贵妃、高力士是何等的煊赫权势,就算唐玄宗"尊重知识,尊重人才",李白在他心中的地位,绝对没有"知心爱人"杨贵妃、"亲密战友"高力士重要。(其实李白赐金放还后的第二年,杨玉环才正式封为贵妃。《三言》小说中写是让杨国忠磨墨,更无可能,杨国忠为相要在八年之后,此时李白早不在长安了。)

大家看,李阳冰写《草堂集序》一文中,提到李白所受的恩宠时,只说以"七宝床赐食,御手调羹以饭之",并没有说"磨墨"、"捧靴"之事,显然是因为此时离天宝年间还不远,人们熟悉当时的时事,所以李阳冰也不敢妄加编造。

李白其实也只是适合作一个性格狂放的诗人,来到长安,他自信心极度膨胀,虽然他的诗句宏大广博,但太白的器量却没有这么大。对此,宋代诗人陆游就有看法,他在《老学庵笔记》卷六中说:"白识度甚浅",因为通过李白自己的一些诗句,比如什么"中宵出饮三百杯,明朝归揖二千石","揄扬九重万乘主,谑浪赤墀金锁贤","王公大人借颜色,金章紫绶来相趋","一别蹉跎朝市间,青云之交不可攀"之类的诗句,都充分表现了李白"一阔脸就变"的本性。

陆游甚至还尖刻地说:"又如以布衣得一翰林供奉,此何足道,遂云:'当时笑我微贱者,却来请谒为交亲。'……宜其终身坎壈也"。——李白才得了个小小的翰林供奉,就不知道天高地厚了,一副"五千年终于轮到我上场"的狂傲之气,难怪他终身仕途坎坷!

李白身上确实有一些毛病,他整天醉酒误事,"天子呼来不上船",看似简傲疏放,但我们要想想他来长安干吗?图喝酒自在,不会跑到深山老林里喝去啊,巴巴地赶到皇城来做什么?来了又不好好工作,就这样,怎么能当中书舍人?

当然,李白有时候也挺老实,当时他有个朋友叫任华,写的《杂言寄李白》云:"新诗传在宫人口,佳句不离明主心。"像这首《侍从宜春苑奉诏赋龙池柳色初青听新莺百啭歌》，也写得中规中矩：

> 东风已绿瀛洲草，紫殿红楼觉春好。
> 池南柳色半青青，萦烟袅娜拂绮城。
> 垂丝百尺挂雕楹，上有好鸟相和鸣，
> 间关早得春风情。
> 春风卷入碧云去，千门万户皆春声。
> 是时君王在镐京，五云垂晖耀紫清。
> 仗出金宫随日转，天回玉辇绕花行。
> 始向蓬莱看舞鹤，还过茝石听新莺。
> 新莺飞绕上林苑，愿入箫韶杂凤笙。

里面全是御制诗的风味，太白那种狂放恣肆、酒气淋漓的特色完全不见了，要说也多亏官中容不下李白，要不然，李白一直写这个，实在是盛唐诗坛的一大损失啊！

《唐语林》中记载说："玄宗燕宴诸学士于便殿，顾谓李白曰：'朕与天后任人如何？'白曰：'天后任人，如小儿市瓜，不择香味，唯取其肥大者；陛下任人，如淘沙取金，剖石采玉，皆得其精粹。'明皇笑曰：'学士过有所饰。'"

我们看，李白也挺会阿谀媚上的，当时正是天宝年间，姚宋已死，李林甫等奸臣当道，李白却还大夸玄宗擅于用人，说武则天用人只重表象，不窥本质，玄宗才是"淘沙取金，剖石采玉"，这不是肉麻的吹捧是什么？李白这马屁，拍得连玄宗都有点不好意思了，说他"过有所饰"——夸得太过火了些。

超级自恋的李白，这段时间在长安，整天得罪人，到处泡美眉。《天元天宝遗事》一书中说，宁王府中有家妓名宠姐，貌美歌甜，很受宁王宠爱，一般的外客不让见。李白喝得半醉，就"恃醉戏曰"："白久闻王有宠姐善歌，今酒肴醉饱，群公宴倦，王何吝此女示于众！"宁王没有好意思当场回绝，但依旧设了七宝花障，让宠姐在花障后歌唱。太白只恨自己没长一双透视眼，能透过花障瞧一瞧人家宠姐的模样儿。但李白还有个特点，挺会自我排解，自我安慰的，他说："虽不许见面，闻其声亦幸矣。"太白那色迷迷的样子，可想而知。

李白有一首诗，写在长安追逐贵家女子，想搭讪勾搭人家的情景，诗中写：

相和歌辞·相逢行

朝骑五花马，谒帝出银台。秀色谁家子，云车珠箔开。

金鞭遥指点，玉勒近迟回。夹毂相借问，疑从天上来。

怜肠愁欲断，斜日复相催。下车何轻盈，飘然似落梅。

邀入青绮门，当歌共衔杯。衔杯映歌扇，似月云中见。

相见不相亲，不如不相见。相见情已深，未语可知心。

胡为守空闺，孤眠愁锦衾。锦衾与罗帏，缠绵会有时。

春风正澹荡，暮雨来何迟。愿因三青鸟，更报长相思。

光景不待人，须臾发成丝。当年失行乐，老去徒伤悲。

持此道密意，无令旷佳期。

这首诗，虽然是借用古乐府的诗题和诗旨，未必是真实的经历，但李白能写得如此深刻细致，想必也是有"生活基础"在其中的。像"相见不相亲，不如不相见"。当然了，在唐代诗酒风流者所在多有，并不算什么缺点。有道是"郭汾阳（子仪）穷奢极欲，姬妾满前，而朝廷倚重"，你不能要求人人都像王维那样。

李白当翰林供奉的日子其实也不短，足足有两年，然后就被"赐金放还"，这个词也是后人加以"美化"了的。李白在这里，恐怕还是待不下去了，玄宗后来也不是很宠信他，新鲜劲儿过去了，就想打发他走了。"赐金放还"，说的好听，其实就相当于现在老板想辞退某个人，就说："给某某结算一下工资！"如果真像是戏曲、传说中说得那样恩宠隆重，起码会和唐玄宗送贺知章归乡养老一样的排场，不可能是赏几个钱就打发回去。

这其中的原因，有不少后人猜测为高力士、杨贵妃进谗言，甚至说是奸相李林甫从中作梗，都不怎么可信。高力士经常侍奉在玄宗身边，或许不喜欢李白，说过几句对李白不利的话；而杨贵妃按说是不会在意李白这样一个小人物的；整天忙于和朱紫大员们倾轧的李林甫，更不会花心思对付李白这样一个逗皇帝开心的"诗优"。相反，从李白的诗中看，他和李林甫的女儿李腾空倒是交情不错，有《送内寻庐山女道士李腾空二首》为证。

再说，李阳冰的《草堂集序》中，也只字未题李林甫诬害李白的事情，要是真有此事，当时李林甫早已罢相身死，名声也早已是臭大街了，有什么可避讳的？

李白在京中，虽然也结交了一些朋友，但大多数官员和同僚，都暗地里对他嗤之以鼻，看不起他的狂傲劲儿。这通过他的《翰林读书言怀呈集贤诸学士》一诗就可以知道，他愤愤然地说："青蝇易相点，白雪难同调。本是疏散人，屡贻褊促诮。"和翰林院的那些"同事们"很合不来，而且显得很受气的样子，一点也没有"龙巾拭吐、御手调羹"的傲气和阔气。

而且，李白似乎就根本没有进入"组织部"（吏部）的"行政编制"之中，不像正常的官员一样，能够铨选分配。魏万曾写玄宗许与他中书舍人，这肯定也是李白吹嘘的，一下子就封正五品的中书舍人，显然不符唐代当时的"组织原则"。

"赐金放还"之后，李白还是啥也不是。所以，料峭春风吹酒醒，发现自己终究是个"临时工"。

"俳优蓄之"这四个字，深深刺痛着李白的心，鲁迅先生说过："中国的开国的雄主，是把'帮忙'和'帮闲'分开来的，前者参与国家大事，作为重臣，后者却不过叫他献诗作赋，'俳优蓄之'，只在弄臣之例。"很不幸，李白始终是个"帮闲"的。

其实，玄宗一朝的政治日渐腐败黑暗，就算是"帮忙"也帮不出好来。李隆基太平皇帝当久了，早已厌倦了政事，甚至表示要让高力士"全面主持工作"，自己只管和杨贵妃玩。人家高力士倒不是那种贪心弄权的宦官，诚心劝谏这样不可以，玄宗反而大怒。可见他早已是颠倒错乱的昏君了，李白就算能留下来，也没有什么功业可言，反而会沾一身污水，甚至有可能在政坛漩涡里葬送了性命。当局者迷，李白离开长安时，自然是万分惆怅，他曾写诗发泄道："君王虽爱蛾眉好。无奈宫中妒杀人！"离开长安的东归途中，在洛阳遇见了另一个盛唐诗坛的伟大人物——杜甫。

但杜甫只是三十出头、血气方刚的年轻小伙，名气远不如李白，而且他还没有经历后来困居长安十年的挫折，可以说阅世甚浅。杜甫见李太白风姿过人，二人喝酒时，又听了李白大夸他在官中如何如何得宠的际遇，不禁热血沸腾，心生景仰，立马成为李白的忠实"粉丝"。

杜甫在《赠李白》一诗中写道"二年客东都，所历厌机巧……苦乏大药资，山林迹如扫。李侯金闺彦，脱身事幽讨……"，将李白辞别长安的这一行动，美化得不轻，其中"金闺彦"是指朝廷中杰出的才士，杜甫以此赞美李白，说得像是皇帝百计挽留李白不得，这位"谪仙人"一意要归隐山林，去寻幽觅闲（"事幽讨"）一样。

两人一路喝酒，有了杜甫这个忠实听众来听自己吹牛，李白倒也并不寂寞。到了开封附近又遇上了高适，于是三人结伴游览了一番，三个郁郁不得志的人，一起望着秋风飒飒、落叶萧萧的郊野，坐在落日斜照的城头上，饮酒写诗，排遣心中的郁闷。

"抽刀断水水更流，举杯销愁愁更愁"，一时的借酒浇愁并不能完全驱散李白心中的阴翳，于是他又躲进道家世界里去寻找安慰——他去山东济南附近找高天师为他授箓。所谓"授箓"，是正式皈依道门的一种仪式。这显然能表示出李白已对仕途灰心失望，转而将人生目标调整为以修道为中心了。时为天宝三年，李白四十四岁。

回到山东任城的家中，"我还是原来的我"，李白心里说不出地失落。时隔不久，小弟杜甫就又来拜访，却说这杜甫的父亲杜闲，曾经在兖州（济宁附近）做过司马这样的小官，想必也有一些亲故。他顺路邀李白到山东济南一带游玩，还拽来高适一起去找当时任太守的李邕去"蹭饭"。不知是李邕还记恨着李白当年的狂妄，还是李白自己倨傲，反正是李邕在济南府中的这次盛会，他缺席了。倒是杜甫，兴致勃勃地写下"海右此亭古，济南名士多"一联，至今成为济南人的骄傲。

说起李白和李邕之间的关系，我一直认为并不是太好，虽然他的那句"君不见李北海，英气豪气今何在"一般都被解读为对李邕死于非命的惋惜，但了解了他们之间的这诸多隔阂后，我觉得这句话，也有可能是这个意思：李邕当年那样牛气哄哄，现在怎么样了呢？

李白陪游了一趟，眼见自己这个"李翰林"、"谪仙人"也没多少人买账，心下十分郁闷。回到兖州后，和杜甫饮酒作别，也写了首诗相送，其中说："醉别复几日，登临遍池台。何时石门路，重有金樽开。秋波落泗水，海色明徂徕。

飞蓬各自远，且尽手中杯。"客观地说，诗意比较平淡，还没有对孟浩然、王昌龄什么的感情深挚浓冽。

回来后，也许是因为北国寒冷，李白郁闷地病了好久。鲁地儒生们的迂腐，也让李白大为不习惯，他曾经嘲笑过鲁儒："鲁叟谈五经，白发死章句。问以经济策，茫如坠烟雾……"这和李白飞扬跳脱的个性是格格不入了，而山东济宁、兖州附近，离儒家大本营——曲阜非常近，儒臭味是少不了的。

于是，天宝五年，四十六岁的李白南下扬州，转去金陵（南京）。南京自古就是一座灯火旖旎的城市，六朝秦淮中的脂粉，似乎永远流淌不尽。李白在这里，也是放浪形骸，他曾携妓带酒拜访心中的偶像——东晋的名相谢安，还说："携妓东土山，怅然悲谢安。我妓今朝如花月，他妓古坟荒草寒。"这不是气人家谢安吗？说你看我抱着的妓女如花似月，你和你的那些宠姬都一抔黄土掩风流，荒草伴枯骨了。

顺便说下，就在李白恣意玩乐时，当朝宰相李林甫下令杖杀了北海太守李邕、淄川太守裴敦复。由此看来，幸亏李邕和李白俩人不对脾气，要是李邕对他青眼有加，并且像严武聘杜甫入幕下一样，把李白也收为心腹，那不免要连带着倒霉。

这段时间里，李白又走了"桃花运"，我们先细数一下李白的女人们（那些露水姻缘不算）：他初娶许小姐，之后和一个姓刘的女人成婚，后来分手了。据魏万写，是"刘诀"，似乎是此女主动甩了李白。后来在山东时李白又娶了一个鲁地女人，生了一个儿子叫颇黎，意思就是玻璃，郭沫若先生觉得这个名字不大对，他认为是"伯离"的音讹。而最后一个同样是宰相的孙女——中宗时的权臣宗楚客（宗楚客是韦后一党，和武则天有亲戚，武则天是他远房姨母）的孙女。

这其中还留下了一个"千金买璧"的佳话。说是李白醉游梁园（汉朝时梁王刘武的庄园）时，一时兴起，挥毫在一堵粉墙上写下了那首有名的《梁园吟》一诗，写完之后，太白扔下笔就走了。可巧，宗氏也来游园，一下子就被李白的诗句吸引住了，瞬间就成了忠诚的"白粉"。

当时在粉墙题诗的习惯，就像我们今天在网上发帖一样，大家随便写，当然良莠不齐，好的坏的都有。为了方便别人再题，版主，不对，"墙主"是要定期用白石灰将旧诗擦掉的。宗氏正看得入神呐，这边跑过来个店小二拿着石灰刷子就要刷，宗氏连忙喝住他，但小二不买账，说这墙又不是你的，凭什么不让我们"刷新"，宗氏一赌气，就拿出"千金"来买下了这堵墙。当然，这里的"千金"，恐怕是虚指，反正宗氏掏了不少钱，将这堵墙买了下来，当是事实。于是留下了"千金买璧"这一雅事。

宗氏的岁数不详，但按正常情况，宗氏不会比李白小很多，从她能自己做主和李白成婚一事来看，她已有相当的自主权，而且后来李白被贬夜郎，其弟宗缣曾陪同前往，这都可以证明，她绝对不会是少女，当然和李白这次婚姻也未必是初婚。不过她也是喜欢仙道的人，两人可谓志同道合。

和宗氏夫人成婚后，对于李白的仕途并没有好处。宗楚客是当今天子李隆基亲手剪除的罪臣，宗家可能还有点家底，能让李白多喝几壶好酒，但对于他步入仕途，是没有帮助的，甚至还有负面作用。

除了吸引女"粉丝"，男"粉丝"也是有的，也就是前面多次提到的魏万。此人听说了太白的诗名风仪，向往之极。当时信息不发达，李白也不可能每天发个微博，实时播报我在某地喝酒，在某地游山。所以魏万只好捕风捉影一样地瞎找，偏偏李白又是最爱游荡的人，几乎没有待久的地方（我怀疑李白还是在四处经商，只是唐代经商不是什么光彩的事，他不说明而已）。他听说李白在开封，去了后，又有人说在山东，跑到山东，结果说李白又去江南了，于是又跑到江南，比刘备见诸葛亮难多了。然而，功夫不负有心人，花了两年时间，跑了几千里，终于见到了心中的偶像。

李白听了后心中也很感动，他们一起泛舟至南京，李白也很看得起魏万，说他将来必有成就，并把自己的诗集托付给他，还让他一旦有了成就，别忘了照顾自己的儿子明月奴。二人分别时，李白给魏万写了一首六百字的长诗，其中的感情，比给杜甫的要深厚得多，最后几句说："我苦惜远别，茫然使心悲。黄河若不断，白首长相思。"

这期间，就是天宝十二年，即公元753年，李白又遇上一件麻烦事。当时安州的裴长史（裴宽）来找李白的麻烦，当时李林甫已死，而裴宽是以前屡被李林甫欺压打击的一个人，此时他来到安陆当官，不知怎么听说李白和李林甫是一伙的，于是就想加以责难。李白慌忙写下《上安州裴长史》一文来剖白，文中说：

"何图谤詈忽生，众口攒毁，将欲投杼下客，震于严威。然自明无辜，何忧悔吝！……若使事得其实，罪当其身，则将浴兰沐芳，自屏于烹鲜之地，惟君侯死生。"

对于此事，宋代文学家洪迈在《容斋随笔》中说："予谓白以白衣入翰林，其盖世英姿，能使高力士脱靴于殿上，岂拘拘然怖一州佐者邪！盖时有屈伸，正自不得不尔。大贤不遇，神龙困于蝼蚁，可胜叹哉！"

洪迈看来是受传说故事影响太深，以为李白当时真有多了不起，他想既然李白能让高力士都脱靴侍候，区区一个州府的副手有啥好怕的，他以为李白是"神龙困于蝼蚁"。其实，李白赐金放还后，啥也不是，大诗人有什么用，王昌龄是大诗人不？他不是被一个刺史活活杖杀了吗？李白凭什么不害怕呢？

李白诚惶诚恐地写了这封信后，裴宽倒是放了他一马，没有把他怎么着。没过两年，让山河变色的"安史之乱"就爆发了。

和王维、杜甫他们相比，李白待在相对平静的江南，倒是平安无事，这时李白的门人武谔自告奋勇,去山东接他的子女,李白则亲自去商丘接回老婆宗氏。本来在江南安安稳稳地躲避这场大动乱,就是非常英明的选择,但李白却又趟进了永王李璘作乱的浑水。

此前,李白曾写过一首诗曰:"庐山东南五老峰,青天削出金芙蓉。九江秀色可揽结,吾将此地巢云松。"话是这样说,但本来打算"巢云松"的太白,一听说永王李璘来召他出山,太白乐得一蹦三尺,宗氏夫人拽都拽不住。其实,此时的李白,已是五十六岁的高龄了,但李白人老心不老,一直做着当"唐朝版姜太公"的梦。

临行之前,李白还非常"牛气"地对宗氏夫人说:"出门妻子强牵衣,问我西行几日归。归时倘佩黄金印,莫见苏秦不下机。"意思是说,我李白这一去,如果封侯拜相,拿着斗大的黄金印来了,你还会不会像苏秦的老婆一样不下布机?其实人家宗氏夫人的主张是对的,李白这次行动,黄金印没有,手铐脚镣倒是沉甸甸地带上了。

到了永王李璘幕中,李白发现也没有格外受器重,不知怎么搞的,竟然没人把他当诸葛亮,心中颇有些失落。不过他还是写了几篇《永王东巡歌》,过了一把"试借君王玉马鞭,指挥戎虏坐琼筵"的嘴瘾。其实李白是非不明,这永王李璘,分明就是图谋自立,唐玄宗逃到四川时,一开始确实有过诏书,让李璘任江南一带的"四道节度采访使"、"江陵郡大都督"等职。但是李璘来到江南一带,乘机招兵买马、聚草屯粮,壮大自己的势力,有霸占江东之心。后来,唐玄宗将皇位传给唐肃宗,下诏让李璘回四川朝见。但李璘这时候根本不听,擅自引兵沿江而下,甚至杀掉不听他指挥的丹徒太守,充分暴露出他想割据一方、分裂唐室的野心。

这时候李白却应他的召募,投入他帐下,可见李白的糊涂。当时,玄宗尚在,肃宗本就是太子，名正言顺，大唐国土，满地狼烟，像张巡等忠臣烈士，正苦苦地以残兵病卒，死守着绝地孤城。永王兵精粮足，不北上抗贼，反而打内战，搞摩擦，实在不能算是正义之师。

后人对李白这个行为也颇多非议，苏辙曾不无讽刺地说："永王将窃江淮，白起而从之不疑"，朱熹说得更直接："李白见永王璘反，便怂恿之，诗人没有头脑至于此。"《韵语阳秋》一书中也说李白这时写下的诗是参与"逆谋"的证据："若非赞其逆谋，则必无斯语矣。"

只短短几个月，李白追随的李璘大军就被剿灭。而指挥朝廷大军的正是高适，被捉进浔阳狱中听候处理的李白，这时低声下气地写诗给高适，大夸"高公镇淮海，谈笑却妖氛。采尔幕中画，戡难光殊勋"，求他帮帮忙。但高适根本没有加以理睬，这成为历来诗坛上对高适颇有微词的一件事。

李白自知"附逆"之罪非同小可，便四处投书，托人求请，给御史中丞宋若思的书信中称："属逆胡暴乱，避地庐山，遇永王东巡，胁行，中道奔走，却至彭泽。"（《为宋中丞自荐表》）把投奔李璘的行为说成是被"强迫"的。

宗氏夫人知道讯息后，也是四处奔走，托关系营救。对此李白非常感激自己的夫人，他写过一首《在浔阳非所寄内》，所谓"非所"，其实就是牢狱，只不过说得好听点罢了，诗中有一句是"多君同蔡琰，流泪请曹公"。意思是说好老婆你像当年的蔡文姬一样——文姬归汉后再嫁董祀，董祀犯了罪，曹操欲杀他，文姬亲自求请，方才得免。李白又写了《狱中上崔相涣》求当时的宰相崔涣，诗中低三下四地吹捧崔涣："贤相燮元气，再欣海县康。"

当然，这些也见了效果，宋若思对李白还是不错的，并没有为难他，还将他放出来当自己的幕僚。李白自然非常感激，写了篇名为《中丞宋公以吴兵三千赴河南军次寻阳脱余之囚参谋府因赠之》一诗。要说宋若思对李白好，也不只是因为李白此时说的那些好话，我们还记得当年李白曾经结交落难之中的宋之悌，写有《江夏别宋之悌》一诗吧，这宋若思，就是宋之悌的儿子。

但至德二年（757年）的冬天，朝廷又"秋后算账"，发落永王这些"从逆"之人，宋若思也回护不了，于是李白给判了个长流夜郎，实话说这也不算重判，已经相当轻了，有些结党的大臣，并没有明显的"反迹"，还动不动就流放岭南、越南。这夜郎在贵州省，当时非常荒僻，且多瘴气，但毕竟比沈佺期等人去过的越南峰州什么的近。李白的夫人不放心他，派自己的弟弟宗缣陪送。

一路上，五十八岁的李白磨磨蹭蹭，完全没按唐律中犯人流放的行程走，春天从浔阳（今江西九江）出发，沿长江一路西行，夏天才到西塞驿（今湖北鄂州），秋天才到江陵（今湖北荆州），冬天走到三峡。边走边玩，李白第二年春天的三月才到达白帝城（今重庆奉节），这时候传来好消息，皇帝下令天下大赦，李白被释放了！于是他一路撒欢，"朝辞白帝彩云间，千里江陵一日还，两岸猿声啼不住，轻舟已过万重山"，又回到了江陵。

从太白晚年这手政治上非常失败的"棋"来看，不能不承认，太白在搞政治方面的"段位"还是相当低的。永王李璘，名不正、言不顺，也没有什么太大的实力，太白却头脑发热，以为遇到了"明主"，可以实现自己当"唐朝版"诸葛亮或谢安的理想，实在天真得很。这番不分青红皂白，飞蛾扑火一般地去追随李璘，没丢了脑袋其实就够幸运的了。

经历了这一劫后，已是花甲之年的李白，按理说该收心了吧。没有！此后，太白还屡屡求人荐引，但太白言过其实，又有"前科"，没人敢用他。当李光弼大军征伐河南的史朝义叛军时，李白还想去投军效力，但此时李白已是病体难支，半道上就病得不行了。

公元762年，是诗仙李白生命中的最后一年，他因终生嗜酒，患上了腐肋之疾，大概是肝硬化、腹水这样的病症，于这年的冬天病死在当涂。临终前，他把自己的诗稿交付给族叔李阳冰，并写了一首《临终歌》：

  大鹏飞兮振八裔，中天摧兮力不济。

  余风激兮万世，游扶桑兮挂左袂。

  后人得之传此，仲尼亡兮谁为出涕

  直到生命的最后一刻，李白还是觉得自己就是一只能振动八方、激荡风云的大鹏鸟，但却没有机会让他展翅高飞。他是带着遗憾离世的，其实，正一品的官历朝历代都有，车载斗量，有何稀奇？可自古至今，只有一个诗仙李白，他在官场上是落寞、失意的，但在诗坛上却是卓然屹立，光焰万丈，是当之无愧的唐诗之魁首！

李白仕途历程：

——翰林供奉

——终

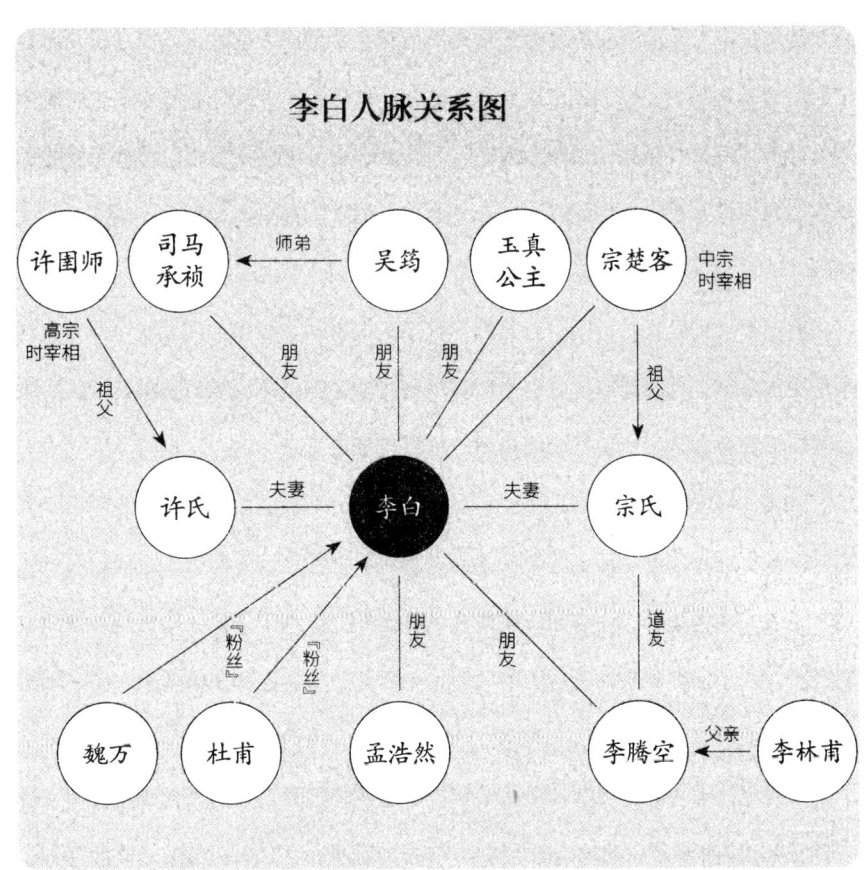

| 万里悲秋常作客 |

杜甫

杜甫这个人，和李白那种潇洒飘逸的风范大不相同，他的诗，充斥满目的是"老"、"病"、"愁"、"饥"、"寒"、"苦"、"死"、"哀"之类的字眼，什么"战哭多新鬼，愁吟独老翁"，什么"杜陵野客人更嗤，被褐短窄鬓如丝"，什么"万里伤心严谴日，百年垂死中兴时"，都是语悲意沮，确实称得上能令"暑日飞霜，午时鬼泣"。

有不少人读杜诗时，极少有共鸣，也不是太喜欢。我想，这大概是今天生活条件更加优越，已经难以体会到当年那种种苦难，吃腻了汉堡包的年轻一代，大都对饥饿没有什么记忆，又如何感触"恒饥稚子色凄凉"的心声呢？

其实，忧国忧民的杜甫，在盛唐时，也是名气不显的，只有安史之乱后，人们才渐渐想起杜甫（以元稹的《杜工部墓志铭》中的评价为标志），他的名气才越来越大，成为和李白比肩的唐代最有名的诗人。而到了宋代，老杜的地位明显要高过李白了，像宋人计有功编的《唐诗纪事》，李、杜都在第十八卷中，但排名却是先杜后李，这明显是有倾向性的，不然按时代也应该先放李白的。

李白与杜甫的优劣之争，那是千年口水仗。宋代时，人们极为尊崇杜甫，这"诗圣"二字可不是白叫的，老杜每字每句，都是好的，几乎和经书一样的尊贵。

而后来，由于时代原因，杜诗也被扣上"封建地主阶级思想"的帽子。为什么不能两者并重，两个都喜欢呢？

杜甫的身世，不像李白那样扑朔迷离，应该说是非常清晰，而且堪称是官宦子弟，按说起点比李白、孟浩然他们强多了。他的爷爷是"文章四友"之一的杜审言，所以老杜经常自豪地说："诗是吾家事。"杜甫的父亲叫杜闲，曾经当过兖州司马这样的官，叔父杜并，曾手刃仇人，捐躯救父，杜甫也屡以他为自豪，经常写文章时提道："国史有传。"杜甫的母亲姓崔，相传是崔融（"文章四友"之一）家的女儿，杜甫兄弟姐妹也不少，他诗中屡屡提及不止一个"舍弟"，像"有弟皆分散"，更是表明其兄弟决非一人。

提起杜甫，我们眼前往往浮起一个瘦骨嶙峋，手柱破拐杖，愁眉苦脸的老头儿形象。然而杜甫少年时，也是个顽皮健壮的孩童，据他自己写："忆昔十五心尚孩，健如黄犊走复来。庭前八月梨枣熟，一日上树能千回。"这要是在学校里上学，也够老师费心的。杜甫年少之时，并不是一个沉静稳重的人，他继承了乃祖杜审言的猵躁狂诞，也是一个狂生，从他自己写的《壮游》一诗中，可以看到杜甫少年时的形象，"七龄思即壮，开口咏凤凰。九龄书大字，有作成一囊。性豪业嗜酒，嫉恶怀刚肠"，所以，他早年也是四处游荡，找高适、李白这样的人一起狂歌纵酒，尤其是对于李白的风仪，是佩服羡慕得不得了。

杜甫早年的诗中，因为经常和李白混，他的诗风是沾染上不少李白气味的，如："白刃雠不义，黄金倾有无。杀人红尘里，报答在斯须。忆与高李辈，论交入酒垆。两公壮藻思，得我色敷腴。气酣登吹台，怀古视平芜。"虽然不如李白的"笑尽一杯酒，杀人都市中"那样的句子更有侠味，但起码老杜也写"杀人"，"气酣登吹台，怀古视平芜"，也不像我们印象中那个满面愁纹的老杜。其他像什么"忘形到尔汝，痛饮真吾师"，还有"王郎酒酣拔剑斫地歌莫哀！我能拔尔抑塞磊落之奇才。豫章翻风白日动，鲸鱼跋浪沧溟开"，也应该说是"类李白"型的作品。

顺便说一下，老杜之所以被后人奉为诗坛上的"大宗师"，其中一个原因，就是因为他的诗风格多样，能够熔各家菁华为一炉，让人不得不感叹其中的博大精深。正如《红楼梦》中借薛宝琴之口所说："难道杜工部首首只作'丝菊两开他日泪'之句不成？一般也有'红绽雨肥梅'、'水荇牵风翠带长'之媚语。"

杜甫少年时也是四处东游西荡，交游四方。因为他有个姑表姐嫁到浙江会稽这个地方，因此二十来岁的杜甫也曾来这里逛过，写下"越女天下白，鉴湖五月凉"之句，后来屡屡被抓"辫子"，作为老杜也"好色"的证据，实在有些冤枉。不过这倒也证明，人家老杜也有年少轻狂，"荷尔蒙在飞"的青年时代。

游历了吴越之后，二十四岁的杜甫回到东都洛阳，去考进士。这一年，人家李华（《吊古战场文》作者）、李颀（写"白日登山望烽火"那人）都高中了，老杜却榜上无名。此前，王维早在十四年前，就中了进士，现在已是右拾遗，在仕途上甩李白、杜甫好几条街也不止。

古人落第之后，往往以漫游作排遣，杜甫于是东游"齐、赵"——在山东、河北这一带游逛，像我们熟悉的《望岳》一诗就是这时候写下的，平心而论，这首诗虽然著名，但比起杜甫晚年的《登高》《秋兴》等诗的苍凉雄浑来，实在是逊色很多，杜甫曾写过"右军书法晚乃善，庾信文章老更成"。他这时诗作中的"会当凌绝顶，一览众山小"，其实是脱胎于崔颢的"直上孤顶高，平看众峰小"，而像此时写下的《登兖州城楼》之类，在老杜集中，也只算是二流诗作。

所以在天宝三年（744年），三十二岁的杜甫遇上李白时，只能是当"粉丝的份儿"，李白当时刚镀了一层金，当了一回"翰林学士"，不管"贵妃磨墨，力士脱靴"是真是假，起码得睹天颜，见识过禁宫的排场。如果当时也能开微博，李白属于"大 V",认证上可以挂上"谪仙人,大唐翰林供奉"等头衔,而杜甫却是什么资本也没有,唯一能夸口的,只是杜审言的孙子这一身份而已。

认识了李白后,又拉上高适,他们来了一次"锵锵三人行",在开封、商丘一带游玩,登"吹台"、"琴台"(传说是周朝著名音乐家师旷、留下的古迹)。太宗的儿子蒋王李恽,有个曾孙叫李之芳,这人和杜甫比较有交情,他在齐州(今山东济南)做了司马,于是杜甫便来拜访,当时任北海(今山东青州)太守的李邕也赶了过来,于是众人欢聚在济南大明湖中的历下亭上,杜甫当然要写诗赞颂了,其中"海右此亭右,济南名士多",成为济南这座城市的光荣。

前面说过,喜热闹、好喝酒的李白却缺席了这次盛会,我觉得,大概是李邕和他的关系有些龃龉所致。杜甫千里迢迢地跑到济南,也不只是为了蹭饭,这阶段老杜还没到连饭也吃不饱的地步。要知道这时候是开元盛世啊:"忆昔开元全盛日,小邑犹藏万家室。稻米流脂粟米白,公私仓廪俱丰实。"老杜来此,主要目的是想得到举荐,求得官职。

然而,这次拜访没有起到什么显著作用,而且,两年后,李邕被当朝宰相李林甫杖杀,结识李邕这事,恐怕不但不会在仕进上"加分",倒有可能"减分"。不过,杜甫也学会李白吹嘘的本领了,明明是他跑过去拜谒李邕,反倒夸口成:"李邕求识面,王翰愿卜邻。"反正这俩人都死了,无从对证。

杜甫和李白确实关系很不错,他有诗写道:"醉眠秋共被,携手日同行"。但杜甫毕竟是"老实孩子",还是想着到长安规规矩矩地应试,考取功名。于是,天宝四年(745年)那个秋风萧瑟的日子里,李、杜二人在山东兖州城门外依依惜别,李白写诗赠杜甫道:"醉别复几日,登临遍池台。何时石门路,重有金樽开。秋波落泗水,海色明徂徕。飞蓬各自远,且尽手中杯。"然而,当时俩人都没有想到,这一次分别,竟是"诗仙"和"诗圣"的永诀,他们此生,再也没有相会过。

杜甫来到长安，正式开始他专心求仕的人生旅程，然而，可悲的是，等待他的是饱含困辱的十年。

初到京城后，杜甫就来到汝阳王李琎（李隆基的大哥宁王李宪的儿子）府上当门客，他怎么认识得李琎呢？这个以前少有人提及，大概是那位齐州司马李之芳推荐的。李之芳不像李白，人家是有谱可查的正牌皇族，想必和汝阳王有些交情。

这李琎雅好音乐且姿容妍美，小名叫"花奴"，李隆基曾亲口称赞他："姿质明莹，肌发光细，非人间人，必神仙谪坠也。"如此看来，李琎也是一个"谪仙人"，而且还是皇帝亲口说的，而李白不过是贺知章随口夸赞的。这李琎擅长打羯鼓，比皇宫御用的那些琴师们本领都好，玄宗曾经听一个琴师弹琴，那人水平不高，精通音乐的玄宗越听越郁闷，于是没等弹完，就叱琴者曰："待诏出去！"然后对宦官说："速召花奴将羯鼓来，为我解秽。"

杜甫来到汝阳王府中，先写了一百一十字的长诗献上去，其中并无名句可观，无非是肉麻地吹捧李琎，说些什么"特进群公表（李琎当时封为正二品散官"特进"一职），天人凤德升。霜蹄千里骏，风翮九霄鹏"之类。但是要知道，汝阳王李琎和其父李宪本身就是个非常注意避嫌的人，因为李宪本为唐睿宗的长子，唐玄宗是第三子，按长幼之序的规矩，这皇位本来轮不上他，只是因为他素来多谋善断，在平定韦后等政变中大显身手，其兄为了避免类似"玄武门之变"这样的惨剧重演，才甘心让位给他。

《唐语林》中曾记载，当唐玄宗夸奖李琎长得漂亮，是"谪仙人"时，其父却神色慌张，有志忑不安的表现，玄宗是何等聪明的人，马上知道了大哥的心思，说："大哥不必过虑……夫帝王之相，且须英特越逸之气，不然，有深沈包育之度。花奴但秀迈人，悉无此状，固无猜也。"意思是说，凡是政治人物，相貌都是霸悍英勇之气，李琎虽然长得好，却是清秀可人的类型，我是不会猜忌他的。

虽然如此，但想来李琎也会深加韬晦的，正所谓，"匹夫无罪，怀璧其罪"，皇帝想除掉谁，不一定是谁真有反心，而是看他有没有篡位的条件。你如果是一个隐居山林的老疯子，像寒山、拾得那样的，他绝对不会猜疑你会夺皇位。而像李琎这样的正牌嫡系皇孙，可就难说了。所以，让老杜陪喝酒可以（李琎也是饮中八仙之一），给他举荐官职，这事就不好办了。政治上的事，还是能不参与就不参与的好。

老杜这人，政治眼光不佳，结识李邕，有害无益；投靠李琎，又是个嫌疑人物，同样也会"减分"。后来，杜甫还写诗说："汝阳让帝子，眉宇真天人。虬须似太宗，色映塞外春。"人家就怕提这事，你还说他像唐太宗，这不是替人家招灾吗？幸好这时李琎已经去世了，要不非让这个不知好歹的杜穷酸吓出一身汗来。

这事也能说明，为什么王维本来和岐王等人关系相当近，但岐王却非得把他引荐给玉真公主，由公主来保举他当官。这就是诸王不敢乱举荐自己的"私人"，以免有结党谋权之嫌，而公主就无所谓了，反正玄宗不可能猜疑他的胞妹会篡他的位。

然而，老杜相貌丑陋，也不会琴棋书画啥的，跟公主沾不上边儿。不过这段时间他倒是逛了几处王府，蹭过不少饭，虽然不少时候是"人家吃，他看着，人家坐，他站着"，但毕竟长了些见识，要不也不会认识李龟年，也写不出"岐王府里寻常见，崔九堂前几度闻"的诗。

住了一年后，皇帝下诏，让天下通一艺者都来京师应试，杜甫一听，乐得心花怒放，于是就来应试，谁想奸相李林甫不知出了什么目的，玩了一把"野无遗贤"的把戏，故意把考题弄得极难，结果谁也通不过，大家白白来京城住店、吃饭，给这里的第三产业做了回贡献。

李林甫玩这一手，有人说是怕金殿对策时，学子趁机揭发他的奸恶，这事恐怕不大可信。唐代能考功名的，多少也是薄有家资，门第清贵的，难道个个都苦大仇深，对李林甫有切肤之痛？好不容易千辛万苦中了功名，立马就在御前上访告状，要惩治当朝宰相，这事可信吗？

有人说是李林甫嫉贤妒能，怕有才之士抢他的位子，这未免不了解唐代官制的详情，通过前面众多唐代文人的例子可知，就算是新科状元，也是从九品小官做起，这些新登科的学子，安能撼动他的宰相之位？我猜测，这恐怕是他自己别出心裁，做一出另类"颂圣"的花样罢了：野无遗贤，万邦咸宁，是盛世的标志嘛。

但无论如何，"神仙打架，百姓遭殃"，这事对杜甫又是一大打击。有人说，是奸相李林甫这出把戏，断送了老杜的科举之路，这是不对的。这只是一次特殊的"制举"，正规的科举还在举行，制举也不是没再办过。细看唐史，不说别的人，单说诗人，第二年就有刘长卿进士及第，第三年有高适制举登科，第四年钱起进士及第……所以，"命苦不能怨政府，点背不能赖社会"，老杜没文凭，也不完全是人家李林甫害的。

求汝阳王没效果，考试又没指望，杜甫开始拜谒一个叫韦济的人。这里先八卦一下，史书中记载韦济的老婆叫李氏，韦济一死，李氏就跑到王维的弟弟王缙家里去了。更为奇怪的是，她还挺受宠爱的，按说"聘则为妻奔为妾"，她应该是妾的身份，王缙却尊她为妻，这在当时也是非常令人耻笑的。这韦济的父亲叫韦嗣立，曾经当过宰相，他当时刚由河南尹（即洛阳府长史）升到尚书左丞。杜甫于是连写三首长诗，求他汲引。

我们现在通常选讲的是第三次写的《奉赠韦左丞丈二十二韵》：

纨袴不饿死，儒冠多误身。丈人试静听，贱子请具陈：
甫昔少年日，早充观国宾。读书破万卷，下笔如有神。
赋料扬雄敌，诗看子建亲。李邕求识面，王翰愿卜邻。
自谓颇挺出，立登要路津。致君尧舜上，再使风俗淳。
此意竟萧条，行歌非隐沦。骑驴十三载，旅食京华春。
朝扣富儿门，暮随肥马尘。残杯与冷炙，到处潜悲辛。
主上顷见征，欻然欲求伸。青冥却垂翅，蹭蹬无纵鳞。
甚愧丈人厚，甚知丈人真。每于百僚上，猥诵佳句新。
窃效贡公喜，难甘原宪贫。焉能心怏怏？只是走踆踆。
今欲东入海，即将西去秦。尚怜终南山，回首清渭滨。
常拟报一饭，况怀辞大臣。白鸥没浩荡，万里谁能驯！

评者常大赞杜甫在这首诗里能"不卑不亢"，说什么"常人写来，不是曲意讨好对方，就是有意贬低自己，容易露出阿谀奉承、俯身乞怜的寒酸相"（《唐诗鉴赏词典》），实际上，"阿谀"也有过，"寒酸相"也有过，只不过主要集中在前一篇中，在《赠韦左丞丈济》一诗中，像什么"相门韦氏在，经术汉臣须"，岂非阿谀？"家人忧几杖，甲子混泥途。不谓矜馀力，还来谒大巫"，岂非乞怜？只不过，求也白求，要是做个顺水人情，还差不多，真正让人家使心费力，决非一纸谒书就能办得到的。

杜甫如此低三下四地乞求之后，还是渺无希望，不禁怒了，所以才写下上面那些"纨袴不饿死，儒冠多误身""残杯与冷炙，到处潜悲辛"这样的愤激之语。不塞不流，不悱不发，心中的压抑终于喷涌而出后，造就了这一首千古名诗。

然而，这首好诗，在当时的"公卿大人"们看来，不免有猵躁狂傲之气，后来高蟾下第后写下:"天上碧桃和露重,日边红杏倚云栽。芙蓉生在秋江上,不向东风怨未开。"这种温厚不露的叹惋,被《北梦琐言》评价道:"盖守寒素之分,无躁竞之心,公卿间许之。"相比之下,杜荀鹤的"闭户十年专笔砚,仰天无处认梯媒",胡曾的"上林新桂年年发,不许平人折一枝"这样的,都被认为是轻狂之语,让"当路子弟忌之",引起了贵族阶层的强烈不满。所以后来高蟾能得中,胡曾、罗隐等"猵躁"的才子却终生沉沦。

从仕进上讲,发了一通牢骚,于事无补,只是痛快了下嘴。老杜失望之余,又回到东都洛阳去了(之前杜甫在洛阳附近陆浑庄,置下一处产业),期间,他还给高仙芝写了一篇大拍马屁的诗,这不是损老杜,因为这诗题目就叫《高都护骢马行》:"安西都护胡青骢,声价欸然来向东。此马临阵久无敌,与人一心成大功。"下面还有好长,不再录了,反正都是大夸高仙芝的马有多好。

拍了半天马屁,也没什么效果,杜甫也没封常清那种无赖精神,像卖保险搞传销似的死缠烂打,所以人家高大都护,看了只是微微一笑,转脸就忘了老杜这个其貌不扬的白衣书生了。

过了一年,已是天宝九年,杜甫三十九岁了,心里越发焦急。他又去求张说的儿子张垍,写诗夸赞他道:"翰林逼华盖,鲸力破沧溟。天上张公子,宫中汉客星。赋诗拾翠殿,佐酒望云亭。紫诰仍兼绾,黄麻似六经"。这张垍是唐玄宗的驸马,当时正在翰林院,老杜和人家有一面之缘,于是又想求他汲引,诗呈上去后,也是泥牛入海无消息。

无奈之下,老杜又写了一篇《雕赋》,投入"延恩匦"中。说来这个匦,还是武周时代创制的,类似今天的意见箱,但当时是为鼓动告密的风气设置。"投稿"之后,并无音讯,老杜锲而不舍,趁朝廷有"大型礼仪活动",非常机灵地献上《朝献太清宫》《朝享太庙》《有事于南郊》这"三大礼赋",这里面杜甫不敢狂妄了，低声下气地说："适遇国家郊庙之礼，不觉手足蹈舞，形于篇章……然词理野质，终不足以拂天听之崇高"，这次终于有了动静，玄宗倒是看了几眼，觉得这姓杜的虽然没考上功名，但写的文章也不比那些新科进士差啊，让他待制集贤院吧。

"待制集贤院"，虽然只是候补身份，离老杜的期望值有些距离，但毕竟向官场迈了一大步。这段时间，杜甫和广文馆博士郑虔来往密切。这郑虔，是唐代有名的画家和书法家，早年家贫，在柿叶上练字，后来因私修国史被贬，杜甫见他时，他正被玄宗重新召回京城，授予广文馆博士一职。

郑虔比杜甫大二十多岁，当时已是年过花甲的老头子，杜甫闲着没事，郑虔那广文馆也是清水衙门，一来二往，俩人成了忘年交。他们经常在一块喝酒发牢骚，杜甫有诗道："诸公衮衮登台省，广文先生官独冷。甲第纷纷厌粱肉，广文先生饭不足。先生有道出羲皇，先生有才过屈宋。德尊一代常坎坷，名垂万古知何用？杜陵野客人更嗤，被褐短窄鬓如丝。日籴太仓五升米，时赴郑老同襟期。"这就是名传千古的《醉时歌》。

不过，这其中"广文先生饭不足"之句，应该也是夸张的，翻过杜甫诗集中的这一页，我们随即会看到，杜甫又大写《陪郑广文游何将军山林》，什么"鲜鲫银丝脍，香芹碧涧羹"，不但有饭吃，吃的还相当高档呢。

过了一年，杜甫见总不给他授官，于是又着起急来，想起献赋是个好办法，于是又写了篇《封西岳赋》，在序中恳求道："臣本杜陵诸生，年过四十，经术浅陋，进无补于明时，退常困于衣食，盖长安一匹夫耳。顷岁国家有事于郊庙，幸得奏赋，待制于集贤，委学官试文章，再降恩泽，仍猥以臣名实相副，送隶有司，参列选序。"关键是最后这几句，老杜求皇帝让他"名实相副"，有"参列选序"的资格，能列入吏部官员的铨选档案。

这一年,杜甫很忙,与此同时,又给升为太常卿的张垍写诗求援引,还投书给节度使哥舒翰,大概是想象岑参、高适一样当个随军的掌书记什么的(此时高适已入哥舒翰幕中)。看到进"编制"有希望,杜甫把家从洛阳搬到了长安,也是合该倒霉,来到这里,秋雨淫霏,淋坏了庄稼,一时长安米贵,居大不易,老杜家承担不了京城的"高消费",于是又将家移到距长安有百里之遥的奉先县(今陕西蒲城县)。

"世间自有公道,付出总有回报",杜甫也没白忙,到了天宝十四年,杜甫四十四岁时,朝廷终于给他授官了,一开始,想给他一个河西县尉的官儿,老杜还不干,又托人疏通,最后弄了个从八品下的右卫率府胄曹参军,现在的诗词读本上,多解说这是个"看守兵甲仗器、库府锁匙等琐事的小官",似乎把大诗人当后勤保管发落了。其实,参见前面诸多唐代文人的经历可知,这个职务不算委屈老杜,像郭震、陈子昂、苏颋等人,都当过"胄曹参军"这个职务,而他们还是升了一次职后,才混到这个位置,老杜初次任职,就混了个从八品下,还冤枉什么?

从诗中看,当时老杜心情是比较舒畅的:"不作河西尉,凄凉为折腰。老夫怕趋走,率府且逍遥。"顺便说一下,这个率府,是太子的护卫队,所以后来安史之乱发生后,老杜毅然投奔原来的太子唐肃宗,这是他的老上司嘛。

倒霉的是,杜甫刚当上这个职务,没过一个月,安史之乱就爆发了,朝廷一片混乱,杜甫的工资恐怕也不能按时发放了。眼看长安就要陷落,杜甫慌忙回百里之遥的奉先县去携带家小,这才得知家中幼子竟然因为饥饿而死,悲愤中写下《自京赴奉先县咏怀五百字》一诗,其中"朱门酒肉臭,路有冻死骨"成为千百年来极富讽刺精神的一联名句。

杜甫将家人安顿在陕西鄜州(今富县)的羌村,然后去投奔刚在灵武(今宁夏灵武县）继位的唐肃宗李亨。走到半路，不想被安禄山的贼军截住，知道他是杜甫后，并没有一刀砍了，而是绳捆索绑，押到长安请功。到了长安，发现原来的老朋友郑虔、老熟人张垍等，都出任了安禄山的伪官，杜甫这种芝麻小官，安禄山看不到眼里，倒没逼他出任伪职。

于是老杜困在京城，写下了《哀王孙》《悲陈陶》等诗，描绘昔日皇族的沦落，担忧官军的失败。此时，除了和郑虔等老友来往外，还认识了一个叫赞公的和尚。过了一冬，杜甫已是四十六岁，官军节节胜利，眼看要收复长安，叛军自顾不暇，哪有闲情逸致来看管杜甫这样一个半红不红的文化名人？于是老杜在至德二年四月，悄悄从长安的金光门跑了，一口气跑到凤翔，热泪盈眶地拜见了当时的天子唐肃宗李亨。

老杜有诗描绘当时的情景："今夏草木长，脱身得西走。麻鞋见天子，衣袖露两肘。"看到浑身是土、衣衫褴褛的老杜不忘忠义之心，犯难冒险前来投靠朝廷，唐肃宗不禁又欢喜，又感动，当即给了个从八品左拾遗的官儿。这官虽然品级不高，但职责是给皇帝提建议，能亲近龙颜，被认为是清要之职。

而此时，李白错投了李璘，被朝廷活捉了，正愁眉苦脸地蹲监狱呢。这一年，诗仙落难，诗圣却走运。看人家老杜，脱了破衣服，穿上新官袍："细葛含风软，香罗叠雪轻。"

然而，杜甫这个职务只当了一年多，就证明他在官场上混的能力也不强。当时**房琯挂帅出征**，这人是个书呆子，用春秋战法（照搬古人阵法）应敌，弄了一队兵车来作战，结果全不顶用，叛军鼓噪纵火，官军人仰马翻，车辆辗轧，死了十万余人，鲜血染红了原野。有这样重大的军事失误，理应受罚。但老杜因为房琯原来和他一起在陆浑庄作过邻居，交情很好，就上疏劝谏，替房琯脱罪。结果唐肃宗大为不悦，责备老杜不懂事。这一点，就在崇拜老杜成风的宋代，也有人非议说:"'房琯未相日,所谈皆皋夔。一朝陈涛下,覆没十万师。中原已纷溃,老杜尚嗟咨。'则老杜救琯之章,岂亦出于私情乎?"(葛立方《韵语阳秋》)

于是,唐肃宗开始冷落老杜,老杜愁闷之下,经常到曲江池头散心,写下什么"一片花飞减却春,风飘万点正愁人"之类的句子。不过这期间,他也和岑参、王维、贾至等人一同唱和,写下《早朝大明宫》那一组诗。另外,他还去王维的小舅子崔兴宗的蓝田山庄玩,也有诗赠王维,名为《奉赠王中允维》:

中允声名久,如今契阔深。

共传收庾信,不比得陈琳。

一病缘明主,三年独此心。

穷愁应有作,试诵白头吟。

王维当时刚拜为正五品的太子中允,比老杜的官大得多,但杜甫献的这首诗,初衷是想夸王维陷贼后如何不辱节操,但王维毕竟是做过贼官的,这是他终生引以为耻的伤痛,这就像一个姑娘被坏人强奸过,你见人家就说,这事不能怪你,也不是你自愿的,她会高兴吗?同样,王维一定不喜欢别人提这事,这老杜"哪壶不开提哪壶",给人家心里添堵。要我说,你就是提王维当年给公主弹琴的事,也比这个强。所以,王维根本没有回赠杜甫诗。这种无意中得罪人的事,老杜肯定干过不少,在朝堂里呆了一年,因为房琯获罪,再次牵连到他身上,老杜被贬为九品华州司功参军。

诗人不幸诗坛幸,怀着一腔幽愤的老杜,在赴任途中,写下名垂千古的《三吏》《三别》。要是杜甫一直呆在宫廷,那他写的诗全是这个味儿:"天门日射黄金榜,春殿晴曛赤羽旗。宫草微微承委佩,炉烟细细驻游丝。云近蓬莱常好色,雪残鸡鹜亦多时。侍臣缓步归青琐,退食从容出每迟。"这种诗,文坛上不缺吧?

华州在今天的华县,而"司功参军"一职,掌管考课、祭祀、礼乐、学校、选举、表疏、医筮等一大堆杂事,相当于"县文化局长兼教育局长"的职务。老杜对这个职务厌烦透了,曾写诗倾诉道:"每愁夜中自足蝎,况乃秋后转多蝇。束带发狂欲大叫,簿书何急来相仍。"这里公务繁忙,环境恶劣,蝎子出没,苍蝇遍地,老杜气得"束带发狂",快急疯了。

不久,因为频频战乱,这里闹起大饥荒,老杜一想,这破官不做也罢,于是就弃官北上,去甘肃天水去投奔他的弟弟和在长安落难时认识的赞公和尚。那个赞公和尚曾对杜甫说过,这里有一个叫西枝村的地方,风景很好。

研究老杜的生平,有个方便处,他存诗丰富,而且记载详细,我们从而得知他在甘肃一带的详细行程,他从秦州(天水)转到同谷,途经赤谷、铁堂峡、盐井、寒峡、法镜寺、青阳峡、龙门镇、石龛、积草岭、泥功山、凤凰台等地。那篇"绝代有佳人,幽居在空谷",就是写于此时,有人解读这首诗是虚构的,但我觉得关中战乱不息的那种情况下,有个贵族美女躲在这里靠卖首饰换钱度日,也并非不可能,老杜不是也想在这里躲起来吗?

转了半天,也有心想在这里建个草堂住着,可惜老杜随身并无钱财细软,别看现在这些地方,到处为了开发旅游而纪念杜甫,宣称这地方杜甫喝过水,那地方杜甫歇过脚,可在当时没有人搭理这个拖家带口的瘦老头,也没有人给他留一块容身之地。当时把老杜饿得两眼发蓝,只好拾橡栗,挖黄独(类似地瓜,但有一定毒性)来充饥。

此处不留诗圣,于是杜甫就辗转到了四川,住在成都的浣花溪畔。高适篇中说过,此时高适恰好在四川当官(彭州刺史),给老杜送去钱物粮食。那后来闻名天下的"杜甫草堂"是谁帮他建的呢?是这样的,当时杜甫有位姓王的表弟任

成都司马,帮他出钱盖了这处房子,此事有诗为证:

王十五司马弟出郭相访兼遗营草堂资

客里何迁次,江边正寂寥。

肯来寻一老,愁破是今朝。

忧我营茅栋,携钱过野桥。

他乡唯表弟,还往莫辞遥。

也许是有高刺史、王表弟这些关系的缘故,当地的地方官们对老杜挺照顾的,说来杜甫在草堂的生活,至少有一段时间是相当不错的。现在一提起杜甫草堂,就想起那首《茅屋为秋风所破歌》,觉得杜甫惨过贫困户,其实就老杜诗中透露的情况看,一开始,成都草堂的生活也很优裕的,虽不能和王维上好的别墅相比,但"小康"水平还是够格的。

老杜曾写诗向县令萧实要桃树,"奉乞桃栽一百根,春前为送浣花村",后来又和一个叫韦续的人要竹子,种了一顷多竹子(我昔游锦城,结庐锦水边。有竹一顷馀,乔木上参天。),还种有十多亩桤木,这些都"有诗为证"。所以老杜在成都时的生活也不是一直都窘迫的,要不他也没心情写《春夜喜雨》。

老杜当时占有一百多亩的土地,如果能传到今天,一定发大财了吧。有了落脚的地方,老杜心情好了不少,什么《江畔独步寻花》《水槛遣心》等意趣幽闲的小诗,都写于此时。

杜甫五十一岁这一年,好运连连,过了段时间,早年的好友严武也来四川当官,时任成都府尹兼剑南节度使,虽然他比杜甫小十四岁,但人家官做得大,所以老杜诗中，像什么《严中丞枉驾见过》《奉酬严公寄题野亭之作》等，都是毕恭毕敬地称其为"严中丞"或"严公"。而严武诗中一般称老杜为"杜二"。

严武对杜甫相当不错，从杜诗中的《谢严中丞送青城山道士乳酒一瓶》《严公仲夏枉驾草堂，兼携酒馔》等篇，可以看出严武经常送酒送菜，对老杜十分亲热。后来他把老杜召至幕下，保举他为节度使署中参谋及检校工部员外郎（从六品），并赐绯鱼袋。我们知道，五品官以上才能着绯，配鱼袋（三品以上为金鱼袋，以下为银鱼袋）。这里老杜只有六品官，也能有鱼袋，看来是破例了。由此也能看出，盛唐之后，官制逐渐没真事了，地方节度使自己就拥有相当的人事权，而且不依法度，胡乱封赏。

当然，老杜这个官，只是"检校工部员外郎"，即相当于此职位的待遇，并不拥有实际的权力，俸禄也是严武自己在地方财政上拨款发的。要不为什么严武死后，杜甫重新陷入贫困呢？

附带说一下，严武此人，可是个狠角色。他是尚书左丞严挺之的儿子，小时候就暴戾过人。父亲严挺之知道后，竟然没有责打处理他，却夸他有种，像自己的儿子。由此可见在唐代时，家中的姬妾是牛马宠物一样的地位。

镇守四川时，梓州刺史章彝因为很小的事惹怒了严武，严武竟然用大棍子将其活活打死。严武是如此暴躁残虐，可知杜甫在他手下讨生活，也过得战战兢兢（杜甫和章彝关系也挺好，集中也有不少写给他的诗）。

在节度使府中做参谋时，老杜的草堂离城很远，也不敢迟到早退，于是只好住在办公场所。老杜独自留在办公机关中，一个人凄凄惶惶，写下了《宿府》这样一首诗："清秋幕府井梧寒，独宿江城蜡炬残。永夜角声悲自语，中天月色好谁看。风尘荏苒音书绝，关塞萧条行路难。已忍伶俜十年事，强移栖息一枝安。"诗中老杜充满了徬徨不安之意。

据说有一次老杜喝醉了酒，惹恼了严武，这事差一点就要了老杜的命。严武八岁就敢杀父亲的姬妾，杀老杜也没有什么不敢的。对于此事有三种说法：一、《旧唐书·杜甫传》："（甫）尝凭醉登武之床，瞪视武曰：'严挺之乃有此儿！'武虽急暴，不以为忤。"二、《唐摭言》卷十二："杜工部在蜀，醉后登严武之床，厉声问武曰：'公是严挺之子否？'武色变。甫复曰：'仆乃杜审言儿。'于是少解。"三、《新唐书·杜甫传》："（甫）尝醉登武床，瞪视曰：'严挺之乃有此儿！'武亦暴猛，外若不为忤，中衔之。一日欲杀甫及梓州刺史章彝，集吏于门，武将出，冠钩于帘三。左右白其母，奔救得止，独杀彝。"

从上述史料看，虽然严武的反应不一样，有的说没有动怒（不以为忤）；有的是说杜甫又给了严武个台阶，（"仆乃杜审言儿"）；还有一种说法是严武的母亲救了老杜一条命。总而言之，老杜在严武手下讨生活的日子，也过得非常不顺当，老杜和严武之间的"友谊"，也复杂得很，并非想象中那样好。

杜甫上了没多久"班"，就觉得很郁闷，于是写了《遣闷呈严公二十韵》这首长达一百字的诗，表达了"胡为来幕下，只合在舟中"的退隐之意。严武也觉得老杜这人，不是搞政治的料，又老又倔，还是回家歇着吧，于是让他"乞假暂归草堂"。不过，杜甫因此落了个虚名，后人每称其为"杜工部"。

在成都过了几年相对安稳的日子，到了老杜五十四岁时，形势又不好了，这一年，友人高适死了（有诗《闻高常侍亡》），更糟糕的是，严武这一年春天也突然死了（有诗《哭严仆射归榇》）。虽然严武这人脾气暴戾，但毕竟月月按时给杜甫发工资啊。厚禄故人都死绝，杜甫这个山寨版的"工部员外郎"，可真成了"园外狼"了，要自己找食吃了。

靠山没有了，老杜于是坐船离开了成都，顺着长江来到夔州。当时的夔州都督柏茂琳，也是老杜的故交，格外照顾他。让他主管公田一百顷，这些公田的收成当然不是全归老杜所有，但老杜这时是绝对饿不着的。俗话说："一天给一两，饿不着司务长；一天给一钱，饿不着炊事员"，老杜守着这一百顷公田，衣食自当无忧。

事实上，老杜经常能将糙米分散给贫苦老农，当然自己也攒了不少钱，用来买下四十亩果园，种满了柑橘。在这里，老杜还有一个叫"阿段"的南方少数民族的奴仆，杜甫把人家称为"獠奴"。活儿是不用老杜亲自干的，他闲下来就晒晒太阳，写写诗。

这日子似乎相当不错，然而，此时老杜五十六岁了，耳聋、眼暗——"眼复几时暗，耳从前月聋"，因为肺喘，酒也不敢喝了——"潦倒新停浊酒杯"。在这段日子里，老杜在诗中不停地在回忆，像《昔游》《壮游》等诗，都是在回忆他一生中的种种经历，包括和李白、高适一起喝酒的旧事，包括早年看到的"越女天下白，鉴湖五月凉"这些情景。人老了，总想叶落归根，所以夔州虽好，老杜却依然不想呆下去了，于三年后泊舟而去，

出了夔州，过江陵、公安县，来到岳州（今湖南岳阳），写下了《登岳阳楼》一诗，其中"亲朋无一字，老病有孤舟"，正是此时老杜真切的情景写照。他的病越来越重，已是"右臂偏枯半耳聋"，"牙齿半落左耳聋"，"我病书不成，成字字亦误"。要说杜甫还不到六十，这表现，和现在九十岁的人差不多。看来杜甫受穷多了，衰得厉害。

然而，来到潭州时，又摊上了事。当时藩镇割据，互相仇杀，湖南兵马使臧玠杀了潭州刺史崔瓘，一时间兵荒马乱，处处腥风血雨。五十九岁的老杜携家带口，逃出城躲避战乱，去投奔他舅父崔伟——这人在郴州做录事参军。但当时人祸未宁，天灾又起，他的船行至耒阳时，又遇上了水灾，给困了半个月，又冻又饿。耒阳的聂县令闻讯后差人给老杜送来白酒牛肉，据说老杜吃得太多，竟然腹

胀而卒，换句话说，就是撑死了。

关于杜甫之死，也有人说并非如此。杜甫吃牛肉是在四月，去世在这年的冬季。如果是撑死或因牛肉质量不好而食物中毒，都不可能半年之后发作吧，这又不是"三尸脑神丹"。而且后人之所以知道杜甫吃牛肉一事，也是从他自己的诗里知道的，这一百五十字的长诗前面还有一篇小序，写道："聂耒阳以仆阻水，书致酒肉，疗饥荒江，诗得代怀，兴尽本韵。至县，呈聂令，陆路去方田驿四十里，舟行一日，时属江涨，泊于方田。"

试想，杜甫如果是被牛肉撑死，哪有余暇从容写诗，从小序中看，杜甫还来到了耒阳，如果是胃胀而死，或食物中毒，都发作得极快，不可能还有这么多的事迹了。所以，牛肉撑死老杜一说，和李白捉月投江溺水而死一样，是属于人们的臆测吧。比较靠谱的说法是，水退之后，老杜又回到潭州，准备回长安时，因病死于岳阳。

"冠盖满京华，斯人独憔悴"，"千秋万岁名，寂寞身后事"，这些句子，本来是杜甫写来形容李白的，但我觉得，这更像是杜甫一生的逼真写照，相比于李白御手调羹、龙巾拭吐的宠幸，杜甫最"光辉"的时刻，就是当左拾遗那段短短的日子，也是他一生中的美好回忆："几回青琐点朝班"。所以，我觉得，如果称杜甫的别号，还是叫他"杜拾遗"，他会更高兴些。

杜甫仕途历程：

——右卫率府胄曹参军（从八品）

——左拾遗（从八品）

——华州司功参军（九品）

——检校工部员外郎（从六品）

——终

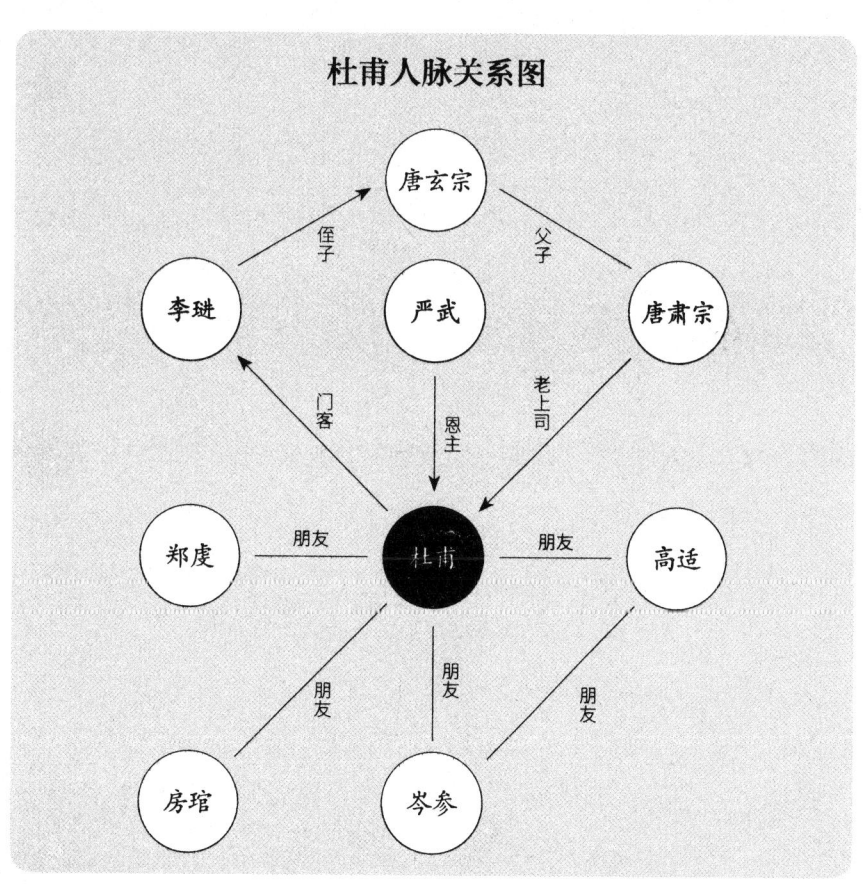

一般来说，唐代宗大历年间到唐文宗大和年间这七十多年的时间，是为中唐时期。杜甫去世时，已是大历五年，小韩愈已经三岁了，再过两年，刘禹锡、白居易、柳宗元、元稹等人也相继降生在世上，中唐诗坛星光璀璨的阵容已经孕育在其中。所以，就让我们走进唐诗的第二春——中唐时代。

中唐

虽然后人常夸赞"文必秦汉，诗必盛唐"，认为唐诗最精华的部分就是盛唐诗篇，然而，正像一年之中，三春时分拥有国色天香的牡丹、灿若云霞的桃花、妩媚可人的海棠、带雨映月的梨花，理所当然地成为花季中最芬芳明媚的片段，但如果少了夏季那沁香送爽的茉莉、映日连天的荷花、墀前漫月的紫薇，是不是也是一种缺憾？

所以，唐诗中如果少了奇崛怪诞的韩愈、浅俗流畅的白居易、豪爽清新的刘禹锡，那也要逊色极多。

限于篇幅，中唐诗人里诸如"大历十才子"就略过不提了，我们先来看被后世尊为韩文公的大儒韩愈。

| 肯将衰朽惜残年 |

韩愈

韩愈出生于768年，年龄上比白居易、刘禹锡们都大。他在诗歌的影响力上，不敢说比白、刘等人高，但在文章上的成就远大于其他人，明人推韩愈为唐宋八大家之首，与柳宗元并称"韩柳"，有"文章巨公"和"百代文宗"之名。以前我们说的什么"燕许大手笔"，他们写的多是制诰、诏书这类公文，并不是流传百代的好文章，而韩愈的文章，却是古人教科书中的范文。

提起韩愈，不少人也经常想到他那句"云横秦岭家何在，雪拥蓝关马不前"，觉得他似乎也是经常受气，沉沦下僚的一个人。其实不然，中唐诗人中，除了"郊寒岛瘦"这对难兄难弟是真苦外，其他人都在仕途上旺着呢，和"初唐四杰"之类的相比，有云泥之别。

韩愈最后当的是正三品官，京兆尹兼御史大夫，通过前文可知，唐代一、二品是很少能当上的，熬到这个位置，能穿紫袍，系金带，已经是相当荣耀了，所以，您就别替韩老师委屈了。

关于韩愈的家世，《旧唐书》中说"父仲卿，无名位"，这一点不是很准确，说得人家韩仲卿似乎是个布衣百姓，其实韩老爹也当过好几个地方的县令，还做过从六品上阶的秘书郎。另外值得一提的是，天宝十四年(755年)，韩仲卿任武昌（今湖北鄂州）县令时，还请李白写过《武昌宰韩君去思颂碑》。

然而，韩愈出世后不久，父母竟然双双离去，他是由堂嫂一手带大的。韩愈自己写的文章中有："呜呼！吾少孤，及长，不省所怙，惟兄嫂是依。中年，兄殁南方，吾与汝俱幼，从嫂归葬河阳。"附带说一下，韩愈这个堂兄叫韩会，官至起居舍人，后来因故被贬到广东韶州，死于此处，留下寡妇孤儿一家子，艰难度日。

"宝剑锋从磨砺出"，韩愈在这样艰苦的生活中，当然更会发愤苦读，小韩愈相当聪明，他曾回忆过："生七岁而读书，十三而能文"，到了十九岁时，满怀理想、充满憧憬的韩愈踏进了京师长安，参加科举。

然而，长安总是给这些追求功名的才子们下马威，考试的结果是：榜上无名！贞元四年，韩愈再次参加进士科考试，又一次碰壁。贞元七年，虽然干谒了不少王公大臣，做了很多工作，却依旧榜上无名！但韩愈不像孟浩然之类，考一次就蔫了，他意志相当顽强，当时他没有钱，京城的食宿费，支付不起，就拦住北平王马燧（中唐时的功臣、名将）的车驾求助，所谓"朝扣富儿门，暮随肥马尘"，韩愈也是饱尝过四处乞食、寄人篱下的滋味的。

正是有过这样的经历，所以他在早年时，和穷鬼孟郊的关系不错，后来也经常照顾提携寒酸的贾岛。郊岛这俩人，因为经常放一块说，不少人误以为他们年岁辈分相若。其实孟郊要比贾岛大二十八岁，明显是两辈人。韩愈当年和孟郊一样是屡试不中的穷书生，孟郊岁数大韩愈十七岁，所以韩愈有诗写"低头拜东野"，"我愿身为云，东野变为龙。四方上下逐东野，虽有离别无由逢"之类的句子，对孟郊相当尊敬。但后来韩愈成了国子监祭酒（最高学府校长），贾岛又是小兄弟，韩愈就居高临下，经常训得他和三孙子似的。

韩愈不屈不挠，继续活动，把文章献给当时的文章大家梁肃看，今天我们看，梁肃算什么，文坛上哪有他的座位？但韩愈当时只能是毕恭毕敬地求人家看一眼他的文章呢。

好在第二年，梁肃的朋友陆贽担任主考官，公正透明地录取了一大批名士，韩愈也终于如愿以偿地得中了。因为这一榜中有欧阳詹、韩愈、李观、李绛、崔群、王涯等人，这些人之后或者以文章名世，或者位至宰相，所以后人称这次科举的榜单为"龙虎榜"。现在搞什么"流行音乐龙虎榜"，其名称就源自这里。

唐代和宋代不一样，考了进士，并不等于有了铁饭碗，进了保险箱。中了进士，还要等着吏部铨选授官。然而，穷书生韩愈没钱送礼，也没有亲朋故旧帮他说情，吏部哪里会安排他？于是韩愈又傻等了三年。这期间，抚养他成人的嫂娘得病死了，虽然她听到了韩愈金榜高中的消息，但却没有看到韩愈后来的发达，更没有因为韩愈享过一天福。

等到最后，泥人也有土性，韩愈坐不住了，于是直接向最高长官上书，贞元十一年正月二十七，他给宰相赵憬、贾耽、卢迈等人写信自荐，并可怜兮兮地说："小子不敢自幸，其尝所著文，辄采其可者若干首，录在异卷，冀辱赐观焉。"把自己所作的诗文献上去。

但那些整天沉溺于声色犬马的老爷们，谁认真读他的诗文啊，估计随手就扔掉了。韩愈不死心，隔了两天，又写了一封书信，这回说得更卑下，说："古之进人者，或取于盗，或举于管库。今布衣虽贱，犹足以方于此。情隘辞蹙，不知所裁，亦惟少垂怜焉。"意思是说古代的贤人像管仲之类，能让出身盗匪的都当官，我起码比这些刑满释放人员强吧？还是用我吧。

这封信交上去后，还是毫无音讯。韩愈急了，于是径直跑到光范门去亲自见宰相讨说法，但他当时无官无职，有什么资格见朱紫大员，看门的把他推了出去。韩愈气愤之余，写了篇文章把宰相们骂了一通。宋人张子韶就笑话过韩愈："退之平生木强人，而为饥寒所迫，累数千言求官于宰相，亦可怪也。至第二书，乃复自比为盗贼管库，且云'大其声而疾呼矣'，略不知耻，何哉？"其实，人在矮檐下，不能不低头。而且，人的性格是变化的，少年韩愈和老年韩愈也是不一样的。

其实韩愈这一番折腾，还是有效果的，当时藩镇割据势力发展迅猛，好多地方不听中央指挥，皇帝有"政令不出昆明池"之势，这一年，河南汴州（今开封）发生动乱，朝廷急派宰相董晋就任宣武军节度使，前往汴州平乱。这等又苦又危险的差事，在朝堂中任清要之职的自然是谁也不愿去。董晋想起有个急红眼想当官的韩愈，而且他也是有进士功名的，吏部有编制的人，所以就顺手把他招进自己的幕下，上报朝廷授他做了秘书省的九品校书郎，实际职务是在汴州幕中做观察推官。干幕府，收入相当不错，据韩愈自己说"比之前时，丰约百倍"，他得意地写诗说："箧中有余衣，盘中有余粮"，堪称丰衣足食了。

董晋是个七十多岁的老头，已经修炼成圆融熟滑的官场老狐狸，到了形势复杂的汴州，对所在的兵将好生安抚，他在任这几年倒是相安无事。但过了五年后，董晋病死，朝廷给他派的副手陆长源、孟叔度二人骄横跋扈，没多久就惹出乱子，这些军将们可不吃这一套，把陆、孟二人杀了，不但杀了，还把这俩人炖了炖，大伙分着吃了。韩愈幸好扶董老头的灵柩回京，逃过这场劫难。后来韩愈写过《汴州乱》二首，叙述这场惊心动魄的变故："汴州城门朝不开，天狗堕地声如雷。健儿争夸杀留后，连屋累栋烧成灰。诸侯咫尺不能救，孤士何者自兴哀……"

韩愈没有了"后台老板"，只好改投在武宁军节度使（在徐州）张建封幕中，这张建封多年镇守徐州一带，是中唐时一个很有政治影响力的人物。但如今不算多知名，提起他儿子的爱妾关盼盼（被白居易以诗"逼"死），倒是名头比较响亮。

来到这里，韩愈感觉明显不如在董晋那里好，他后来写文章时说过，他刚一上班，就来了一名小吏，手拿各种规章制度（"持院中故事节目十余事"）来教训韩愈。其中最难忍受的是，从每年的九月到第二年的二月（这段时间白昼短），都要一早来上班，夜幕降临才能离开，"非有疾病事故，辄不许出"。

韩愈忍了几天，因为"当时以初受命，不敢言"——新来的员工，哪里敢进门就提意见？但过了一段时间，他就给张建封写了书信，说："人各有能有不能。若此者，非愈之所能也。抑而行之，必发狂疾。"这事我韩愈受不了，你如果非拧着我来，我肯定要犯神经病，于公于私，都没好处。由此看来，韩愈也不是个随便捏的软泥巴，唐代人，个个都是很有个性的。

不过，韩愈该表现时也会表现，他也写了不少诗颂扬张建封的神武雄略，如《汴泗交流赠张仆射》之类，像这首名诗《雉带箭》，也是写于此时：

> 原头火烧静兀兀，野雉畏鹰出复没。
> 将军欲以巧伏人，盘马弯弓惜不发。
> 地形渐窄观者多，雉惊弓满劲箭加。
> 冲人决起百余尺，红翎白镞随倾斜。
> 将军仰笑军吏贺，五色离披马前堕。

不过，在张建封这里，韩愈总是觉得不舒服，他看不惯张建封经常狩猎、打马球，还屡屡劝谏说打马球不利于身心健康，韩愈的理由很怪，说人的心肝五脏在体内也未必"装"得结实，整天在马上颠簸，会把五脏晃坏的。但张建封根本不听，韩愈因此也觉得很憋屈。

幸好，现在韩愈也有些人脉可以利用了，他在董晋幕中时，曾经结识了外派出来作监军的大宦官俱文珍，有《送汴州监军俱文珍》一诗为证。韩愈对这个大宦官谀词如潮："故我监军俱公，辍侍从之荣，受腹心之寄，奋其武毅，张我皇威，遇变出奇，先事独运，偃息谈笑，危疑以平。天子无东顾之忧，方伯有同和之美……"

有俱文珍在朝中为他说话，韩愈于是被调回京城，他也真是福大命大造化大，刚一离开，徐州这里张建封死了，也发生了暴乱。

三十来岁的韩愈到了长安，先是当了正八品上阶的太常寺协律郎。这是一个主管礼仪音乐的官，我们看韩愈集中有《听颖师弹琴》之作，大概正是此时的产物。其他像《猗兰操》，也是当时写下供乐师们弹奏吟唱的，曲调如何，今天已不得而知，恐怕和王菲唱的版本不尽相同。

每一处的人生历练，都是阅历和积淀。韩愈在《师说》里特别提到，"巫医乐师百工之人，不耻相师"，大概也是在协律郎这个职位上积累的社会经验。不过韩愈毕竟不是精通音乐的王维，他管音乐，毕竟是"专业不对口"，韩愈还是在文章上更出色。两年后，他改任正七品上阶的四门博士，这个职务属于最高学府国子监，相当于教授，是专门教书育人的。

国子监这个地方，专收"官二代"："国子馆学生三百人，皆取文武三品以上及国公子孙从三品以上曾孙补充；太学馆学生五百人，皆取五品以上及郡县公子孙从三品以上曾孙补充；四门馆学生五百人，皆取七品以上及侯伯子男子补充。"韩愈到任后，不满意原来四门馆只招收七品以上的官二代，他建议四门馆也录取一些虽然不是官家子弟，但有天资的优秀学生就读。这期间，韩愈写下著名的《师说》一文，鼓励人们敢为人师，他自己当然是以身作则，韩老师的形象逐渐确立。

又过了两年多，三十四岁的韩愈当了正八品上阶的监察御史。虽然品级有所降低，但权力比较大，相当于现在的纪检部门，是专门督察大小官员的。当时一同任这个职务的，还有刘禹锡、柳宗元这两个我们的"熟人"。

虽然同为中唐时的知名诗人，但韩愈和刘禹锡、柳宗元，包括白居易，都有隔阂。当时，刘、柳二人，支持王伾和王叔文一派，前面说过，二王本来是翰林待诏的身份，但和太子李诵关系很好，于是在德宗病危难以执掌政事时，二王就权势很盛，提拔了刘禹锡、柳宗元等一大批新秀，打击宦官势力。

而韩愈和大宦官俱文珍走得很近乎，于是柳宗元的老丈人杨凭，当时是湖南观察史，弹劾了老韩一本，让他改任阳山县（今属广东连州市）的县令（正七品），虽然品级上倒是升了一级，但发落到"毒雾恒熏昼，炎风每烧夏"的岭南荒僻之处，形同贬斥。

迁去阳山县时，虽然韩愈并非是流放的罪人，但从他写的诗中看，这外放为官的情景也够凄惨的："中使临门遣，顷刻不得留。病妹卧床褥，分知隔明幽。悲啼乞就别，百请不颔头。弱妻抱稚子，出拜忘惭羞。黾勉不回顾，行行诣连州。朝为青云士，暮作白头囚。"朝廷派宦官下旨，催促南行，不能耽误片刻，生病的妹妹卧床不起，想必一别后要阴阳永隔了，妻子抱着幼小的孩子，也出来恳求宽容一些时间，都忘了内眷轻易见外客是一种羞耻。自己早上还是充满理想，卓立朝堂的青云之士，晚上就似乎成了一夜头白的发配囚犯。这样的经历，在日后韩愈谏佛骨时重演了一遍——"一封朝奏九重天，夕贬潮阳路八千"。

现在阳山这个地方以韩愈为骄傲，大力宣扬韩愈的德政，固然，韩愈在阳山兴办书院，做了不少好事，但他当时对此地的印象是相当不好的："远地触途异，吏民似猿猴。生狞多忿很，辞舌纷嘲啁。白日屋檐下，双鸣斗䴔䴖。有蛇类两首，有蛊群飞游。穷冬或摇扇，盛夏或重裘。飓起最可畏，訇哮簸陵丘。雷霆助光怪，气象难比侔。疠疫忽潜遘，十家无一瘳。猜嫌动置毒，对案辄怀愁。"

韩愈说这里的官员和百姓都长得像猿猴一样丑怪，性格还野蛮难缠，语言乖戾难通。蛇虫泛滥，气候怪异，更有那非常可怕的台风（"飓起"），刮起来几乎能撼动山丘,而且这里瘴气弥漫,人多疾病。所以生怕吃的东西里有毒,每次吃饭都要发愁,不吃罢,要饿肚子,吃了,还真怕吃出病来。

阳山在当时,堪称穷乡僻壤,"县郭无居民,官无丞尉,小吏十余家",好在这时候,有一个同被贬官至此的文人,叫作张署,解了不少韩愈的寂寞。在这样的情况下,两人的交情自然是相当好,韩愈在诗中,每每称其为"张十一"或是"张功曹"。

好在韩愈年轻,身体也能扛,呆了一年多,唐德宗死了,唐顺宗即位,虽然"二王刘柳"的势力更强了,但因为天下大赦、普天同庆,三十七岁的韩愈也沾了点光,被重新调到湖北江陵,担任正七品下阶的法曹参军。

在路上,韩愈路过一个地方,见这里将一个人形的木头疙瘩拜作神明,称之为"木居士",于是写下了著名的《题木居士》一诗:"火透波穿不计春,根如头面干如身。偶然题作木居士,便有无穷求福人。"对于此诗,后人解读时,多夸赞韩愈是反对封建迷信的斗士,其实这还是往"高大全"模式上塑造韩老师。这里其实是讽刺永贞革新的王伾、王叔文等,说他们狐假虎威,竟然也有不少人拥戴。

你说韩愈不"迷信"?其实他一样迷信,他自己曾说:"元和十四年春,余以言事得罪,黜为潮州刺史。其地于汉南海之揭阳,疠毒所聚,惧不得脱死,过庙而祷之。其冬,移袁州刺史,明年九月,拜国子祭酒。使以私钱十万抵岳州,愿易庙之圮桷腐瓦于刺史王堪。"他被贬潮州时,半路上也向庙里的神灵(当然不是这个木居士)祝祷,后来如愿回京复官后,便自己捐出十万钱来,给这个神灵重修庙宇,再塑金身。

来到江陵后,当地的最高长官荆南节度使裴均对他相当不错,他这个法曹参军,并没有被安排过多的职事,韩愈于是有很多闲暇时间游玩。此时正是春季,所谓"青天白日花草丽"的时分，韩愈四处赏花，什么梨花、杏花，都看了个遍，只可惜这时张署病了，没能与他同赏。虽然这期间，韩愈也写下了"五月榴花照眼明，枝间时见子初成。可怜此地无车马，颠倒青苔落绛英"这样的牢骚诗，但心情毕竟比在广东时好多了。

这一年，是韩愈的好运年。却说支持二王革新的后台大老板唐顺宗，虽然只有四十六岁，但身体不争气，只做了不到一年皇帝，就病体难支，宦官俱文珍等趁机扶持皇太子李纯参与政事。王叔文马上感到不妙，然而，更糟糕的是，王叔文自己的母亲偏偏在这时候死了，按规制，他要回乡丁忧，无法在朝中参与大事了，这就更加削弱了革新派的力量。随着唐顺宗的咽气，二王被贬后先后死掉，柳宗元、刘禹锡等都贬为司马，永贞革新彻底宣告失败。

人情反复如波澜，一朝天子一朝臣，"西风压倒了东风"，韩愈这一派重新得势。接下来他的官运当然是芝麻开花节节高了。回到长安后，韩老师又去主持教育事业，不过这次是"国子监太学博士"（正六品上），比原来那个"四门博士"要大五个等次。

但时隔不久，韩愈发现长安城内的政治斗争真是波谲云诡，风险莫测，想起贬斥岭南的痛苦经历，韩老师心中惧怕，伤疤尚在，鲜血未干，韩愈警惕性高了起来。于是他抢先请求到东都洛阳去工作，术语称："分司东都"。在这里，基本上就是闲职了，离朝中那些政治漩涡相对远了，比较安全。韩愈自己有诗云："幸蒙东都官，获离机与阱。"

事实证明，这是一个相当明智正确的选择，他不但避开了政治斗争的风头，还顺带升了官。大约过了两年，四十二岁的韩愈终于官袍由青转红了，升为正五品上阶的河南令，住所还是在洛阳。

就是在这里，韩愈结识了那个写"七碗茶"的卢仝，卢仝这人穷啊，套用现在流行的一段话,那就是"房无一间,地无一垄。长年有病,药不离口。浑身上下,一无所有,除了发疯,就会乱吼"。有韩愈老师的诗为证:"玉川先生洛城里,破屋数间而已矣。一奴长须不裹头,一婢赤脚老无齿。"

当时有一伙流氓经常欺负卢仝,"隔墙恶少恶难似,每骑屋山下窥阚",卢仝求韩愈帮忙后,韩大人自然是二话没说,让"贼曹"、"伍伯"等小吏,把这些小流氓乱棍打死,陈尸于市,结果卢仝叹道:"虽然为我出了气,但是也太狠了!"

此外,韩愈也挺照顾老朋友孟郊的,孟郊这人,四十七岁时好不容易中了一个进士,就欣喜若狂,写下"春风得意马蹄疾,一日看遍长安花"之句。殊不知,中举后,只是"万里长征走完了第一步"。后来仕途漫漫,困难多着呢。他先是当了个溧阳县尉,结果到任后,整天不上班,终日到风景优美的地方一边喝酒,一边寻找写诗的灵感。县令也没有法,只好扣了老孟一半工资,另外雇了一个人替他干活儿。但即便这样,韩愈还把他举荐给当时的高官郑余庆,只可惜孟郊没福寿,早早去世了。

过了三年,华州刺史诬告华阴县令柳涧有罪,韩愈倔脾气又萌发了,于是上疏力辩,结果连带倒霉,被降回正六品的国子监太学博士,主持撰修国史的工作。修完《顺宗实录》,唐宪宗见其中很多敏感事件和顺宗一朝的"若干历史问题"都得到非常合乎心意地描述,于是韩愈又逐步升官,期间当过从五品上阶的比部郎中(这是刑部下属部门,主管财物)、从五品的考功郎中(主持科举)。后来,韩愈终于当上了正五品上阶的中书舍人(皇帝秘书),赐绯鱼袋。时为公元814年,韩愈四十六岁。

到了中书舍人这个清要职位,韩愈还是相当满意的,这首广为人知的写芍药的诗,就出自此时:

芍药

浩态狂香昔未逢，红灯烁烁绿盘笼。

觉来独对情惊恐，身在仙宫第几重。

小时候对此诗不大理解，以为看个芍药花，能激动成这个样子吗？这也太夸张了吧？其实令韩老师激动的不是花，是能在皇家禁苑中值班的荣宠啊！

不过，中书舍人这个职位，也不好当，多少人血红的眼睛盯着呢。再说韩愈这种"木强人"的脾气，当皇帝秘书也不见得合适。于是，仅仅过了一年，韩愈就被改调为正四品下阶的太子右庶子，这个职位虽然品阶高了一点，但属于东宫的系统，掌管掌侍从、献纳、启奏之事。虽然清闲，但陪太子读书这活儿，权力哪有给皇帝当秘书大？

两年后，淮西的藩镇吴元济作乱，唐宪宗派宰相裴度就任淮西节度使，裴度自己上表要求朝廷让韩愈以御史中丞的身份作监军，并兼任彰义军行军司马，去攻打蔡州。其实冲锋在前的，还是名将李愬那些人，这段故事耳熟能详，《李愬雪夜袭蔡州》讲的就是这回事，奇袭蔡州，这也是中国军事史上的一个光辉典范。韩愈随行走了这一趟，虽然没有亲冒矢石，但也是有功之臣。回来后，他以诗代信，写给潼关的官吏："刺史莫嫌迎候远，相公亲破蔡州回。"意思说你们潼关的长官，赶快出来迎接，我们立了大功回来了！牛气哄哄之态，溢于纸外。

但这时候，白居易听了后，心里不免酸溜溜的，他写诗道：

刘十九同宿

红旗破贼非吾事，黄纸除书无我名。

唯共嵩阳刘处士，围棋赌酒到天明。

白居易见韩愈立了大功，自己没份儿，心下好生失落，只好下棋喝酒，以作消遣。功成还朝后，韩愈升为正四品下阶的刑部侍郎，这是个非常有实权的官职，照这样的势头，韩愈以后成为尚书、仆射之类的大官，或者进中书省当宰相，也是近在眼前的事儿。

然而，就在这时，韩愈自恃立了功，"小宇宙"又膨胀起来了，当时唐宪宗见削藩卓有成效，群臣一片颂扬"元和天子神武姿"，也有些飘飘然，于是就要举行三十年一度的迎佛骨盛典。所谓"迎佛骨"，是这样一回事儿，长安附近的法门寺供奉有释迦牟尼佛的一节手指骨舍利，相传"开则岁丰人泰"。

其实这迎佛骨，也并非宪宗异想天开的首创，唐代历史上曾七次迎佛骨，宪宗这是第六次。此前唐太宗、唐高宗、武则天、唐中宗、唐德宗都迎过佛骨。其中唐高宗和武则天时，更是极尽奢华排场，靡费金钱甚多。德宗时，因国家内乱不息，经济不景气，迎佛骨的仪式草草了事。唐宪宗如今立下不少功业，他任用裴度为相、李愬等为将，削除了藩镇吴元济、李锜等朝廷的心腹大患，一时间国家气象一新，大唐颇有中兴重振之势。所以这样的情景下，宪宗决定大摆排场，隆重地弄一个充满祥瑞和谐气氛的迎佛骨仪式。

哪知这时候韩愈老师捧着《论佛骨表》从斜刺杀出，强烈抨击反对，将此事弄得非常扫兴。表中不仅大骂"伏以佛者，夷狄之一法耳"，更为甚者，竟然用乌鸦嘴诅咒皇帝，列举此前帝王谁信佛谁死的事实，"梁武帝……饿死台城，国亦寻灭。事佛求福，乃更得祸"。最后韩愈发狠道："以此骨付之有司，投诸水火，永绝根本，断天下之疑，绝后代之惑。使天下之人，知大圣人之所作为，出于寻常万万也，岂不盛哉！岂不快哉！"意思是说，依韩愈的意思，就是要把这个佛骨扔到水里，丢到火里，彻底销毁这个祸根，让人家都信奉孔圣人的思想，这多痛快，多有意义！

韩愈这个表气得唐宪宗血压骤升，浑身发抖，盛怒之下差点要杀了韩愈。说来韩愈这人，就是迂腐，宪宗举行个迎佛骨仪式，其实也并无大害。至于有不少痴迷的佛教信徒，烧自己的手指，刺血供佛等等，那都是愚人的作为，也不能全算在"佛"和宪宗身上。至于将佛骨扔到水火之中，彻底销毁之类的话，也过于偏激，不像个持重的大臣之语。

最不应该说的，是那些信佛的帝王反而短命那些话，这不明摆着咒宪宗吗？古人对此，避讳极多，古人写给皇上写奏章时，报丧的折子和请安的折子如果写在一起，都认为是大不敬。韩愈这些话，实在让宪宗心里大不痛快。

宪宗要杀韩愈，也只是气头上的事，裴度、崔群等人也苦劝，宪宗说："愈言我奉佛太过，犹可容，至谓东汉奉佛以后，天子感夭促，言何乖剌邪？愈，人臣，狂妄敢尔，固不可赦！"人家宪宗说得也挺中肯的，他说韩愈说我信奉佛事太过，这是正常提意见，也没有什么，但为什么这样尖刻地说天子奉佛必然短命？作为人臣，这样狂妄无礼，这是不可饶恕的。于是韩愈死罪饶过，活罪难免，被贬至潮州作刺史。

去潮州作刺史，虽然也是正四品下的官职，并非是流放发配，但南方是地僻人蛮的烟瘴之地，韩愈也不是没体验过，心中也是失魂落魄，当他的侄孙韩湘（传说此人后来成了仙，为八仙之一的韩湘子）来看他时，韩老师老泪纵横地吟道："一封朝奏九重天，夕贬潮阳路八千。本为圣朝除弊事，岂将衰朽惜残年。云横秦岭家何在,雪拥蓝关马不前。知汝远来必有意,好收我骨瘴江边。"韩愈去了趟潮州,看了回鳄鱼,也没有被鳄鱼吃掉,倒没有什么事。只可惜他十二岁的四女儿却因身体多病,路上辛苦,病死在路上。

韩愈的四女儿名字叫挐,她本有疾病,受了惊吓,又日夜兼程地赶路,"惊恐入心身已病,扶舁沿路众知难",使她的病情更重了,可怜的她终于病死在路上。从韩愈当时写下的诗中看,她死后,也没有条件好好地安葬,只好用几根野藤绑起薄皮木棺,草草地葬于商南县层峰驿的山脚下("数条藤束木皮棺,草殡荒山白骨寒"),韩愈心中的悲痛自不用多说。

到了潮州,韩愈忙不迭地给皇帝写检讨书,即《潮州刺史谢上表》,认罪态度极好:"臣以狂妄戆愚,不识礼度,上表陈佛骨事,言涉不敬,正名定罪,万死犹轻。陛下哀臣愚忠,恕臣狂直,谓臣言虽可罪,心亦无他,特屈刑章,以臣为潮州刺史。既免刑诛,又获禄食,圣恩宏大,天地莫量,破脑刳心,岂足为谢!"

然后话锋一转,韩老师开始诉苦:"飓风鳄鱼,患祸不测。州南近界,涨海连天;毒雾瘴氛,日夕发作。臣少多病,年才五十,发白齿落,理不久长,加以罪犯至重,所处又极远恶,忧惶惭悸,死亡无日。单立一身,朝无亲党,居蛮夷之地,与魑魅为群,苟非陛下哀而念之,谁肯为臣言者?"说潮州的环境太恶劣,自己的身体太衰朽,眼看就要死在蛮荒之域,只有皇帝能可怜自己,只有皇帝能救自己,这句"苟非陛下哀而念之,谁肯为臣言者?"实在是高明之极的恳求,先扎个大轿子让唐宪宗坐上去。

然后,韩老师又是一通猛夸:"陛下即位以来,躬亲听断;旋乾转坤,关机阖开;雷厉风飞,日月所照;天戈所麾,莫不宁顺……"并明确指出,唐宪宗的丰功伟绩,远超过唐高祖、唐太宗,人家韩愈是百代文宗,文字上的功夫,那可是大宗师的等级,卯足劲写封检讨信,自然是声情并茂,感人至深,唐宪宗哪里抵挡得了，马上就被打动了。

他和群臣说："昨得韩愈到潮州表，因思其所谏佛骨事，大是爱我，我岂不知？"皇帝想下诏让韩愈回京。但古时大事也是集体决策制，有个叫皇甫镈的家伙，正当宰相，可能韩愈平日对他多有得罪，就说坏话："愈终太狂疏且可量移一郡"，所谓"量移"，也是古时的官场术语，就是说被贬的官员，调换到一个条件相对好点的地方。

唐宪宗想想也是，于是将韩愈调到袁州（今江西宜春）当刺史。这里比起潮州来，在当时条件要好得多。算起来，韩愈这次贬潮州，其实也就呆了不到一年的时间，就改任到袁州来了。

现在江西宜春建有一座昌黎阁，以纪念韩愈。其实韩愈在宜春任职时间很短，只有九个月的时间，不过他施过一个德政，就是释放这里身为奴隶的人（类似的事柳宗元也做过），此事深受袁州百姓欢喜。却说唐宪宗病故，唐穆宗即位，年号长庆。诸君别忘了，韩愈原来干过太子右庶子这个职务，新皇帝对韩老师挺有感情，于是立马把他召回京师，改任国子祭酒（从三品），这是古代教育系统的最高职位。韩老师原来当过四门博士、太学博士，担任过多年的大教授，现在一跃成为"教育部长"，穿上了紫袍。

然而，这已是韩愈生命中的最后三年了，他已五十三岁。长庆元年，他挂职兵部侍郎（正四品下），长庆二年又转任吏部侍郎（正四品上），长庆三年担任京兆尹兼御史大夫（从三品）的职务。此时，韩愈官高禄厚，在长安置下一处大宅院，并充满自豪地对儿子叙述自己白手起家的辉煌历程："始我来京师，止携一束书。辛勤三十年，以有此屋庐……"说来也是，人家韩愈一个孤儿能在"居大不易"的京师混一处宅子，也不能不说是贫穷学子通过科举改变命运的成功典范。

然而这时候,写"锄禾日当午,汗滴禾下土"的那个李绅,正担任御史中丞,这俩人都是性格倔强的主儿,每有公事,必然你说东,我说西,各执一词,吵得不可开交。有次李绅让人押解一个囚犯给时任京兆尹的韩愈处理,韩愈居然当场解了枷锁给释放了。于是这两人整天在皇帝面前吵,上下级如此不团结,皇帝怒了,结果"两罢之":李绅当了江西观察使(巡察统领地方的官员,类似节度使,但权力不如节度使大),离开京师去了洪州;而韩愈改回原来的职务——兵部侍郎。

过了几天,李绅和韩愈纷纷向皇帝作检讨,穆宗高兴了,才过了一个月,就把两人都"平反"了,李绅被封为户部侍郎,而韩愈给了个吏部侍郎的职务——吏部侍郎比兵部侍郎高一级,权力也大。然而,一年之后,五十七岁的韩愈就因病情过重,无法工作,不得不辞去了吏部侍郎这个好差事,到了长庆四年的八月,一代文宗韩愈便溘然长逝了。

说起韩愈的死因,白居易在《思旧》一诗中曾语带讽刺地说:"退之服硫黄,一病讫不痊。"韩愈为什么要服食硫黄呢?五代陶穀《清异乡录》记载:"昌黎公愈晚年颇亲脂粉。服食用硫黄末搅粥饭啖鸡男,不使交,千日烹庖,名'火灵库'。公间日进一只焉。始亦见功,终致命绝。"

意思是说,韩愈为了壮阳,每天吃硫黄拌饭并一只被关起来长期不见母鸡、"禁欲"达千日的公鸡,刚开始虽然起了点作用,能力大增,但终于由此伤身而死。

《唐语林》中记载说,韩愈最宠爱的两个家妓,一名绛桃,一名柳枝。有次当韩愈出公差时,这个叫柳枝的家妓,趁机逃跑,结果没有成功,被韩府的家人追上捉住,韩愈写诗叹道:"别来杨柳街头树,摆乱春风只欲飞。惟有小桃园里在,留花不发待春归。"从此以后,韩愈专宠绛桃。有人却说:"柳枝逾墙,反是爱公以德。"讲到这里,读者可能纷纷大跌眼镜,大呼真是"毁三观"啊!散发着儒学气息的韩愈，长期工作在教育战线，曾写有《进学解》《原道》《原毁》等，在人们心目中似乎是"学高为师，身正是范"的正人君子，原来居然是这种德性啊！是啊，人总是多层面的，立体的，而且在唐代那种享乐主义泛滥的气氛下，这并不算什么。

附带补叙一下韩愈与活跃在中唐时的知名文人之间关系，因为韩愈脾气有些倔强，所以他也就和孟郊、张籍、贾岛、卢仝、刘叉等人交情多一些，和柳宗元、白居易、刘禹锡、李绅他们关系相当疏远。

柳、刘二人，本来就是"永贞革新"中的骨干力量，和韩愈这一派水火不容，后来韩愈在他自己修的《顺宗实录》中，对二王进行了百般诋毁和丑化，在《永贞行》一诗中，他将王伾、王叔文等比喻成梁朝时的大叛贼侯景，这就相当过分了。二王虽然在打击政敌上不留情面，但却真的没有谋反之心。他们又不是安禄山，比成侯景，实在是扣帽子、打棍子的作风。

虽然韩愈后来给柳宗元写过《柳子厚墓志铭》，但比起刘禹锡和柳宗元那种同患难、共分担的铁哥们儿情谊来，那是远远不及的。刘禹锡和白居易经常饮酒赋诗，每唱必和，而韩愈和白居易之间，明显隔了一层厚厚的冰霜。韩愈和王涯是同榜进士，王涯被贬到袁州（今江西宜春）时，韩愈殷殷相送。而王涯后来当了宰相后，对白居易落井下石，一开始白居易被贬去江州当刺史，王涯一使坏，成了江州司马。所以，王涯后来在"甘露之变"中被杀，白居易那个高兴啊。

韩愈和白居易有一个共同的朋友，那就是张籍，韩愈有一次和张籍在曲江池边游玩，可能是张籍劝他邀白居易一同前来吧，但是住在昭国坊，离曲江非常之近的白居易却推辞不去。所以有了韩愈这首《同水部张员外曲江春游寄白二十二舍人》：

漠漠轻阴晚自开，青天白日映楼台。

曲江水满花千树，有底忙时不肯来。

这句"有底忙时不肯来"，语气就有点不怎么客气了，你白居易有多忙啊，我邀你都不肯来？白居易回给韩愈的诗，也是绵里藏针，一点也不留情：

酬韩侍郎张博士雨后游曲江见寄

小园新种红樱树，闲绕花行便当游。

何必更随鞍马队，冲泥踏雨曲江头。

我自家种着花呢，闲行便能赏玩，何必和你们一起淋着雨踩着泥去曲江趟那片浑水呢？当然，从诗面上看，有人愿意往礼貌和气上解释，也说得过去，但我觉得这里面还是多少有点台上握手、台下踢脚的意味的。

在另一首诗里，白居易明确表示出，韩愈和他不是一路人："近来韩阁老，疏我我心知。户大嫌甜酒，才高笑小诗。"意思说韩愈架子大，瞧不起他，这比起写给元稹、刘禹锡的那些"卿卿我我，甜甜蜜蜜"的诗句，有春温秋肃之别。

韩愈这人，性格倔强，有"木强人"之称，而且也很喜欢抬高自己，打压别人，刻薄无情。《刘宾客嘉话录》中就说"韩愈轻薄多诋"，一次他对朋友李程说："我和宰相崔大群是同年科举出身的，他真是聪明过人啊。"李程就问："怎么个聪明过人法？"韩愈一抒胡子，笑着说："他和老夫交往二十多年，不敢在我面前提写文章的事儿啊，这岂不是他敏慧过人之处吗？"这虽然可能是一句玩笑，但也反映出韩愈的狂妄自大。

而且，如果仅是这样，也就和杜甫的爷爷杜审言一样，无非是有些"自大多一点"的味道罢了，但接下来这件事，就不能不说韩愈很刻薄了。

韩愈贬去阳山县的时候，中书舍人是一个叫席夔的人，撰写的制诰中说韩愈："早登科第，亦有声名。"韩愈对这个"亦有声名"（也有些名气）非常忿恨，后来这个席夔得了阴毒伤寒之病，却不小心于病中吃了不干净的东西，于是很快就呜呼了。朋友们都叹惋道："他儿子真蠢，哪有给病人吃那个的"。韩愈却恶狠狠地说道："席十八（夔）吃不洁太迟！"人们惊问："为什么？"韩愈骂道："这人嘴里早就不干净！"人们回想了半天，心想这席夔也不经常说脏话啊，后来才懂得，韩愈是记着那句"亦有声名"的仇来着。

这件事，不能不说韩愈有些狭隘了，席夔是中书舍人，奉命撰写贬斥他的文书，是工作职责，写时也肯定不能用过于夸奖他的好词，和王涯那种落井下石的性质还是有些不同的，韩愈因一句话就咒骂一个死去的人，未免太不厚道。

当然，这里把韩愈的这些短处都揭出来，并不是想完全否定韩愈的成就。无论在仕途上，还是诗文上，韩愈都算得上一个成功者。当时的诗人王建，写给韩愈的诗句，韩老师完全能当得起：

重登大学领儒流，学浪词锋压九州。

不以雄名疏野贱，唯将直气折王侯。

韩愈仕途历程

——秘书省校书郎（正九品上）兼汴州幕中观察推官
——太常寺协律郎（正八品上）
——四门博士（正七品上）
——监察御史（正八品上）
——阳山县令（从七品上）
——江陵法曹参军（正七品下）
——国子监太学博士（正六品上）
——河南令（正五品上）
——国子监太学博士（正六品上）
——比部郎中（从五品上）、考功郎中（从五品上）
——中书舍人（正五品上）
——太子右庶子（正四品下）
——刑部侍郎（正四品下）
——潮州刺史（正四品下）
——袁州刺史（正四品下）
——国子祭酒（从三品）
——兵部侍郎（正四品下）
——吏部侍郎（正四品上）
——京兆尹兼御史大夫（从三品）
——兵部侍郎（正四品下）
——吏部侍郎（正四品上）
——终

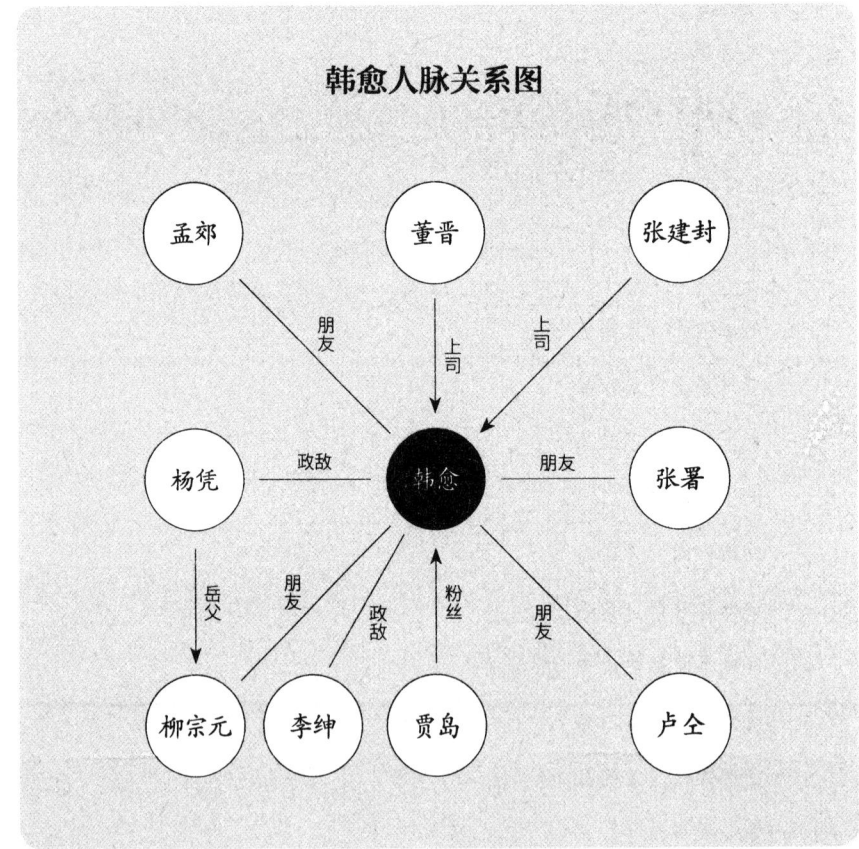

风波一跌逝万里
柳宗元

一提唐宋的文章巨擘,人们往往说的就是"韩柳欧苏",柳宗元的文章,自然也是照耀千古,傲视千秋的。而且,依我的口味和爱好,我喜欢充满灵性和人文精神的柳宗元,而对韩愈那种板着脸,一本正经、道貌岸然地训人的文章敬而远之。

相比韩愈极浓的儒家气息,柳宗元更多一种道家的韵味。像什么《小石潭记》《种树郭橐驼传》《三戒》等都是妙趣横生,寓意深远,颇有几分先秦诸子妙文的风采。而柳宗元的诗也是简淡幽峭,工细深婉,读来令人清气满胸。

有关柳宗元的文章和思想,如今有不少关于他的学会,专门进行探讨和研究,如果扯到这些事,单是一个柳宗元,写一本几十万字的书,也是不够的。所以在这里,我们就不多说他的绝妙诗文了。这也算是苏轼所谓的读书时"八面受敌"之法吧。

柳宗元别号"柳河东",这里所谓的"河东",是黄河以东,也就是山西境内,柳家本是山西河东(今山西永济)的望族,与薛、裴两家被并称为"河东三著姓"。在唐高宗年间,柳家也可以称为"满床笏"的,当年同在尚书省为官的有二十三位姓柳的,柳氏家族的势力可见一斑。

所以，连秦淮八艳之一的柳如是，其实她本来并非姓柳，朋友给她画像时，也恭维她为"河东夫人"，这里不是讽刺她是河东狮（虽然她的脾气也挺大的），而是往柳家的名门高第上靠。

闲话不多说，且说柳宗元的曾祖父柳奭，是唐高宗时的宰相，而且他还是王皇后的舅舅，众所周知，武则天后来上位，杖杀了王皇后和萧淑妃，柳奭自然也没有好下场，被诬谋反后处死。正是因为这一系列打击，柳家到柳宗元的父亲柳镇时，就不怎么风光了，柳镇只是做到侍御史这样的七品小官。

柳宗元小时候就相当聪明，他生于773年，比刘禹锡、白居易小一岁，比卢仝大两岁，比元稹大六岁，正是这群公元8世纪的同龄人，撑起中唐诗歌的繁荣盛景。

柳宗元的母亲姓卢，是卢氏大姓的女子，知书达礼，童年时的柳宗元，因其父经常奔波于宦途，主要就是跟着母亲学习诗书。他的《先太夫人河东县太君归祔志》中写："某始四岁，居京城西田庐中，先君在吴，家无书，太夫人教古赋十四首，皆讽传之"，由此看来，娶个有文化的老婆很重要啊，要想不让你的孩子输在起跑线上，就要从择妻开始。

二十岁那年，柳宗元就和刘禹锡同时高中进士，后来七年后，夸口"慈恩塔下题名处，十七人中最少年"的白居易才中了进士，实在没什么好得瑟的。

不过中了进士后，二月放榜，五月份柳宗元的父亲就病故了，还好能看到自己的儿子金榜题名。柳宗元按当时的习惯在家守制三年，耽误了一些仕途机会。三年过后，柳宗元和时任礼部郎中（从五品上）的杨凭之女成婚。这门亲事，是柳父生前定下的，柳镇和杨凭，原来是老同事，杨凭很喜欢十三岁的柳宗元，于是就想要把九岁的女儿嫁给他，就这样定了"娃娃亲"。不过，从现在的眼光看，这门亲事并不和美，杨家女儿有足疾，走路一瘸一拐的，身体还非常羸弱，成婚后没几年，就因难产而死。

贞元十四年，二十五岁的柳宗元又考取了"博学鸿词科"，有了进士加制举双学历，吏部也没话说，于是没有像韩愈那样费力干谒，就给了个正九品下阶的小官——"集贤殿正字"。读了这么多前面的文人仕途，我们也都知道唐代仕途中"打怪练级"的路数了，柳宗元这个起点，其实不算差。

三年后，柳宗元改任长安附近的蓝田县县尉（从九品上），虽然当时的文人一般不愿意干县尉这个差事，但唐朝政府选官有这样一个原则（据说是开元名相张九龄制定的）："凡官，不历州县，不拟台省"，也就是说没有在地方基层的工作履历，是不可能进中央机构任高官的。所以这段经历，也是很必要的，而且柳宗元去的是蓝田县，离"首都"非常近，条件比江南、岭南那些荒僻的县府要好得多。所以说，这只是柳宗元晋升前的一次"热身运动"罢了。

只过了两年，三十一岁的柳宗元就调回长安，升为正八品上的监察御史，因为是越级升迁，怕有人不服，于是挂了个"监察御史里行"之名，所谓"里行"，就是见习的意思。

前面韩愈篇中说过，此时身为翰林供奉的王伾、王叔文等，执掌了大权，二王非常欣赏当时同为监察御史一职的刘禹锡和柳宗元，于是这俩年轻人，就官运亨通，青云得路。没过一年，柳宗元就升为了礼部员外郎，这是从六品上的官职，比正八品的监察御史又高了四阶，如果从三年前的县尉算起，更称得上是"火箭式"的提拔了。所以当时被排挤在朝堂之外的韩愈，醋意十足地在《永贞行》一诗中写道："夜作诏书朝拜官，超资越序曾无难"，攻击柳、刘等人升官不符合"组织原则"。

"一朝权在手，便把令来行"。刘禹锡和柳宗元开始大刀阔斧地整顿朝廷上那些不支持革新的人，他们贬了御史中丞武元衡，罢了侍御史窦群，驱韩皋为湖南观察史。旧唐书说他们："任喜怒凌人，京师人士不敢指名，道路以目，时号二王、刘、柳"。这段话有诬蔑夸大之嫌，仿佛刘禹锡和柳宗元二人是吃人魔王似的，大搞白色恐怖，但却也反映出当时柳宗元的权势是很大的。

如果唐顺宗身体倍儿棒，吃嘛嘛香，如果王叔文不正好以母丧去位，如果宦官的兵权能提早被削夺，如果整个太平洋的水能倒出来……如果只是如果，冷酷的现实是，经历了一百多天，太子李纯在宦官拥立下提前抢班夺权，即位后称唐宪宗，顺宗不得不退位为太上皇，这次永贞革新宣告失败，成了首次短命的"百日维新"。

永贞元年九月，秋风吹来缕缕寒意，朝廷下旨，将刘禹锡和柳宗元等八人都贬为偏远军州的司马（从六品上），他们都在一片愁容惨色中告别了黄叶纷纷的长安。当时刘禹锡原是屯田员外郎，柳宗元本是礼部员外郎，这都是从六品上的官，从品级上看，其实并没有降。只是在中央政府工作，权力和待遇远远高于在穷乡僻壤的南方州府之中当司马这样一个闲职。不过，我觉得相比武周时代，动不动就全族流放，甚至直接满门抄斩，加以"族诛"来，这一次对永贞革新派的打击报复，还算是比较温和的。

然而，对柳宗元来说，心灵上的阴翳和恐惧却一直伴随着他，柳宗元当时和母亲卢氏一起到了湖南的永州，当地官舍紧缺，于是将他们安排到了龙兴寺中居住。其实住这里也不错，此处"温风不烁，清气自至"，是个依山临水的好地方。卢老夫人一开始心境还相当开朗，不过在听得王叔文被杀的消息后，她不免为儿子担忧起来，旋即忧思成疾，很快就病死在龙兴寺中。

柳宗元后来回想这段日子时，也写下"窜逐宦湘浦，摇心剧悬旌。始惊陷世议，终欲逃天刑"这样的诗句，死亡的阴影始终笼罩着他，不知哪一天，一道圣旨下来，就是催命的符，勾魂的牌。正如他自己所写的："立身一败，万事瓦裂，身残家破，为世大僇……"

忧惧之中，柳宗元的健康受到很大损害，他已是"百病所集，痞结伏积，不食自饱。或时寒热，水火互至"，而且手足麻痹，行动也变得极不方便。对此，柳宗元曾经说过："非独瘴疠为也"，也就是说，并不是当地湿热气候的原因，和心情上的煎熬有很大关系。

这一年秋天发生了一件有趣的事，黄河的河岸坍塌了，露出古钱三千三百枚，据说样子是"其形小，方孔，三足"，大约是春秋战国时的那种布币吧，这事如果搁现在，正儿八经地说，应该算是一次考古大发现，如果往悬疑上靠，就能扯到"黄河鬼棺"之类的事了，但唐朝人挺有创意的，居然将这事当成是国之"祥瑞"。

一有祥瑞，就要大赦天下，李白不就因为大赦天下，立马无罪释放，"轻舟已过万重山"，撒欢回家了吗？但这次大赦，朝廷却特地注明："左降官韦执谊、韩泰、陈谏、柳宗元、刘禹锡、韩晔、凌准、程异等八人，纵逢恩赦，不在量移之限"，也就是说原来永贞革新中的那一派，是不能享受大赦待遇的，相当于"永远开除出……"

听到这样的消息，柳宗元的心情越发沉重。这说明唐宪宗心中还是深深地忌恨这一派的人物，以后恐怕是永世不得翻身了。初来永州这几年，柳宗元战战兢兢，如履薄冰，不敢多说一句话，多走一步路，自己画地为牢，视同罪囚，他曾在《答周君巢饵药久寿书》中写道："宗元以罪大摈废，居小州。与囚徒为朋，行则若带缧索，处则若关桎梏。"

然后，就在这样近乎绝望的困境中，柳宗元的精神却得到了超脱和升华，他写出这样一首震烁千古的好诗：

江雪

千山鸟飞绝,万径人踪灭。

孤舟蓑笠翁,独钓寒江雪。

窃以为,这诗也有一流和超一流之分,像这首《江雪》,堪称千古来不可多得的佳作,和孟浩然的《春晓》、李白的《静夜思》都可以称为是五绝中的超一流之作,相形之下,贾岛什么"松下问童子"那种,就只能算一般的好诗,并非超一流的神品。

好了,柳宗元在这里的文学成就,因和本书主旨不相关,就不多提了。且说柳宗元在恐惧中过了一段日子,朝廷似乎忘却了这回事,始终没有再"扔下那另一只靴子"。柳宗元的心情于是也渐渐平和开朗起来,他结交了当地的一些朋友,诸如龙兴寺的和尚重巽,白衣秀才娄图南,同样遭贬来永州的谪吏吴武陵(这人后来推荐过杜牧)、李幼清、南承嗣等,大伙儿一起游山玩水,饱览永州的名山幽谷。

在游玩中,柳宗元发现一条名叫冉溪的小河,其东南处,依山傍水,竹木清幽,环境极佳。柳宗元越看越爱,就把这里改名为"愚溪",这个愚字,恐怕就是藏愚守拙的意思,《红楼梦》中点评薛宝钗:"罕言寡语,人谓装愚。安分随时,自云守拙。"老杜在成都盖草堂,四处求爷爷告奶奶,请朋友资助,但柳司马自己有俸禄,不用求人,自掏腰包在这里盖了一处房子,闲来就居住赏玩。

其实柳宗元来到这里,主要是心情不好,从实际待遇上,并不是太差。他当着从六品的永州司马,这是"初唐四杰"们一辈子都摸不到边的官职,相比于后来苏轼贬到黄州时,当个不发工资的团练副使,穷得花钱要数着铜子算,也要幸福得多。

柳宗元在永州一待就是十多年，他二十六岁步入仕途，到四十七岁去世，永州的经历在他的生命中占有非常大的比重。渐渐地，柳宗元不像最初那样沮丧悲伤了，有时候，还表现出一种比较惬意的情感，比如："南州溽暑醉如酒，隐几熟眠开北牖。日午独觉无馀声，山童隔竹敲茶臼。"

唐代为官，任期一般为四年，柳宗元应该是连任了两届永州司马（中间估计有等候吏部铨选的所谓守选时间），当然，这期间他也向身在朝中的官员，如京兆尹许孟容（有《寄许京兆孟容书》），谏官补阙萧俛（有《与萧翰林俛书》），以及李建（有《与李翰林建书》）、裴垍、顾十郎等人写信诉苦，请求他们在朝堂上为自己说点好话。

到了元和十年，这群因"王叔文案"贬官的人，都已经十年没有提拔了，朝中如御史中丞裴度等多位大臣，觉得对这些人的惩罚也够可以的了，这些人都是相当优秀的，"人才难得"啊。于是就将他们调回京城，重新铨选，分配工作。诏书下达时，正值阳春二月，风暖冰消，柳宗元的心中压抑不住的喜悦，北归的路上，他兴奋地写下："十一年前南渡客，四千里外北归人。诏书许逐阳和至，驿路开花处处新。"

然而，回到了京师，朝中以宰相武元衡为代表的反对派，恶毒攻击刘柳等人，唐宪宗本身对他们也没好印象，于是一番商讨下来，刘柳二人都被派遣到"远恶军州"当刺史。刘禹锡被派往播州（贵州遵义），柳宗元派到柳州。从品级上看，由从六品上的州司马一职，升为正四品下的州刺史，官袍由青转红，一下子提了五个官阶，"看上去很美"。但唐代官职不能完全看品级，派到偏远的地方，远离中央政治中心，且当时偏远地区生活条件很差，和在长安大都市里的生活质量相比，那是天差地别，当这种官，形同贬谪。这就是"地段"价值的体现，你以为只有买房要看地段啊，做官也要看"地段"的。

这时候，讲义气的柳宗元挺身而出，想起刘禹锡还有老母在堂，又想到自己的母亲，就是因随同被贬谪的自己到南方湿恶之地，早早去世，于是他主动要求和刘禹锡对换，自己去"天无三日晴，地无三里平，人无三分银"的播州赴任，而让刘禹锡去条件相对好点的柳州。此举于孝于义都说得通，所以宪宗皇帝虽然最恨刘禹锡，但也不得不给刘禹锡改迁了个地方，让他去了广东连州。

由此也可以看出，刘、柳二人是真交情，好兄弟。没办法，俩人只好结伴南下，走到湖南衡阳时，到了临岐路而沾巾的时候了，去连州基本上是往正南方，而柳州要去西南方，柳宗元痛苦地写下《衡阳与梦得分路赠别》一诗：

十年憔悴到秦京，谁料翻为岭外行。

伏波故道风烟在，翁仲遗墟草树平。

直以慵疏招物议，休将文字占时名。

今朝不用临河别，垂泪千行便濯缨。

两人依依惜别，心中总有说不完的话，一首诗哪里够，柳宗元又恋恋不舍地写下另一首《重别梦得》：

二十年来万事同，今朝岐路忽西东。

皇恩若许归田去，晚岁当为邻舍翁。

由诗中看，柳宗元已是心灰意冷，心情差到了极点，恨不得和刘禹锡一起辞官归田，两人住在一块，同病相怜，相依相惜，当一对隐名于乡间的田舍村翁罢了。

然而，正如我们前面说过的，这人啊，气头上总想一走了之，抛下一切去放飞自由，但无数条看不见的线系着你呢。在夜风中徘徊一晚，明天该上班上班，又无奈地面对那令人烦恼的一切。

到了柳州，柳宗元心情非常差。他写下很多凄凉深婉、低回郁结的诗句，到如今都是我们耳熟能详的名句："惊风乱飐芙蓉水，密雨斜侵薜荔墙"，"海畔尖山似剑铓，秋来处处割愁肠"，"山城过雨百花尽，榕叶满庭莺乱啼"等等。当然，最能代表他此时心情的还是这一首：

别舍弟宗一

零落残红倍黯然，双垂别泪越江边。

一身去国六千里，万死投荒十二年。

桂岭瘴来云似墨，洞庭春尽水如天。

欲知此后相思梦，长在荆门郢树烟。

这"一身去国六千里，万死投荒十二年"，几乎就是柳宗元一生命运的写照，写下这首诗时，柳宗元已是四十三岁，他的生命还剩下三个年头。

上一篇说韩愈时，我"揭发"了不少韩老师时而倨傲凌人，时而不惜抹杀自尊来求乞，攻讦政敌毫不留情，蓄妓纵欲等毛病。但对于柳宗元，我却是打心眼里佩服，总觉得柳公做朋友是肝胆相照的好朋友，做官是明镜高悬的清官，他曾经说过一段这样的道理：

凡吏于土者，若知其职乎？盖民之役，非以役民而已也。凡民之食于土者，出其什一佣乎吏，使司平于我也。今我受其值，怠其事者，天下皆然。岂惟怠之，又从而盗之。向使佣一夫于家，受若值、怠若事，又盗若货器，则必甚怒而黜罚之矣。以今天下多类此，而民莫敢肆其怒与黜罚者，何哉？势不同也。势不同而理同，如吾民何？有达于理者，得不恐而畏乎？！

柳宗元这段话中就写明了这样的道理：官员们是百姓的血汗养活的，理应是人民公仆，为人民办事，如果你雇一个人干活，他只领钱，不办事，还偷你的东西（"受若值、怠若事，又盗若货器"），你会怎么样？这种当官是为人民服务的思想，在封建社会，在官员堂而皇之自命为"民之父母"的时代，是很进步的，就算是今天，贪污腐败，饱吸民脂民膏的大蛀虫，还是大有人在。这些人的思想境界，远不如一千多年前的封建官吏柳宗元！

所以，柳州人民有福了，来了这样一位好刺史。在这里，柳宗元是行政一把手，凡事他说了算，比在永州当司马时又有所不同。于是他实行了一系列德政：一、废除这里用人作抵押借钱，过时不赎，就没为奴婢的恶习，一时间很多卖身为奴者得到释放，回到家中，骨肉团聚。二、严令禁止江湖巫医骗钱害人，举办和发展文化教育事业，兴办学堂，并打破这里不敢动土打井的禁忌，教当地人打井，解决了饮水问题。三、大力发展植树造林运动。柳州荒地很多，柳宗元组织闲散劳力去开垦，仅大云寺一处开垦的荒地就种竹三万竿，种菜百畦。"柳市长"对此非常重视，并多次亲自参加了植树活动。看，这写着写着成新闻联播的腔调了。不过，种树的事确实有诗为证："柳州柳刺史，种柳柳江边"，"手种黄柑二百株，春来新叶遍城隅"。

然而，柳宗元自己手植的柑橘的滋味还没有饱尝，他就因为过于忧闷而郁结成疾，于元和十四年（819年）的初冬，病死在了柳州，享年只有四十七岁。

其实，柳宗元还是要学一下刘禹锡那种乐观开朗的豪迈精神，凡事不怕不愁，活着一切皆有可能，死了才是真正的失败。唐宪宗不是最不喜欢咱们吗？再多活两个月，他就要挂啦——唐宪宗死于元和十四年正月二十七日，柳宗元死于前一年的十一月初八。你说多可惜，对于柳宗元来说，真可谓死在了黎明前的黑暗中。

看人家刘禹锡，身板越老越硬朗，越活越精神，熬死他们！剩者为王！唐宪宗死了，穆宗死了，文宗死了，人家依然活着，论资排辈混资历，最后也弄个正三品的太子宾客、检校礼部尚书干干。所以，诸位读者，凡事往敞开处想，希望就在前方……

柳宗元仕途历程：

——集贤殿正字（正九品下）
——蓝田县县尉（从九品上）
——监察御史里行（正八品上）
——礼部员外郎（从六品上）
——永州司马（从六品上）
——柳州刺史（正四品下）
——终

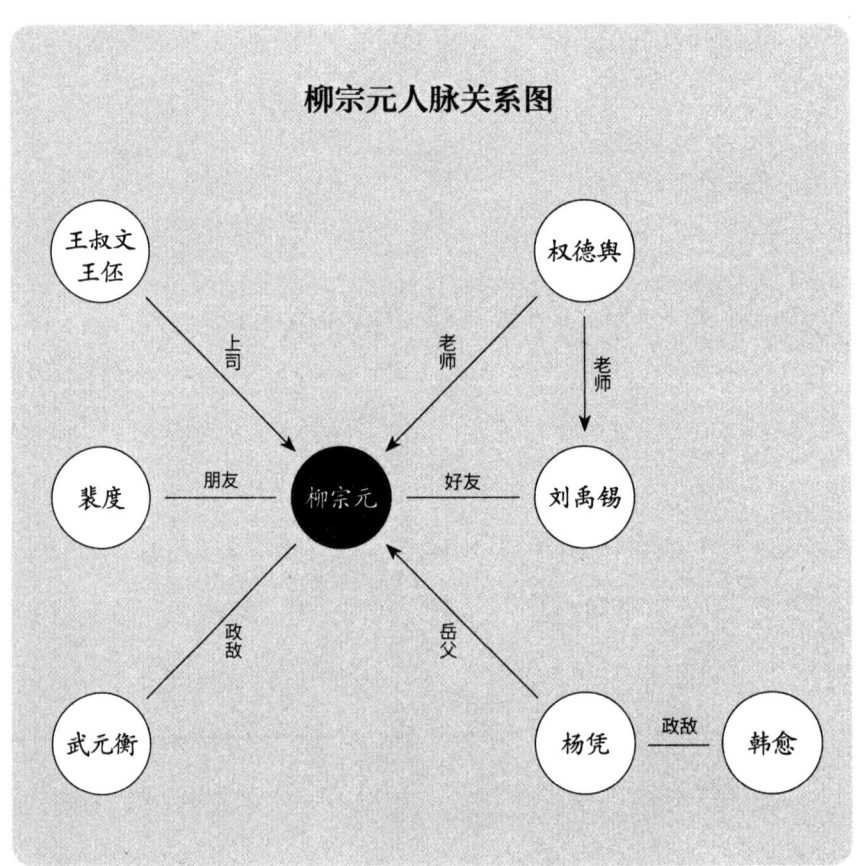

前度刘郎今又来

刘禹锡

正如前面所说,刘禹锡的前半生,和柳宗元是一对同呼吸、共命运的难兄难弟。但后半生,他却走出一条螺旋式上升的辉煌仕途。

刘禹锡比柳宗元大一岁,生于772年,和白居易同岁。刘禹锡临终前,写过一个自传体的文章《子刘子自传》,对自己一生经历的大事作了次全面总结。我觉得这做法挺好的,自己又不是不会写,何必让别人说三道四,胡说八道呢。

不过,虽然是自己写自己,里面的信息也有不真实的地方,文章中,刘禹锡和刘备一样自称是"汉中山靖王"之后,这就不大靠谱。虽然那位穿金缕玉衣的刘胜,确实是超级"种马"——"胜为人乐酒好内,有子百二十余人",一百二十多个儿子,足有一个连队的规模,这些儿子再四处开枝散叶,数目更是惊人。姓刘的认刘胜当祖宗,谁都难断然否认。

但是,接下来刘禹锡说自己的七代祖是刘亮,这事就"露馅"了。经过现代学者考证,多数认为这刘亮就是匈奴族后裔,所谓"河南刘氏本出匈奴之族。汉高祖以宗女妻冒顿,其俗贵者皆从母姓,因改为刘氏",我觉得刘禹锡也像是匈奴的后代,你看他一看"天苍茫,秋草黄"的景色就来精神:"自古逢秋悲寂寥,我言秋日胜春朝","马思边草拳毛动,雕眄青云睡眼开",这都是体内"狼图腾"

的基因在起作用吧。

刘禹锡的父亲刘绪，虽然也是进士出身，但没有做过太大的官，在浙西观察使帐下当幕僚，主管盐铁事务（这倒是个肥缺）。所以刘禹锡的少年时代，基本上是在江南长大的。他晚年写有一首诗，回忆童年时的生活片断："忆得童年识君处，嘉禾驿后联墙住。垂钓斗得王余鱼，踏芳共登苏小墓。"由此可以证明，刘禹锡的幼年时代，是在嘉兴渡过的。

生长在江南，倒也有好处，因为日后刘禹锡长期被贬谪于南方湿热之地，从小习惯了这种气候，倒是打下了"基础"，不至于一下子就觉得难以忍受，有水土不服之虞。

刘父对刘禹锡的督训相当严格，刘禹锡每日苦学不辍。当时一个叫权德舆的人，是刘父的朋友，虽然这人在今天知名度极低，但是在贞元、元和年间时却执掌文柄，名重一时。柳宗元、刘禹锡都曾投在他门下。此人和卢氏有姻亲，因为刘禹锡的姥爷也姓卢，于是两家关系比较近。权德舆曾经回忆过刘禹锡幼小时的形象："始予见其丱，已习《诗》《书》，佩觽，恭敬详雅，异乎其伦。"所谓"丱"，是指童子头上梳的那两个丫角，看过电视剧《西游记》上看守人参果的清风、明月那俩仙童的发式吧？古代小孩，无论男女，都那样子。

当时刘禹锡这样小，就已经读《诗经》和《尚书》这样艰涩的东西了，他身上像大人一样有佩饰，态度也恭谦、闲雅，其成熟稳重之态，根本就不像个孩童。所以，虽然刘禹锡没有神童之名，但其实也算得上是神童级的人物，所以贞元九年（793年），二十二岁的刘禹锡第一次赴试，就荣登金榜。这在众多才如江海的唐才子中，也算是相当了不起的。老杜那样始终考不上的就不提了，哪怕是王维之类状元，也并非一举登科，也是经历了坎坷和挫折的。

紧接着，刘禹锡又考了博学宏词科，前面说过，考中进士不见得能立即授官,而制举登科后,则马上就能当官了。刘禹锡气势锋锐,考试是挡不住他的,所以这次过关后,被授予了太子东宫的校书郎(正九品)职务。此时的刘禹锡才二十四岁,前程一片光明。

隔了一年,刘禹锡的父亲刘绪就病死了,于是按规制回家丁忧。这丁忧一去就是三年,服满之后,徐、泗、濠节度使杜佑(杜牧的爷爷),对刘禹锡十分器重,聘他为幕中的掌书记。待了两年,刘禹锡又改任京兆府渭南县(今陕西省渭南县)的主簿。渭南县邻近长安,条件比一般的州县好,主簿的品级也要比普通州县略高,为正九品。

当时刘禹锡的顶头上司是韦夏卿,也就是这一年,韦夏卿把自己的小女儿韦丛嫁给了那个《莺莺传》中张生的原型——元稹。虽然没有把刘禹锡选为爱婿,但是韦夏卿对这些青年才俊都是非常看重的,于是刘禹锡也很受器重。

第二年,在外当节度使的老上司杜佑又回到朝廷,当了"检校司空,同平章事",就是相当于正一品的司空待遇,挂宰相职务,权力极大。杜老板对老部下刘禹锡十分喜欢,这种情况下,刘禹锡自然是想不升官都难。

于是刘禹锡立马升为了正八品的监察御史。我们屡次说过,监察御史这个官儿,品级不是很高,但有弹劾百官的权力,当时有人称之为"八品宰相"。京兆水运使薛謇慌忙把刘禹锡抢到手——把他招为女婿。

接下来,就是"二王刘柳"着手进行的"永贞革新"了。因为刘禹锡早年也当过太子府上的校书,所以太子党这一批人,像王伾、王叔文和他都比较熟,唐顺宗即位后,刘禹锡毫无悬念地升为屯田员外郎(从六品上),主管盐铁等财政大权。

当时刘禹锡年富力强,精力一级棒,每天处理堆积如山的公文信件时效率极高,史载,"日用面一斗为糊,以供缄封",光是糊信函的封口,都要每天用一斗面作浆糊，工作量可想而知。

然而，随着唐顺宗的病笃，"永贞革新"成了短短的"百日维新"。永贞革新失败后，刘禹锡由屯田员外郎贬为朗州（今湖南常德）司马（从六品上）。

正所谓，"勿谓行大道，斯须成太行"，刘禹锡的仕途一下子从大道坦途，跌进了崎岖深谷。好在，刘禹锡拥有豪爽开朗的性格，这一点他和柳宗元大不一样，他气愤了就写《聚蚊谣》骂一番当政者，烦闷了就到武陵的桃花源去游山玩水，高兴了就和当地的少数民族男女们一起唱曲踏歌。

在这里，他学习了当地民歌风格创作了《竹枝词》等别具风格的好诗，像什么"东边日出西边雨，道是无晴却有晴"，"花红易衰似郎意，水流无限似侬愁"之类，就是他汲取了民歌的营养后写就的，这些诗歌在唐诗中别具一格，是他人所道不出的。

在这里，因为天气湿热，刘禹锡随身带的一口宝刀生了锈，拔都拔不出来了，但是砸开刀鞘后磨了磨，那锋锐之气又凛然生威了。于是刘禹锡颇有感触地写了篇《砥石赋》，其中这些辞句，不难看出是借题发挥："雾尽披天，萍开见水。拭寒焰以破眦，击清音而振耳。故态复还，宝心再起。既赋形而终用，一蒙垢焉何耻？……"由此可以看出，老刘到底是"最后一个匈奴"，刘郎气锐，和柳宗元那种沮丧的心境大不相同。

在朗州十年间，刘禹锡也曾写信给杜佑等人，想请他们帮忙，疏通疏通。但唐宪宗对他深为忌恨，终无结果。一晃十年过去了，朝中的政治格局又有了些变化，当时的权臣集团主要是这些人：武元衡为门下侍郎，韦贯之为尚书左丞、同中书门下平章事，裴度为御史中丞，李绛为礼部尚书，权德舆为刑部尚书，崔群为户部侍郎。

这其中，老权的关系不用说，是刘禹锡的父执（父亲的朋友），而崔群、李绛也和他颇有交情。李绛这个人，是刘禹锡的老同事，他们同时考取了博学宏词科，李授秘书省校书郎，刘禹锡为太子校书。然后，当李绛做渭南县尉时，刘禹锡又正好当渭南县主簿；后来二人又先后担任监察御史。所以，这两人的交情是比较深的。裴度呢，裴家和刘禹锡的母亲卢氏这一族世系联姻，也有千丝万缕的关系，对刘禹锡自然也有好感，于是在这样的情况下，刘禹锡被召回京城了。

然而，这其中也有作梗的仇人，前面说过，武元衡当年任御史中丞时，反对"永贞革新"，被刘禹锡等罢了职，他自然是对这些人恨之入骨。然而，最关键的是，唐宪宗依然对这些人心有余恨，从裴度为刘禹锡求情时说，刘有老母在堂，贬到太远恶的地方，等于让他们母子就此死别。唐宪宗却恶狠狠地说道："知道有老母亲要孝顺，刘禹锡还犯下这样的事？"

所以，有人把刘禹锡再度远贬南方，归结为写下《元和十年，自朗州承召至京，戏赠看花诸君子》一诗的缘故，说是其中的"玄都观里桃千树，尽是刘郎去后栽"，惹怒了朝中权贵，才有这样的祸事。其实不然，如果是这样，柳宗元也没有写诗，为什么同样要发落到柳州这样的地方呢？一首诗决定命运或改变命运，这样的故事，多是民间传闻，并非真实历史。

于是，四十二岁的刘禹锡又远赴连州，他和柳宗元结伴南行，到衡阳分手。这一次就是永诀，再没能见面。到了连州后，虽然是"共来百越文身地，犹自音书滞一乡"，但借助驿路等官方交通设施，他们还是能通信寄物的，柳宗元曾经送给刘禹锡砚台、山鸡等东西。

刘禹锡在这里当了一把手后，为连州做了不少好事，最值得一提的是，当时的广东连州，是文化落后的蛮荒之地，认字的可能都没有几个。刘禹锡决定治贫先治愚，于是亲自登台讲学，教化当地的人们。在刘禹锡这样的名师指导下，元和十二年间，连州就出了第一个进士刘景。之后，刘景之子刘瞻又高中进士，后官至唐朝宰相。

此后数百年，连州名人辈出，相继有陈拙、张鸿、黄损、邓洵美、孟宾于等十数位诗人闻名于世。

在刘禹锡赴连州的这一年，六月盛夏中的长安发生了一件惊动世人的大事，时任宰相的武元衡被藩镇势力派杀手刺死。消息传到连州，刘禹锡颇有几分幸灾乐祸，他不写哀诔之文也算罢了，还特地"别有用心"地写了两首《代靖安佳人怨》：

> 宝马鸣珂蹋晓尘，鱼文匕首犯车茵。
> 适来行哭里门外，昨夜华堂歌舞人。
> 秉烛朝天遂不回，路人弹指望高台。
> 墙东便是伤心地，夜夜秋萤飞去来。

这两首和他后来写的《有感》诗中的这几句意思相同："死且不自觉，其余安可论？昨宵凤池客，今日雀罗门。骑吏尘未息，铭旌风已翻。平生红粉爱，惟解哭黄昏。"言下之意，无非是你武元衡当时气焰再牛，现在一死万事休，门前宾客尽散，你蓄养的这些美人歌姬，也无依无靠，早晚也得给别人收去吧。老刘不厚道啊，这些诗都是"高级黑"。

两年后，也就是元和十二年，裴度去淮西督战，上演了李愬雪夜袭蔡州的好戏，前面说过，白居易听了这事，一点也不高兴，说什么"红旗破贼非吾事"，自己喝闷酒、下闷棋去了。但刘禹锡却十分欢喜，因为虽然没他的事，但自己关系极好的裴度建了功业，自然也是"利好"消息，于是他写了《平蔡州三首》，寄给裴度庆贺，借当地老人之口夸奖道："老人收泪前致辞：官军入城人不知。

忽惊元和十二载，重见天宝承平时。"

在连州待了四年，眼看任期将满，刘禹锡的母亲病死了。刘母很高寿，大约活了九十多岁，刘禹锡后来能活那么大岁数，恐怕也有遗传基因的作用吧。按礼制，刘禹锡卸任回家，回洛阳丁忧。途经衡阳时，又听到了柳宗元病卒的消息，他大为悲痛——"惊号大叫，如得狂病"，痛定之后，他替柳宗元整理遗稿，两次写下祭文和众多诗篇。在《重至衡阳伤柳仪曹并引》等诗中，刘禹锡还是称柳宗元为"仪曹"，用的是当年柳宗元任礼部员外郎时的旧称，也是大有用意的，大概意思是依然不接受不承认他们被贬斥时朝廷加在他们身上的罪名吧。

好在前面说过，最恨刘禹锡的唐宪宗随即也死了，刘禹锡丁忧三年，期满之后，给派了个夔州刺史（正四品下）。这时刘禹锡已是年近半百，都四十九岁了。夔州就是现在的重庆市奉节县。刘禹锡到了此地后，经过认真考察，给当时的皇帝唐顺宗上了《夔州论利害表》等奏章，提了不少治国的意见，但年轻小伙唐穆宗当了皇帝后，一门心思只顾声色犬马地享受，刘禹锡这些文绉绉的治国策略，估计这家伙根本没怎么看，就扔到一边，转眼看美女去了。

感慨之余，刘禹锡逛了一回修建于此地的刘备庙，饶有深意地写道：

天下英雄气，千秋尚凛然。

势分三足鼎，业复五铢钱。

得相能开国，生儿不象贤。

凄凉蜀故妓，来舞魏宫前。

这句"得相能开国，生儿不象贤"，既是对那位扶不起来的阿斗的感叹，同时也隐隐指向当时的那位荒唐天子——唐穆宗吧。

在夔州四年任满后，刘禹锡又改任和州（今安徽省和县）刺史。虽然品级没有变，都是南方州府的刺史，但毕竟条件是越来越好。在和州任上，刘禹锡写下了著名的《陋室铭》。现在介绍这篇文章时，都采用传说中的说法，说是刘禹锡当时被贬为通判，倍受歧视，给他安排了一个很狭小的住所，才有了这篇文章。其实刘禹锡做的是和州刺史，行政一把手，并非通判，想来不敢有人给他气受。

现存的刘禹锡的"陋室"坐落在和县城中，三幢九间呈品状，依山傍水，风光秀丽，主室斗拱飞檐，古雅别致，偏屋白墙黑瓦，简朴小巧。他有啥好同情的？

刘禹锡在和州待到宝历二年，当时朝廷又出了大事。继承穆宗皇位的年轻皇帝唐敬宗，吃喝玩乐不说，还经常痛殴贴身的侍从和宦官。结果宦官等合谋暗害了敬宗，其弟被拥立即位，是为唐文宗。这是一个喜欢诗文的皇帝，于是他下诏让刘禹锡回京。

喜事连连，在归来的途中，船行扬州时，刘禹锡和白居易相会。当时白居易因病辞去苏州刺史，赶回洛阳，于是俩人在大运河上喜相逢了。白、刘两人意气相投，十分欢洽。酒宴中，白居易赋诗感叹，"为我引杯添酒饮，与君把箸击盘歌。诗称国手徒为尔，命压人头不奈何。举眼风光长寂寞，满朝官职独蹉跎。亦知合被才名折，二十三年折太多"，一副垂头丧气的心怀。

而刘禹锡即席答了一首《酬乐天扬州初逢席上见赠》，却写得神采飞扬，意气高昂："巴山楚水凄凉地，二十三年弃置身。怀旧空吟闻笛赋，到乡翻似烂柯人。沉舟侧畔千帆过，病树前头万木春。今日听君歌一曲，暂凭杯酒长精神。"

白居易听了，精神也为之一振，从此，白居易一有烦心事，就写诗给刘禹锡，每次刘禹锡都回诗给白居易解劝宽慰，他简直就成了白居易的心理医生了。比如，白居易感叹自己的头发早早就白了，还没有生出儿子，刘禹锡就写诗宽慰他："雪里高山头白早，海中仙果子生迟。"好饭不怕晚，并鼓励他说："于公必有高门庆。"你努努力，还是有希望老来得子的。

后来五十多岁的白居易真生了个儿子，起名叫崔儿，可惜的是，没到两三岁，就因病夭折了。白居易又写诗向刘禹锡哭诉，老刘又安慰道："从此期君比琼树，一枝吹折一枝生。"就像树一样，吹折了一枝，还会再生出来的，又说："骊龙颔被探珠去，老蚌胎还应月生。"掌珠虽然没了，马上会再怀上一个的。然而，这只是对白居易的宽慰罢了，老白再也没生出孩子来。

刘禹锡和白居易的交情，实在不亚于元稹和白居易。这里八卦一下，刘禹锡可能也是见过白居易的家姬樊素的，曾有诗名为《寄赠小樊》，其中写道："花面丫头十三四，春来绰约向人时。"这里的小樊，指的就是樊素。

自南方回来后，已是唐文宗大和元年（815年），刘禹锡已是五十三岁。朝廷给了他一个主客郎中（从五品上）的闲职。从品级上看，有所下降，但这毕竟是从地方调入了朝廷中央机构。其实这主客郎中，前面说过，相当于现在外交部的活儿，也是有具体职事的，但刘禹锡这个主客郎中是分司东都的。所谓分司东都，是个由来已久的现象，因为武则天原来经常在洛阳办公，这里成立了一套完整的机构，虽然此后武周不复存在，但这套机构依旧保留。但这里的官，基本上没有啥事儿，只是不时过来烧烧香，做做样子就算"上朝"了。

隔了一年，刘禹锡这只"备胎"被用上了，他被调回长安当真正管事的"主客郎中"，回到长安，刘禹锡旧地重游，于是就有了课本里学过的那首诗——《再游玄都观绝句》："百亩庭中半是苔，桃花净尽菜花开。种桃道士归何处，前度刘郎今又来。"刘禹锡真是越挫越勇，姜桂之性，老而弥辣，寻常人有了上次的教训后，早就"学得一个乌龟法，该缩头时便缩头"。但刘禹锡却不是那等人，还是我行我素，该咋样咋样，宁可得罪了人，也不能闷在心里让自己憋屈。虽然《唐才子传》称，老刘写下此诗后，朝中权贵们"闻者益薄其行"，但好在这时的政治环境，早不是唐宪宗那个时代了，"二王"永贞革新那些事，也是陈年老账，没有人再翻了。在裴度的大力举荐下，刘禹锡不久就当上了礼部郎中（从五品上），兼集贤殿学士。

朝中的政治倾轧，如江水汹涌无时或休。此时的裴度，地位也渐渐不稳固了。李宗闵和牛僧孺等年轻后辈，合伙把裴度排挤出了朝堂，让他去当山南东道节度使。领头羊没了，刘、白这些裴度旗下的人，顿时也彷徨无措，刘禹锡随即给安了个苏州刺史的差事，被打发出京。相比于以前的职位，应该是升了。当时可没上海，苏州就是东南地区的大都市，是上州，刺史品级为从三品。这一年，刘禹锡已是六十岁的老人了。

来到苏州后，不巧这里正闹水灾，也是当地百姓有福，碰到刘禹锡这个诚心为民的好官，他想方设法赈济灾民，终于使得苏州恢复了昔日繁荣。苏州人民感激其恩德，建了"思贤堂"，把做过苏州刺史的好官——韦应物、白居易加上刘禹锡都供奉在堂内，称为"三贤"。

朝廷对刘禹锡的政绩也进行了嘉奖。两年后，刘禹锡改任汝州（今河南汝州）刺史（从三品），并兼任御史中丞、本道防御使（本地区军事长官）。

刘禹锡赴任时，在扬州遇到"牛党"的领袖人物——牛僧孺。前面说过，牛僧孺这人，对裴度和刘禹锡一党多有排挤，此人比刘、白等人年轻七岁，权位却尚有过之。所以刘禹锡曾经写诗嘲讽道："近来时世轻先辈，好染髭须事后生"，白居易也曾有诗说："钟乳三千两，金钗十二行。妒他心似火，欺我鬓如霜。"当时牛僧孺摆出一副年轻气盛的态度，老白十分无奈。这次会面，两人倒是沟通了一下，原来牛僧孺记恨刘禹锡，是因为当年他考进士前，曾经把文章给刘看，以求汲引。但当时刘禹锡年纪也不大，也是年轻气盛之辈，对这位小兄弟没怎么看到眼里，他"对客展卷，飞笔涂窜其文"，把牛僧孺的文章大笔涂抹，批得一钱不值,于是牛僧孺觉得太伤自尊了,羞惭恼恨,才有了后来这些事。说开了这个心结,牛僧孺和刘禹锡日后的关系,明显有所改善。两人你来我往,也互相唱和诗词。但他们毕竟不像刘、白之间那样相交莫逆,刘禹锡写给牛僧孺的诗,常有意无意地"扎"一下小针,比如这首《和仆射牛相公春日闲坐见怀》诗中就说:"阶蚁相逢如偶语,园蜂速去恐违程。"把营营扰扰于朝堂中的牛党群臣讽刺为"阶蚁"、"园蜂"。

顺便说一下,刘禹锡和令狐楚也多有唱和,这个人我们讲李商隐时再提。

汝州这里离洛阳非常近,当时裴度任东都留守(正一品,代表皇帝全面主持东都工作),白居易正做太子宾客,也是分司东都的闲官,这仨老头,都是朱紫大员,有钱又有闲,于是经常在一起饮酒赋诗,赏花听曲,相处十分惬意,也在各自集中留下一首首好诗。

当时裴度也年老体衰,无意于政事了,他在洛阳修了一座幽雅别致的园林,养老等死了。白居易也对晚年这种半退休式的生活很满足,"始知洛下分司坐,一日安闲直万金"。但刘禹锡依然壮心不已,还是想做出一番事业的。当时朝廷派白居易去当同州(今陕西大荔)刺史,老白上表说有病,不去。结果就改派刘禹锡去了同州,官任同州刺史,兼御史中丞,加本州防御使、长春宫使(主管皇帝行宫长春宫)。

前面说到苏州闹水灾,刘禹锡来到同州后,这里又闹旱灾。刘禹锡忙着救灾,又上表请朝廷免除此地的赋税。然而,六十五岁的刘禹锡此时患了足疾,古人记病往往模糊不清,刘禹锡可能也不单是脚有毛病,大概是中风导致半身不遂。身体不饶人啊,刘禹锡不得不辞去刚就任半年的同州刺史,回到东都洛阳,当了分司东都的太子宾客(正三品),这基本上就是养老了。

与此同时,长安发生了骇人听闻的"甘露之变",朝中大臣包括宰相王涯等,都被宦官杀死，一时间血腥弥漫，朝堂上笼罩着阴森恐怖的气氛。而洛阳却是难得的避风港。白居易曾经得了便宜卖乖，"权门要路是身灾，散地闲居少祸胎。今日怜君岭南去，当时笑我洛中来"——你当年笑话我不被重用，来洛阳当个闲官，现在好，你老人家一下子发配岭南了。

于是此后的日子，刘禹锡也壮心渐息，虽然他仍旧写下"莫道桑榆晚，微霞尚满天"之类的诗句，但却是有心无力了，最后这几年，他基本上就是在洛阳任太子宾客的闲职，当然其间给加了检校礼部尚书之类的头衔，但都是荣誉称号性质。

七十一岁这年，刘禹锡自感来日无多，于是自己写下《子刘子自传》，回顾生平。其中，对参与王叔文革新一事，不避讳，不认错，再次反映出老刘的"姜桂之性"。会昌二年（842年）七月，刘禹锡病死洛阳。朝廷下诏，追赠兵部尚书，葬于荥阳市西檀山原。

对于刘禹锡的死，最为心痛的是白居易，他惆怅地把自己和刘禹锡比作"弓和箭"、"唇与齿"的关系，诗中写道：

四海齐名白与刘，百年交分两绸缪。
同贫同病退闲日，一死一生临老头。
杯酒英雄君与操，文章微婉我知丘。
贤豪虽殁精灵在，应与微之地下游。

今日哭君吾道孤，寝门泪满白髭须。
不知箭折弓何用，兼恐唇亡齿亦枯。
窅窅穷泉埋宝玉，骎骎落景挂桑榆。

> **夜台暮齿期非远,但问前头相见无?**

之前,元稹(微之)早已身故,现在刘禹锡也走了,白居易的日子也不多了,中唐时期的伟大人物,就要谢幕了,幸好我们可以回溯时光,重回到贞元年间,讲述元稹和白居易的故事。

刘禹锡仕途历程：

——校书郎（正九品）

——徐、泗、濠节度使掌书记（正九品）

——渭南县主簿（正九品）

——监察御史（正八品上）

——屯田员外郎（从六品）

——朗州司马（从六品上）

——连州刺史（正四下）

——夔州刺史（正四品下）

——和州刺史（正四品下）

——主客郎中（从五品上）

——礼部郎中（从五品上）兼集贤殿学士

——苏州刺史（从三品）

——汝州刺史（从三品）兼御史中丞、本道防御使

——同州刺史（从三品）、兼御史中丞、本州防御使、长春宫使

——太子宾客（正三品）、检校礼部尚书

——终

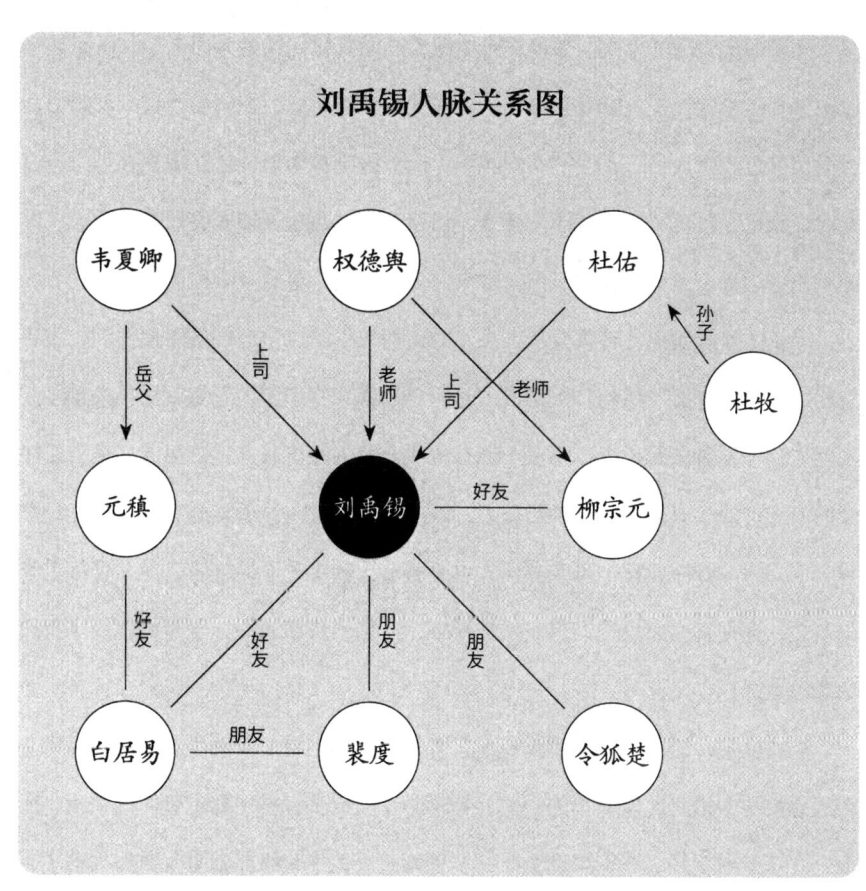

| 月落潮平是去时 |
元稹

　　元稹的祖先是鲜卑人。魏孝文帝拓跋宏全面汉化，改姓为"元"，于是这一脉的子孙就都姓元了。据元稹自己讲，他的六世祖元岩，在隋朝当过兵部尚书，当时曾修过一个大宅子，叫"靖安坊"，一直到元稹幼年，还在那里住过，不过此时元家已经败落了，无复当年盛景。后来元稹曾写过《靖安穷居》一诗："喧静不由居远近，大都车马就权门。野人住处无名利，草满空阶树满园。"

　　元稹的爹爹元宽，曾官至从五品上的比部郎中（这是刑部的下属部门，主管财物），本来也挺不错的，但可惜的是，小元稹八岁那年，元宽就早早去世了。不但以后需要拼爹时，爹已不在，而且古代全家的经济收入就靠男人，能自己挣钱的女人，除了有封邑收赋税的公主，或是卖笑挣皮肉钱的私妓，此外再无经济独立的女人。好在元稹的母亲郑氏，也是唐朝士族中的大姓之家，其父曾做过睦州刺史，还是有些家底的，郑氏识文断字，文化素质相当高，于是她就成了元稹的启蒙老师。

　　事实证明，元稹在母亲的教诲下，智力开发得不错，十五岁就举明经及第。明经是科举中相对比较简单的一种，考察时，侧重于经书中死记硬背的东西。所谓："三十老明经，五十少进士"，意思为三十得中明经科就算岁数很大的了，而五十岁中进士,还算是同辈中年轻的呢。但这也是相比而言,明经科也不是现在几乎人人都能上的"三本"大学,也是有相当难度的。

明经得中,按说是有了授官的资格,但从前文可知,像韩愈,中了进士后,等吏部分配还等得望眼欲穿,双眼发红,何况是小小年纪中明经的元稹。所以说,实际上还是"革命尚未成功",元稹同学还是要继续努力的。于是他继续刻苦学习,准备积累一下功力,再中个进士。

当时的唐代书生,有寓居佛寺读书的习惯,之前元稹一直过着非常单调的苦读日子,直到他遇到双文(莺莺)这个女孩子时,这才情窦初开。这一年元稹不小了,已是二十二岁。应该说,《莺莺传》里张生的原型就是元稹,有人只看到一个张字,就误以为是张籍,错矣,"穷瞎张太祝"是何等模样,像帅哥吗?只有元稹,遗传了先祖的帅哥基因(鲜卑人皮肤白皙,容貌俊美,如慕容冲),才是"性温茂,美风容"的翩翩才子。

接下来的故事,几乎人尽皆知,元稹和莺莺一见钟情,两人暗度陈仓,偷尝禁果,但元稹后来却始乱终弃,另攀高门,抛弃了莺莺。好在莺莺是个明达大度的女子,写诗道:"弃置今何道,当时且自亲。还将旧时意,怜取眼前人。"原来的一切我们反正都回不去了,珍惜你眼前的幸福吧!

元稹抛弃莺莺,确实是为了自己的前程着想。贞元十七年,二十三岁的元稹应举不中,落寞之中,得知科举之事,也要有人汲引举荐才会事半功倍,于是开始留心结纳达官显贵。这时从三品的朝中大员韦夏卿非常欣赏他,并且有意将自己最幼小的女儿韦丛许配给他为妻。这是何等关键的一步,娶了韦丛,肯定要少奋斗二十年啊,而娶了崔莺莺,说不定终身都是个落魄书生。

元稹咬咬牙,狠狠心,最终抛弃了莺莺。元稹有了韦夏卿的关照,第二年就制举登科,进了秘书省任正九品的校书郎,这时候,白居易也刚"分配",俩人是同事。不过，元稹比白居易年轻七岁，当时才二十五，应该说是少年得志。就在这一年，元稹"大登科"后"小登科"，娶了韦夏卿的宝贝女儿韦丛，一方面忙不迭地甩了初恋情人崔莺莺，题有《古决绝词三首》，其中说："一去又一年，一年何时彻。有此迢递期，不如生死别。天公隔是妒相怜，何不便教相决绝……"

对于这件事，人们无不大骂负心郎元稹。不过，元稹当时做出这个选择，其实也是很痛苦的，在元稹的中年时，他仍然想念着莺莺，"半欲天明半未明，醉闻花气睡闻莺。猧儿撼起钟声动，二十年前晓寺情"。花的香气，莺的啼鸣，伴着晓寺钟声，生命没剩下多少时光的元稹似乎又回到了二十年前的那个春天："有倾，寺钟鸣，天将晓，红娘促去，崔氏娇啼宛转……"（《莺莺传》）寺钟响了，莺莺要走了，那时他是如此不舍，那美好的一瞬深藏在他的心中，足够让他用一生的时光去回味。

元稹这个穷小子，娶了韦家女，也不免要低三下四地巴结丈人家，有诗《陪韦尚书丈归履信宅因赠韦氏兄弟》道："紫垣驺骑入华居，公子文衣护锦舆。眠阁书生复何事，也骑赢马从尚书。"诗中情调极为卑下，被陈寅恪骂道："自私自利。综其一生行迹，巧宦固不待言，而巧婚尤为可恶也。岂其多情哉？实多诈而已矣"。

元稹仕途一路绿灯，当了两年校书郎，元稹就升为从八品上的左拾遗。而相比之下，同是校书郎，年纪比他大七岁的白居易，却被发落到盩厔县当县尉去了，下基层锻炼了好几年，三十八岁时才爬到拾遗这个位置，那还沾沾自喜地写诗调侃杜甫、陈子昂呢。

由此看来，"拼老丈人"也是可以的。看人家元稹，就赢在起跑线上了吧。我觉得，元稹是没赶上女主掌权的时代，要是在初唐，他十有八九会像崔湜、卢藏用等人一样成为公主的男宠。

只不过，元稹毕竟年轻气盛，当了劝谏皇帝的拾遗后，史称"稹性锋锐，见事生风"，出言偏激，凡事都看不过去，这样自然得罪了一大批当朝权贵——这一点，元、白二人性格相似，白居易也是在当拾遗时写下一大堆讽喻诗，见人就讽刺，怪不得他们两人能成为密友。

得罪了一大批曳金衣紫的朝堂大佬，加上元稹的老泰山韦夏卿不久因年老病死，元稹要倒霉了。朝中宰相杜佑（即杜牧的爷爷），最为讨厌元稹。有一次，唐宪宗心血来潮，在延英殿亲自召见元稹，年少无忌的他于是向皇帝痛陈诸般时弊，老狐狸杜佑暗暗心惊，于是找个借口，把他踢出朝堂，调到河南当县尉。诏书一下，元稹气愤难平，写诗道："便殿承偏召，权臣惧挠私。庙堂虽稷契，城社有狐狸……"暗骂杜佑是城狐社鼠这样的家伙。

"朝陪香案班，暮作风尘尉"，这是元稹在官场碰到的第一个大钉子。不过，恰巧在这时，元稹的母亲郑氏病逝了，按例要回家丁忧，于是根本没有去上任。居丧期间，元稹没有收入，生活艰苦，白居易就借钱给他度日，当然到了后来，白居易也丧母丁忧时，元稹又归还了"人情"。

一晃三年过去，元稹已经是三十岁了。原来的宰相李吉甫罢职，新继任的宰相裴垍对元稹印象不错，于是服满之后，马上提拔他为正八品的监察御史，负责巡视东川（四川东部），成立专案组，调查原剑南东川节度使严砺涉嫌违法乱纪、贪污腐败的案子。

年轻气盛的元稹到达东川后，很快彻查此案，并揪出与本案有关的七个州刺史，没收了严砺非法所得的众多财产，计有八十多户田宅，另有四十一万四千八百六十七束草，每束重十一斤。这个在古代是马的饲料，现在好像没大用，但假如换算成四十一万多公升的油票，大家就容易理解其价值了。再有七千贯钱，至少合现在人民币210万元左右，还有五千石（约五万斤）米，不过这些都是小意思了。

元稹办理了这一案，从工作效率上看，是非常干练有为的。不过，牵连的面比较广，朝中自古官官相护，勾搭连环，这七个刺史都在朝廷颇有根株，因此埋下了他日后栽跟头的隐患。于是，这件案子办完后，不但没升官，反而被调到洛阳，当东台御史。前面说过，洛阳这套班子基本是空架子，养老合适，但年轻有为的元稹来这里是很不情愿的。

顺便八卦一下，元稹和蜀中名妓薛涛的"姐弟恋"就发生在去东川办案这一阶段，当时薛涛已接近四十岁，阅人可谓多矣，哪知道一见到元稹这样的俊俏帅哥，竟然还动了真情，薛涛诗中出现了前所未有的欢快调子："双栖绿池上，朝暮共飞还。更忆将雏日，同心莲叶间。"然而，有道是"一见杨过误终身"，世上的美女帅哥，都是害人不浅的东西，"古今情不尽，风月债难偿"，元稹留给薛涛的，最终同样是无尽的痛苦："扰弱新蒲叶又齐，春深花落塞前溪。知君未转秦关骑，月照千门掩袖啼。"

元稹离开四川后，再没回去过，只是寄诗夸薛涛说："锦江滑腻峨嵋秀，生出文君与薛涛；言语巧似鹦鹉舌，文章分得凤凰毛。纷纷辞客多停笔，个个公侯欲梦刀。别后相思隔烟水，菖蒲花发五云高。"这就是这段爱情的休止符。薛涛也明白了："他家本是无情物，一任南飞又北飞。"幸好莺莺小姐和薛涛姐姐都是生活在唐代，又是心胸开阔的女子，要不然，非被元稹害死不可。

回到长安，年仅二十六岁的爱妻韦丛因病而死，留下一个小女儿。韦丛嫁了元稹后，不久就陪他回老家居丧，也着实是难为了这位娇小姐。像《遣悲怀》中所说："顾我无衣搜荩箧，泥他沽酒拔金钗。野蔬充膳甘长藿，落叶添薪仰古槐。"这些情景可能略有夸张，元稹不可能穷得和战乱中的老杜一样，但在回老家居丧期间，朝廷不发俸禄，生活相对艰苦，应该是实情。

韦丛作为一个豪门小姐，却是非常爱元稹的，元稹曾经满怀感激地在追悼的文字中写道："逮归于我始知贱贫，食亦不饱，衣亦不温。然而不悔于色，不戚于言。他人以我为拙，夫人以我为尊。置生涯于瀸落，夫人以我为适道。"韦丛是锦衣玉食中长大的，跟了元稹才尝到清苦日子的滋味，但是她毫无怨言，别人觉得元稹身份低微，没本事，韦丛却觉得他是最尊贵的，元稹当时生活窘迫，韦丛却觉得他这是安贫乐道。

可惜的是，千古以来吊挽亡妻的诗词，大家最熟知的就是元稹这三首《遣悲怀》和苏轼的《江城子·十年生死两茫茫》，然而，赚来无数人眼泪的背后，却是这俩人各自结纳新欢的真相，元稹有安仙嫔、裴淑，苏轼有王闰之、朝云等。对于这点，白居易倒很坦白，有诗道："男儿若丧妇，能不暂伤情？应似门前柳，逢春易发容。风吹一枝折，还有一枝生。"

元稹的诗韦丛是看不到了，也不知她倘若能读到会有何感想，有趣的是，密友白居易竟然以韦丛的口吻写了《答谢家最小偏怜女》等诗，其中写：

嫁得梁鸿六七年，耽书爱酒日高眠。
雨荒春圃唯生草，雪压朝厨未有烟。
身病忧来缘女少，家贫忘却为夫贤。
谁知厚俸今无分，枉向秋风吹纸钱。

书归正传，还说元稹的仕途经历。由于他当的是监察御史这个官儿，到处纠察官员风纪，虽然权力很大，但却全是得罪人的活儿。就连朝中的宦官，元稹也惹了不少。这些矛盾终于在一次偶然事件中爆发。

元和五年，从外地出差回来的元稹，走到距长安不远的华阴县二十多里处的

"敷水驿"，已是非常疲惫，于是就在这座官驿中的上厅（豪华间）休息。但元稹刚睡下不久，宦官仇士良和手下的爪牙刘士元就来到此处。见元稹先住了上厅，于是喝令他让出来，其实按"旧例"是这样的："御史到馆驿，已于上厅下了，有中使后到，即就别厅。如有中使先到上厅，御史亦就别厅"。是讲究个先来后到的，所以元稹认死理，一时不大情愿让。于是刘士元大怒，竟然破门而入，抡起鞭子就打元稹，元稹吓得鞋也没来得及穿就跑到后院，但这姓刘的不依不饶，追上去冲着元稹的俊俏小脸就是一鞭子，打得是"满脸桃花"，鲜血淋漓。从事情的来龙去脉看，元稹完全是受害人，可状子呈上去，皇帝唐宪宗袒护宦官，竟然责备元稹"年少轻树威，失宪臣体"，说他一个年轻人，太不懂得谦让，把他贬为江陵士曹参军。

江陵，即现在的湖北荆州，士曹参军是正七品，管一些"掌津梁、舟车、舍宅、工艺"之类的琐事，在这里，元稹心情很差，有诗道："金埋无土色，玉坠无瓦声。剑折有寸利，镜破有片明。"常年生活在北方的人，初来南国水乡，经常会感到生活上的不便，在元稹眼中，此处是："白草堂檐短，黄梅雨气蒸。沾粘经汗席，飐闪尽油灯。夜怯餐肤蚋，朝烦拂面蝇。"这简直不是人过的日子啊。

独自住在人地两疏的江陵城中，元稹不免很是寂寞难耐，忘了什么"报答平生未展眉"的誓言，纳了一个姓安的女子做小妾，起名叫安仙嫔，两年间给他生下一男一女，男的名叫元荆，女儿叫元樊。这种起名法，和郭襄一样。

在这里，元稹渐渐"蜕化变质"了，他不仅在生活上"节操沦丧"，在仕途上也发生了一百八十度的大转弯，从原来和宦官集团势不两立，转而媚附来当地监军的宦官崔潭峻。这个姓崔的虽然是宦官，但却非常爱诗，倾慕元大才子的诗名，对待元稹也相当尊重，不把他当一般小吏那样呼来唤去。（《旧唐书》载："荆南监军崔潭峻甚礼接稹，不以掾吏遇之，常征其诗什讽诵之"）。

元和十年，是一个朝廷中人事大变动的年份，那一年白居易因上书请捕刺杀武元衡的凶手而被贬江州，柳宗元、刘禹锡一度高高兴兴地返回长安，结果诏书下来又打发到南国荒僻之地去了，相比之下，元稹的遭遇也极为相似，他也是回到长安来刚看到一丝希望的曙光，却又被一巴掌扇到通州当司马去了。这通州并非是现在北京那个区，而是四川达县。

在唐代，达县非常偏僻贫困，远不如白居易的江州，由从七品的士曹参军改为从六品的通州司马，表面上是升迁了，其实环境却更恶劣了，元稹曾写信给白居易诉苦道："通之地湿垫卑褊，人士稀少，近荒札，死亡过半。邑无吏市无货，百姓茹草木，刺史以下计粒而食。大有虎、豹、蛇、虺之患，小有蟆蚋、浮尘、蜘蛛、蛒蜂之类，皆能钻啮肌肤，使人疮痏。夏多阴霪，秋为痢疟，地无医巫，药石万里，病者有百死一生之虑。"

"黄泉便是通州郡，渐入深泥渐到州"，来到这里，元稹生怕就此把命送了，于是将自己的诗稿整理了一番，辑为二十卷，送给密友白居易，让他代为保管。在江陵时，他的小妾安仙嫔已经病逝，幼小的一子一女不忍心带去通州受苦，留在京城托人代为照料。元稹又是光杆一人，凄凄惨惨地踏上遥远的行程。他形容自己是："饥摇困尾丧家狗，热暴枯鳞失水鱼"。

在这里，年近四十的元稹愁病相煎，一度差点病死。有一首诗大家熟知的诗，"残灯无焰影幢幢，此夕闻君谪九江。垂死病中惊坐起，暗风吹雨入寒窗。"就是重病中的元稹写下的。他早已做好了病死此地的心理准备："借如今日死，亦足了一生"，好在元稹病了百余日，又自己慢慢好起来了。

白居易开始不知道元稹得病，后来知道后，给他送了夏热时穿的轻透衣服，其样式是"浅色縠衫轻似雾，纺花纱裤薄于云"，并且非常贴心地说："莫嫌轻薄但知著，犹恐通州热杀君。"由于怕通州的天气热死元稹，白居易还寄去江州出产的凉席，所谓："滑如铺薤叶，冷似卧龙鳞。清润宜乘露，鲜华不受尘。通州炎瘴地，此物最关身。"

元大才子虽然因抢住"豪华套间"被宦官在脸上抽过一鞭子，但似乎并未因此毁容，对女子们还是极有吸引力的。当过涪州刺史的裴郧有一个女儿叫裴淑，看上了元稹，于是就嫁给了他。裴家是唐朝大族，人脉极多，于是"美女救才子"的事情再度上演，穷病不堪的元稹，处境大为改换，心情也随之好转，这时写诗，就是这味道了，"平生欲得山中住，天与通州绕郡山。睡到日西无一事，月储三万买教闲"，一派闲适自在的心情。

自此开始，元稹的仕途"筑底成功"，开始走"上升通道"了。元和十三年，在宰相崔群的暗中关照下，白居易升迁为忠州刺史，而元稹调为虢州（今河南灵宝）长史，长史是州刺史的副手，正六品上。白居易虽然是正四品的刺史，但忠州地域偏僻，而虢州靠近繁华的洛阳地区，所以两人官职的"价值"是差不多的。

元稹从四川沿着长江而下，白居易溯长江从江州出发去忠州，于是两人正好在旅途中遇见，这对难兄难弟喜出望外，欢聚了三天，才恋恋不舍地分手道别。来到虢州后，元稹已是四十一岁了。在此任上，元稹的一子一女先后因病夭折，让这个本来山清水秀的所在，成为他的伤心之地。

好在没过多久，朝廷又降了诏书，让他回长安，任膳食员外郎（从六品）一职。我们在前面说过，杜审言曾当过此职，这个官，是大多数喜欢清要之职的人瞧不起的。不过，对于元稹这种被贬谪在外的人来说，能重新回到政治中心来，就算不错了。

元稹刚回来，宫廷又发生巨变，宪宗暴死，太子即位，是为唐穆宗。由于在江陵结识的那个崔宦官是元稹的粉丝，经常在伺候太子之余谈论元稹的诗歌，于是太子继位当了皇帝后，便想起元稹来，一问之下，说元才子还管伙房呢，皇帝下诏,升他为祠部郎中(从五品上),加制知诰。

这祠部是礼部直属机构,管祠祀、享祭、天文、漏刻、国忌、庙讳、卜筮、医药、僧尼之事,现在看来似乎不是多重要,但古时却最重视这些。另外,所谓"制知诰",就是负责起草圣旨的意思,这是中书舍人干的活儿,现在也让元稹做,由此看来皇帝对他相当信赖和倚重。这上级和下级之间的关系也是像谈恋爱一样,看对了眼,怎么看怎么爱,什么样都可爱。唐穆宗让元稹把自己的诗作送给宫中御览,一时间连宫内的嫔妃都称呼他为"元才子",吟咏他的诗篇成为椒房掖庭中邀宠的法宝。

于是不到一个月,唐穆宗就把越看越爱的元稹提拔为正五品的中书舍人、翰林学士、并赐紫金鱼袋。面对如此荣庞,元稹自然是感激涕零,曾经写道:"召臣面授舍人,遣充承旨学士,金章紫服,光饰陋躯,人生之荣,臣亦至矣!"

然而,这个时候,曾立下平定淮西大功的老宰相裴度不高兴了,其实裴度和白居易关系一直相当不错的,但他对元稹却极其厌恶。有可能是他眼见元稹不断被"火箭式"提拔,可能威胁他的权位吧。他上书直斥元稹结交宦官,祸乱朝纲。当时朝中裴度一党势力很大,应和的人很多,结果唐穆宗也没奈何,为了平息众议,改元稹为工部侍郎(正四品下)。从品级上看,由正五品到正四品,似乎升了,但中书舍人是皇帝的贴身秘书,直接能左右皇帝决策,而管工程建设的工部侍郎,并非是清要之职,只是尚书省下属的一个部门罢了。

不过,唐穆宗还是喜欢元稹,隔了一年后,他找个机会,直接把元稹升为"同中书门下平章事",即宰相一职。但这事没有经过中书省众官僚们的群体商议,于是这些人愤愤不平,对元稹靠取媚宦官和皇帝,得以违犯"组织原则",越级提升的做法,极为不满。

时逢夏天,大伙聚在中书省吃西瓜,元稹刚走进门,户部尚书武儒衡——就是宰相武元衡（被刺杀的那位）的弟弟，一边作势挥动扇子驱赶苍蝇，一边指桑骂槐地嚷道："这东西哪来的，也敢往这里聚？"由此可见，这些不同派系的官僚，对元稹是极力排挤的。

在唐代，虽然说是皇帝独裁，但"三省六部"的政治体制，在一定程度上限制了皇权，元稹在朝臣中没有"群众基础"，所以宰相根本当不长，只有短短三个月，就被资历深厚的裴度排挤出了长安，皇帝毕竟还念旧情，给了元稹一个同州刺史，这地方在长安附近，即现在的陕西省大荔县，当时刺史是从三品。无论从品级上，还是环境上，都不算太差。

在同州做了两年官，唐穆宗还是"爱"着元稹呢，朝堂里群臣容不下他，干脆就外派到地方上，于是诏书下达，让元稹担任越州刺史兼御史大夫（从三品，此官职，唐武宗后才改为正三品）兼浙东观察使。

后面这两个官都挺大的，我们知道，御史大夫，是督察百官风纪的最高负责人，只设一人，而当时宰相即挂"同中书门下平章事"头衔的，并非是仅有一人，可见权力之大。而浙东观察使，相当于节度使，相当于省长和军区司令二合一。当时的观察使威风极了，临行时，皇帝亲赐双旌双节的仪仗，开府时，树六杆大旗。到任时，州县的官员要早早修筑好阁楼，吹吹打打，军民全体盛大欢迎，州县官员捧着官印迎于道左，意思是观察使有处分他们权力。之前，曾经发生过浙西观察使韩皋杖打其治下的县令孙澥致死的事情，朝廷的处理不过是罚韩皋一个月的俸禄而已。

越州即现在的绍兴，在唐代就是繁华的上州，而元稹集军政大权于一身，俨然如一方诸侯，当然在衣食住行上不可能受半点委屈。他曾写诗给相距不远的白居易（当时他在杭州当刺史），夸自己住的地方好——《以州宅夸于乐天》：

州城回绕拂云堆，镜水稽水满眼来。

四面常时对屏障，一家终日在楼台。

星河似向檐前落，鼓角惊从地底回。

我是玉皇香案吏，谪居犹得住蓬莱。

其实，人家白居易早就看清了，在外面当一把手，比在朝堂里战战兢兢地看人脸色，赔小心自在多了。此时的元稹年方四十四岁，不像白居易那样衰老，来到江南秀丽之地，又和越州著名的歌妓刘采春惹下不少的绯闻。由于在唐代，"作风问题"不对官员们的仕途造成障碍（宋代就不行了），这里就不细掰两人的关系到底发展到何等程度了。

在越州呆了一年，"深爱"元稹的唐穆宗因服食丹药中毒而亡。消息悄悄传到元稹耳中，他暗暗担忧，写诗道："定知新岁御楼后，从此不名长庆年。"从仕途上看，元稹在唐穆宗长庆年间，官职升迁上虽小有坎坷，但比元和年间一直沉沦蛮荒，那可是有天壤之别。

穆宗死了，换了唐敬宗，这小子是个大玩家，整天半夜捉狐狸玩，哪有空管文武百官的事，所以元稹还是原封不动地当他原来的官职。敬宗没两年就被宦官和近侍军将谋杀，换了唐文宗，文宗是比较重用文士的，登基后，当下就加封元稹检校礼部尚书（正三品）一职。

到了太和三年，元稹在浙东已当了六年观察使，唐文宗把年纪已经五十岁的元稹调回长安，想让他担任尚书左丞一职。前面讲过，像王维，当过尚书右丞，尚书省分左丞和右丞，各管三个部，有点类似于副总理。然而，元稹和朝中臣属们矛盾很多，他到任后，几天内就罢免了各部中的七个郎官（郎中和员外郎），一时间闹得沸沸扬扬，没法开展工作。

唐文宗见元稹和朝中大臣水火不容，没办法，还是让他出任地方官吧，于是封他为检校户部尚书（正三品）兼鄂州刺史、御史大夫、武昌军节度使，到湖北武昌上任。这些官职，除了加了"检校户部尚书"这一荣誉称号，使得品级升为正三品外，职责和在浙东时大致相当。

然而，这时候元稹的寿命却接近了终点。他只在武昌任上呆了一年半，就于第二年（831年）七月份暴卒，终年只有五十二岁。

元稹死后，密友白居易当然是写墓志的不二人选，不过白居易在其中也没有写清死因，只说："大和五年七月二十二日遇暴疾，一日薨于位"，按惯例，写墓志收费不菲，元家人不缺钱，执意要送润笔之资给白居易。白居易又怎么好意思收呢？推让半天，白居易只好收下，但全部捐给了洛阳香山寺，为元稹祈福。

元稹在两唐书中的评价很差，把他形容为全无节操、擅于钻营的丑类。但正如他对女人的态度一样，虽然称不上正人君子，但却也算不上是下三滥的恶棍，你要把他想得太好，你就会觉得他很坏，但如果你非说他很坏，又会觉得他也没那么糟吧？这就是元稹。

元稹仕途历程：

——校书郎（正九品）

——左拾遗（从八品）

——河南尉（从八品）

——监察御史（正八品）

——江陵士曹参军（正七品）

——通州司马（从六品）

——虢州长史（正六品上）

——膳食员外郎（从六品）

——祠部郎中（从五品上）、制知诰

——中书舍人（正五品）、翰林学士、并赐紫金鱼袋

——工部侍郎（正四品下）

——同中书门下平章事（正三品）

——同州刺史（从三品）

——越州刺史、御史大夫（从三品）、浙东观察使

——尚书左丞（正四品上）

——检校户部尚书（正三品）兼鄂州刺史、御史大夫、武昌军节度使

——终

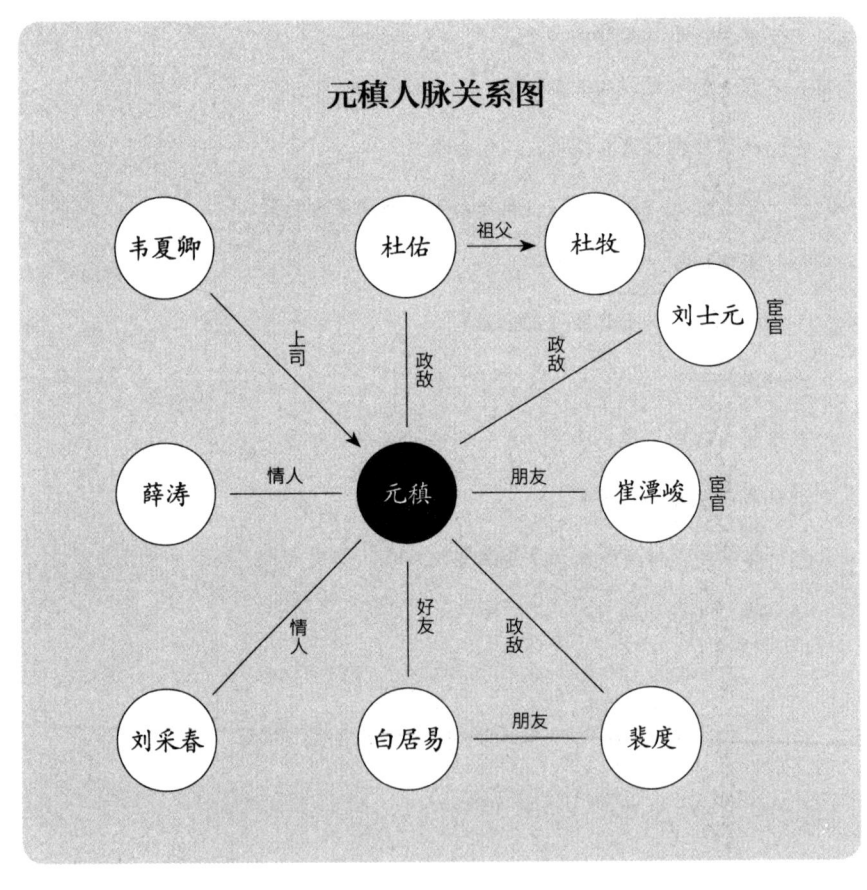

| 造化无为字乐天 |

白居易

唐朝最有影响力的诗人,除了李白和杜甫外,就当属白居易。白诗不但通俗晓畅,而且数量众多,李、杜二人加起来,总共才大约两千首诗,还没有他一个人写的诗多,白诗将近三千首。而且,都说老杜的诗是"诗史",其实杜甫表现的无非是安史之乱中的战乱图景,并非是唐朝"和谐社会"中的点点滴滴。而白居易的诗却包罗万象,对于士大夫的宦海生涯,对于当时的人情世故,对于街头巷尾的日常琐事,都刻画入微,堪称是研究唐代风情的难得史料。

我读白居易的诗,有一种非常亲切的感觉,一是他的诗明白如话,不用晦涩的典故,二是他的诗饱含闲适无为的道家思想,大合我的脾胃。

话说当年白居易非常赏识李商隐,曾戏言要转生为他的儿子,后来李商隐得了一子,还真就取名"白老",但此子却又傻又呆,连温庭筠都笑话"白老":"你真是白居易转世吗?你这不是丢'老白'的人吗?"

白居易生于公元772年,和刘禹锡、李绅同岁。和刘禹锡乱认中山靖王刘胜当祖宗一样,白居易自己写的家状中,也扯上个姓白的名人——秦国时的名将白起。但这样的事,多是唐人乱认祖宗的习气所致,不可信。近年专家们考证来考证去,得出个白居易是西域龟兹胡人后代的结论,好嘛,刘禹锡是匈奴,元稹是鲜卑，现在白居易又是"十姓胡中第六胡"（其弟白敏中诗），简直是诗坛上的"五胡乱华"啊！当然，这些人就算先祖是胡人，也早已融入中原血脉之中了。

所以，白居易那些白起之类的先祖估计都是假的，只有爷爷白锽、爹爹白季庚才是真的。白锽曾经担任过巩县的县令，但白居易才一岁，他就去世了。白季庚则当过左武卫兵曹参军、宋州司户参军、彭城县令、大理少卿、襄州别驾等这样一大堆中下级官职。

白居易自己回忆，他年轻时就非常聪明，六七个月时，奶妈抱着他在写有字的屏风下玩，指着"之"、"无"二字说给他听，白居易就记住了，后来有人问小小的白居易，他就能指认出来。不过，少年白居易不仅聪明，而且勤奋，他终日"昼课赋，夜课书，间又课诗，不遑寝息矣。以至于口舌成疮，手肘成胝"，念书念到口中生疮，写字写得手肘都磨出了茧子。

艰苦的学习过程，给白居易的身体造成很大伤害，他年纪轻轻，就衰成这样："既壮而肤革不丰盈，未老而齿发早衰白，瞥然如飞绳垂珠在眸子中者，动以万数，盖以苦学力文之所致。"

十八岁时，白居易就来长安参加科举，去拜谒当时的前辈顾况，顾况见了他的名字，就先打趣道："长安百物皆贵，居大不易。"后来看了白居易写的"野火烧不尽，春风吹又生"一联后，又改口道："有句如此，居天下亦不难。老夫前言戏之耳。"后来的事情，果然证明了顾况的眼光。

不过，前面说过，白居易中进士的年龄比柳宗元、刘禹锡他们大得多，到了二十九岁那一年，才高中进士第四名。这时候，他的老爹白季庚已经死了两年了。对于白父来说，儿子有出息，自己却看不到了，也挺遗憾的。

白居易后来慷慨陈词，"中朝无缌麻之亲，达官无半面之旧"，意思是说他考进士，是全凭自己的本事，根本没有走后门。这也从另一个侧面，反映出中唐时科举还是有点真事的，不是完全腐败得一团糟。

白居易锐不可当，接着第二年又参加了制举，中了"书判拔萃科"，我们知道，制举登科后，按例就该授官了，于是朝廷给了他个正九品秘书省校书郎一职。白居易当时写诗道：

> 帝都名利场，鸡鸣无安居。
> 独有懒慢者，日高头未梳。
> 工拙性不同，进退迹遂殊。
> 幸逢太平代，天子好文儒。
> 小才难大用，典校在秘书。
> 三旬两入省，因得养顽疏。
> 茅屋四五间，一马二仆夫。
> 俸钱万六千，月给亦有余。
> 既无衣食牵，亦少人事拘。
> 遂使少年心，日日常晏如。

要不我说白居易的诗很有价值，因为他的诗数量众多，凡事皆咏，像这首诗，不但让我们知道他当时的心情和生活状态，也可以由此推断出做校书郎这个官的待遇。"茅屋四五间，一马二仆夫。俸钱万六千，月给亦有余"，相当于现在每月工资五六千左右，看起来也不多，但人家分配有住房四五间，还有"公车"（马）和仆从侍候着，也相当得意了。而且，当校书郎相当清闲："三旬两入省"，也就是说一个月才去秘书省办公上班两次，怪不得白居易天天睡懒觉——"日高头未梳"。真是好差事，我也想当校书郎。

值得一提的是，二十五岁的少年元稹，这时也刚刚当上了校书郎，"分配宿舍"时，正好和白居易相邻，于是这俩人"一见倾心"，从此成为了终生的密友。今天女性好友之间可称"闺蜜"，男人之间却找不出类似的词，如果只称为密友，似乎还无法表述出元、白之间的特殊感情。顺便提一下，写"锄禾日当午"的那个李绅也在附近住，白居易和他也很熟，这人身材矮小，和郭敬明似的，所以后来白居易写诗经常称他为"短李"。

三年校书郎当罢，按照唐朝官员们仕途的惯例，就要下基层做县尉了。白居易也不例外，于是，那优哉游哉的校书郎日子结束了，他被派往长安附近的盩厔县当县尉（从九品）。前面说过，自古有"当官容易，为吏最难"的说法，基层干部要面对种种具体事务，做得好是上司领导得好，做不好就是你的责任，在古代更是要挨骂甚至吃板子。当大官就相当容易了，主要是搞人际关系，拍脑袋定决策，拍胸脯表忠诚，见势不妙，拍屁股走人罢了。

所以，本书中的唐代文人，回忆起当县尉时的经历，都是在大吐苦水，像高适的《封丘尉》，"拜迎长官心欲碎，鞭挞黎庶使人悲"，就是最具代表性的，当然，像郭震那样大胆妄为、无法无天的主儿，是不觉得当县尉委屈的。

白居易对于这段经历有诗诉苦道："低腰复敛手，心体不遑安。一落风尘下，方知为吏难。公事与日长，宦情随岁阑……"不过，盩厔离长安并不远，不像那些远在南方的偏僻县域，不但环境不适应，而且连找个交流思想的人也没有。

乡间寂寞，好在有一批同样分配到这里的年轻人，如新科进士陈鸿等人，大家唠一下嗑，解解闷儿。大伙都对什么皇室秘辛、绯闻八卦之类的事儿很感兴趣，于是就聊到五十多年前的唐明皇和杨贵妃身上，陈鸿写了篇《长恨歌传》，白居易写了篇《长恨歌》诗。

因为白居易的诗明白晓畅，窃以为他是写叙事诗第一高手（老杜叙事诗也不少，但晦涩），传里的内容诗里全有，诗中的文采飞扬，声音铿锵，传里却没有，所以《长恨歌》诗古今闻名，陈鸿的《长恨歌传》知名度却相当低。没办法，谁让星星遇上月亮的光芒呢？

当然，白居易也不单单只关注娱乐八卦这些事，人家实实在在地写了很多反映尖锐现实问题的诗。在这里，他写下了像《观刈麦》《杜陵叟》之类关心农民疾苦的诗句，深刻反映了"农民真苦，农村真穷，农业真危险"的严峻形势，我们通过白居易的诗，也能看到当时的这一系列问题：

债台如"泰山"——"典桑卖地纳官租，明年衣食将何如？"；负担如"珠峰"——"长吏明知不申破，急敛暴征求考课"；干部如"蝗虫"——"剥我身上帛，夺我口中粟。虐人害物即豺狼，何必钩爪锯牙食人肉"；"政策如谎言"——"白麻纸上书德音，京畿尽放今年税。昨日里胥方到门，手持尺牒牓乡村。十家租税九家毕，虚受吾君蠲免恩"。

在这里，白居易充分体验了基层生活的艰苦，此时的他虽然已是三十出头的岁数，但依旧没有娶妻，寂寞难耐中，他移栽了一棵蔷薇花，并写诗自嘲道：

戏题新栽蔷薇

移根易地莫憔悴，野外庭前一种春。

少府无妻春寂寞，花开将尔当夫人。

有人说，白居易之所以到这个岁数还打光棍，是因为他早年恋着一位叫"湘灵"的姑娘。因为这段浪漫爱情和本书主旨无关，这里就不多剖析详情了，我们姑妄信之。

白居易想念老婆，所以第二年，他回到京城，进集贤院充翰林学士时，就和出身于弘农杨氏的一个女人结了婚。老白家不知道为什么，总是超前响应"晚婚晚育"的号召，前面说过白居易的爹和他妈结婚时都四十一了，白居易结婚时，也到了三十七岁，绝对是"大龄"青年。

新婚之际，白居易先写诗告诫了老婆一番："陶潜不营生，翟氏自伐薪。梁鸿不肯仕，孟光甘布裙。君虽不读书，此事耳亦闻……"让她别指望着过豪华奢侈的生活，当然，也下了保证，"庶保贫与素，偕老同欣欣"，这倒不是空说，虽然以后白居易有樊素、小蛮什么的左拥右抱，但最后还是杨夫人陪他到终老。而且，白居易其实也没让杨夫人受过什么苦，他后来当的官非常大，俸禄优厚，钱多得花不清。

这位杨夫人，脾气好像也不怎么和善，后来白居易出任江州司马时，又在庭前移栽了一棵"山石榴"，就是杜鹃花，哪知道移过来竟然没有开。于是他写诗道："小树山榴近砌栽，半含红萼带花来。争知司马夫人妒，移到门前便不开。"这杨夫人连花都妒，看来也不是善茬。

没多久，白居易就被唐宪宗任用为左拾遗（从八品上），兼任翰林学士。这个专门给皇帝提意见的官，陈子昂、老杜都当过，诏书下达之后，白居易颇有些沾沾自喜："奉诏登左掖，束带参朝议。何言初命卑，且脱风尘吏。杜甫陈子昂，才名括天地。当时非不遇，尚无过斯位……"

摆脱了被县乡干部呼来喝去的"风尘吏"生涯，来到天子驾前参与国家机密大事，这是何等的荣耀，想陈、杜两位大诗人，一生中最高的职位，无非就是个八品拾遗，白居易为官没多久，就当上了这个官，心下十分满意。

拾遗的职责，是给皇帝提意见的官，白居易虽然已是三十八岁但在官场上的历练毕竟还不够的，远不如那些官场老油子们圆滑。于是，白居易像特别激动，不但接连写了很多条劝谏皇帝、革除时弊的奏疏，而且还写了著名的《秦中吟》这一组讽喻诗。白居易后来有诗道："一篇长恨有风情，十首秦吟近正声。"他对这一组诗非常自负。不过，写这组诗，是需要足够的勇气的。

《轻肥》中讽刺当时大吃大喝的腐败行为，"樽罍溢九酝，水陆罗八珍。果擘洞庭橘，脍切天池鳞"，而老百姓过的是什么日子呢？"是岁江南旱，衢州人食人！"而这些靡费民脂民膏的是什么人呢？"借问何为者，人称是内臣。朱绂皆大夫，紫绶或将军"，是朝中的显贵，包括宦官、三品以上的文武高官。

《歌舞》一诗也是把矛头对准朝中大佬："雪中退朝者，朱紫尽公侯。贵有风云兴，富无饥寒忧……日中为一乐，夜半不能休。岂知阌乡狱，中有冻死囚！"深刻揭露出"问题出在前三排，根子就在主席台"的本质。

《不致仕》则讽刺朝中的老家伙们贪官恋栈，不肯退休，虽然"齿堕双眸昏"，还是不甘心放下权力，于是"金章腰不胜，伛偻入君门"。

所以白居易也知道，这些诗让好多人不痛快，他自己在给密友元稹的信中，曾经骄傲地说过："闻《秦中吟》，则权豪贵近者相目而变色矣。"这时候，白居易还是乐于当一个"公知"，充满参政议政的热情的。

除了《秦中吟》，白居易还写下了三十首《新乐府》，其中就有我们熟悉的《卖炭翁》《红线毯》之类，也是刺贪刺虐入骨三分的作品。因为率性大胆，说了好多人不敢说的话，白居易也因此名声大噪。另外这一年，他还有一个收获，老婆给他生了一个女儿，白居易给她取了个昵称叫"金銮子"。

两年过后，白居易升官了，升为京兆府户曹参军，这是个从七品上的官职，工资比原来当八品官时高了许多，老白这个人，好就好在乐天知足，他当时挺高兴的，有诗道："诏授户曹掾，捧诏感君恩。感恩非为己，禄养及吾亲。弟兄俱簪笏，新妇俨衣巾。罗列高堂下，拜庆正纷纷。俸钱四五万，月可奉晨昏。廪禄二百石，岁可盈仓囷。喧喧车马来，贺客满我门……"

前面说过，白居易当校书郎时，工资每月是"俸钱万六千"，而现在是"四五万"，多了三倍，也就是说大概月工资一万五千左右，而且还有粮食二百石，也就是大约一年发口粮二万四千斤左右，足够白府上老老少少、丫环仆役们吃的了。

然而，乐中生悲，一年后，也就是白居易四十岁这一年，他的母亲死了。白居易虽然好写叙事诗，但却无一诗言及其母，也没说她的死因。不过据他的政敌们揭发，说他的母亲是赏花时不小心掉进井里淹死的。还有人证明，说白母患有精神病，经常疯癫，发生过好几次因看管不细心，她差点用"苇刀自刭"的事故。这些传闻，想来也不是无中生有。

按照规矩，白居易当然要卸任回家"丁忧"，福无双至，祸不单行，他那小女儿金銮子，又因病夭折了。此时白居易也病倒了，写诗哭道："病来才十日，养得已三年。慈泪随声迸，悲肠遇物牵。故衣犹架上，残药尚头边。送出深村巷，看封小墓田。莫言三里地，此别是终天……"

在渭上老家闲居这三年，白居易的诗风有所改变，但本书主旨不是谈诗，所以这里就略过不提了。咱们直接说丁忧之后，已是元和九年，白居易四十三岁。回朝之后，得了个正五品的太子左赞善大夫一职。

这个官是太子的属官，职责是劝喻太子，没有什么油水和权势，是所谓的"冷官"。白居易心中不是很舒服，曾有诗借咏白牡丹道："白花冷淡无人爱，亦占芳名道牡丹。应似东宫白赞善，被人还唤作朝官。"我这算什么朝官啊，一点事也不管，充数罢了！

第二年，朝中发生了刺客杀死宰相武元衡的大事，白居易本来已不是朝中谏官身份了，但却依旧"技痒"，抢着上书要求缉拿凶手。这引起朝中某些早就看老白不顺眼的人的忌念，于是他们合谋参了白居易一本，把他赶出朝堂，一开始，想授个江州刺史给他,后来王涯又揭发白居易的母亲落井而死,白居易却还写有《新井》之类的诗篇,属于品德败坏的人,于是改为江州司马。

因为白居易来到江州(今江西九江),曾写下"江州司马青衫湿"一句,所以给人的印象是,白居易这个人也是经常怀才不遇,仕途坎坷似的。其实,白居易心理承受力很强,来到江州,并没有觉得太悲戚。很多人都忽视了《琵琶行》前那篇小序中的这段话:"予出官二年,恬然自安,感斯人言,是夕始觉有迁谪意。"原来并没有过多的委屈之感,而是"恬然自安"呢。有人可能说,这是白居易故作掩饰的"曲笔",但从白的诗集中找,不少写江州时生活的诗,都透露出他的心情确实不算太坏。

首先,他这个江州司马,和刘禹锡、柳宗元他们那些"八司马"有所不同,江州是上州,所以这里的州司马并非是从六品,而是从五品。在路上时,白居易还满腹愁肠,但来到江州,先让他喜出望外的是,当时的江州刺史崔能,竟然亲自率众出城迎接。此人是"文章四友"之一崔融的后代,想必也是爱惜诗人的好官,这样来对待一个贬谪的官员,并不是"公对公"的照章办事,而是出于惺惺相惜的友情。所以白居易感动之下写诗道:

初到江州

浔阳欲到思无穷,庾亮楼南湓口东。
树木凋疏山雨后,人家低湿水烟中。
菰蒋喂马行无力,芦荻编房卧有风。
遥见朱轮来出郭,相迎劳动使君公。

有当地一把手关照，加上江州并非偏僻荒蛮之地，风景气候都不错，加上工资照发，也不像苏东坡那样停薪停职，所以白居易在江州，并不像人们想象得那样悲惨。当然，偶尔也会有些心里不痛快的时候。但比起很多"真受罪"的贬官，像本书中说的沈佺期流放越南、杜审言沉沦吉州等泥潭里挣扎的例子，白居易其实还在云间天上呢。没想到"司马青衫"一词，竟成了受委屈的代表。

闲话不多提了，江州司马这个职位，本是掌管一州的军事，但后来各地节度使及其僚属全面掌握军政，所以州中的司马有职无权，成为闲官。这倒正合了白居易的脾胃，老白一向不是很热衷于权力的人。所以，他曾在《江州司马厅记》中大谈此官的好处，先说这个官最适合"没理想，没抱负"的闲人当——"若有人蓄器贮用急于兼济者居之，虽一日不乐；若有人养志忘名安于独善者处之，虽终身无闷。"

接下来白居易说，当司马这个官是有闲又有钱，先看"闲"："刺史守土臣，不可远观游，群吏执事官，不敢自暇佚，惟司马绰绰，可以从容于山水诗酒间。"你别看刺史是一把手，他有职责在身，也不能随便畅游，小吏们也各有职责，就我这当司马的，想干吗干吗，没有人管。

天底下的江山胜景是谁的？谁也吃不进肚里，穿不到身上，所以谁欣赏就是谁的，因此白居易说："由是郡南楼、山北楼、水溢亭、百花亭、风篁、石岩、瀑布、庐宫、源潭洞、东西二林寺、泉石、松雪，司马尽有之矣。"当时的庐山又不收门票，白居易畅游其间，还花钱在上面搭了间草堂居住，每日里"暮色苍茫看劲松，乱云飞渡仍从容"，岂不快哉！

再说"钱"，当江州司马这个官，"岁廪数百石，月俸六七万"，放现在合一月工资两万多，还有足够的粮食发，实在是有闲又有钱，快活似神仙啊！所以，大家别再为"江州司马青衫湿"感慨叹息了，我们读《琵琶行》流眼泪，替白居易发愁，他却在那里好开心呢！

在江州任上，白居易过了四年，其间还又"收获"了一个女儿。到了元和十三年，白居易任期已满，而此时朝堂中的形势又有变化，好友崔群，这时当上了宰相。而且，唐宪宗也不像忌恨刘禹锡那样，对白居易深怀恶意。于是，诏书下来，升白居易为忠州刺史（正四品下）。

忠州，即现在的四川忠县，当时经济条件远不如江州好。但白居易却也是非常高兴，他写诗感谢崔群道："提拔出泥知力竭，吹嘘生趣见情深。剑锋缺折难冲斗，桐尾烧焦岂望琴？感旧两行年老泪，酬恩一寸岁寒心。忠州好恶何须问，鸟得辞笼不择林。"

从"提拔出泥"、"鸟得辞笼不择林"之类的话看，白居易似乎又对调离江州一任，由衷地感到欣喜。这并非前后矛盾，白居易的优点就在这里，他总是随遇而安，总是容易看到事情好的一面，当司马没权力，但是悠闲啊，当刺史不那么悠闲，但是有权力啊。你要是总是看不好的一面，你就郁闷了，所以白乐天这名字不是白叫的，人家真是乐天派。

好事连连，去忠州的路途上，白居易喜遇密友元稹，两人这几年虽然天各一方，但诗信来往不绝，较之现在如胶似漆的情侣也并不逊色。这一次相见相伴，在船中共宿三天，有白诗为证："一别五年方见面，相携三宿未回船。坐从日暮唯长叹，语到天明竟未眠……"

来到忠州，白居易发现这里只是荒僻小邑，以他那种无为而治的性格，自然也是除了修桥修路之外，并无其他扰民之事："龙昌寺底开山路，巴子台前种柳林。"在这里，白居易吃上了荔枝，当年杨贵妃爱吃荔枝，要驿马飞驰急送，口味绝对不如新摘的鲜美，他让人画了《荔枝图》，并题序道："若离本枝，一日而色变，二日而香变，三日而味变，四五日外香、味尽去矣。"白居易心里又满足了，尝到的荔枝美味比杨妃御用的更香鲜可口啊。

在这里，公务不多，白居易闲来就在一个叫"东坡"的荒地上，栽树种花。看到"东坡"这个名字，大家可能眼前一亮，确实，北宋大文学家苏轼，他那个"东坡居士"名字的来历，不仅仅是贬谪黄州时也在东边山坡种地得名，其实苏轼毕生仰慕白居易，常在心里向往："做人要做白居易那样的人"。这事可不是我猜的啊，宋人洪迈在《容斋随笔》中说过：

> 苏公谪黄州，始自称东坡居士。详考其意，盖专慕白乐天而然。白公有《东坡种花》二诗云："持钱买花树，城东坡上栽"……皆为忠州刺史时所作也。苏公在黄，正与白公忠州相似，因忆苏诗，如《送程懿叔》云："我甚似乐天，但无素与蛮。"《入侍迩英》云："定似香山老居士，世缘终浅道根深。"而跋曰："乐天自江州司马除忠州刺史，旋以主客郎中知制诰，遂拜中书舍人。某虽不敢自比，然谪居黄州，起知文登，召为仪曹，遂忝侍从。出处老少，大略相似，庶几复享晚节闲适之乐。"《去杭州》云："出处依稀似乐天，敢将衰朽较前贤。"序曰："平生自觉出处老少粗似乐天。"则公之所以景仰者，不止一再言之，非东坡之名偶尔暗合也。

确实，苏东坡有过贬谪黄州的经历，也有身为杭州刺史、翰林学士的辉煌，上面他说"但无素与蛮"（指樊素、小蛮），那朝云是侍候谁的？白居易当江州司马时，也没有樊、蛮二人的。所以，这不是区别，最大的区别是，白居易是官越当越大，最后安享晚年，苏轼却是晚年被发落到海南岛，残了半条命，虽然挣扎回来，却称不上老来富贵。

在忠州的时间不长，前后不到两年，因为元和十五年时，唐宪宗死了。死因一说是服金丹，一说是宦官谋杀，当然还有说是他的郭皇后主使的，咱就不管了，咱还说白居易。换了新天子后，所谓一朝天子一朝臣，白居易被重新召回朝堂，给了个尚书省司门员外郎（从六品上），这是个管理人员出入的官员，等于是门岗的头目。品级比当刺史（正四品）差了好多，但毕竟是回长安为官了，白居易心里还是挺高兴的。所以说，唐人为官，不完全看品级，由此看来，从六品的京官甚至还要强于正四品的外官。

白居易有诗，生动地描写了这一情形：

初除尚书郎脱刺史绯

亲宾相贺问何如？服色恩光尽反初。

头白喜抛黄草峡，眼明惊拆紫泥书。

便留朱绂还铃阁，却着青袍侍玉除。

无奈娇痴三岁女，绕腰啼哭觅银鱼。

我们看，虽然是脱了绯袍，换上青衫，但白居易也不"青衫湿"了，而是喜滋滋地说："却着青袍侍玉除"——能亲近天子，比什么都强啊。诗中洋溢着喜气，如"喜抛黄草峡"，言下之意是可离开忠州这个穷地方了，但也有一处"不和谐"的声音，他的小女儿阿罗却啼哭起来，因为自己不当正四品的刺史了，配发的银鱼袋要上缴，他的宝贝女儿经常拿来当成玩具的银鱼袋没有了，当然大哭不干了。顺便一说，白居易好容易有个女儿，所以他对女儿是相当溺爱的，"朝戏抱我足，夜眠枕我衣"，这阿罗在白居易眼中也相当可爱："学母画眉样，效吾咏诗声。"

司门员外郎只是个过渡，没几个月，白居易就升为主客郎中（从五品），加朝散大夫、赐绯鱼袋（阿罗又有玩具啦）。五十岁这年，是白居易鸿运高照的一年，皇帝赐他为正二品上柱国的勋号，他老婆杨氏也封为弘农郡君，老白在渭上闲居、江州赋闲时一直标榜淡薄名利，但荣誉加身时，也不免十分得意："得水鱼还动鳞鬣，乘轩鹤亦长精神。"

这时候，白居易当然有本钱在京城买房啦，他买的房子，在现在的大雁塔那个地方，叫昭国坊，有诗道："游宦京都二十春，贫中无处可安贫。长羡蜗牛犹有舍，不如硕鼠解藏身。且求容立锥头地，免似漂流木偶人。但道吾庐心便足，敢辞湫隘与嚣尘。"

诗中的所谓"漂流木偶人"，是这样一个典故，出自《说苑》一书，说是一个木偶人和一个泥人对话，木人见天要下雨了，就笑道："下雨后，你是泥做的，就成了一滩烂泥了，我却没有事"。泥人却道："我淋成泥，无非返本归真而已，你被大水冲走，离开家乡，四处漂流，那才惨呢！"白居易这里是形容自己终于买了房子了，不会再像木偶人一样漂泊不定。

然而，有了权位，也有了是非。当年，有人举报科举不公，皇帝就命白居易临时任主考官，重新复试。风起于青苹之末，这次事件，标志着朝中的党争越来越激化。这年的十月份，白居易被任命为中书舍人（正五品上），这在当时，是相当荣耀的，所以后来有了"白舍人"这样的称谓。

当了中书舍人，就有资格在皇宫中值班，《千家诗》中选有的这一首《直中书省》，就写出了此时的情景："丝纶阁下文章静，钟鼓楼中刻漏长。独坐黄昏谁是伴？紫薇花对紫薇郎。"和很多中书夜值的诗相比，白居易似乎没有多么兴奋和激动，前面说过的韩愈，他当时的表现还记得吧？他在中书省夜值时狂呼："身在仙宫第几重"，由此看来，韩、白二人的性格差距，还是相当大的。

年轻小伙唐穆宗，在史书上有"昏童失德"之称，处理朝政也是颠三倒四，没什么章法，当时朝中政党的斗争日趋激烈，用后来王夫之观史时的点评之语就是"宦竖与人主争权，谏官与将相争势"，白居易的好友元稹当了几天的宰相，后来就被排挤出朝堂。白居易见中书舍人这差事也不好当，还不如在外当个地方官悠闲舒服，本来他对权位就不是太热衷，因此上疏要求调任地方官。

于是，五十一岁的白居易被派到杭州当刺史，杭州在唐代是上州，品阶为从三品，而且杭州在当时就是鱼米繁盛、珠玑满市，青山秀丽、红袖翩翩的好地方。前面说过，唐代官员有个思维定式，常觉得在外为官，远不如朝内，但白居易却不在乎，人家是聪明人，《红楼梦》中元妃告诫贾府中父兄："可要退步抽身早"，但说来容易，人在局中，往往迷惑。假若是其他人当了中书舍人，这种皇帝秘书的角色，还不得进一步"蹬鼻子上脸"，可劲儿往宰相位上爬啊，但那时候一脚蹬空，让政敌抓个错儿，杭州刺史这样的好差事可就甭想了。

因为白居易是主动要求出任杭州刺史，并非遭贬谪，所以没有人如狼似虎地催行，也没有人要求行程期限。这"敬酒"和"罚酒"的滋味，可是大不一样的。于是白大爷优哉游哉地边走边玩，路上他旧地重游，又逛了逛江州，看了看他当年筑好的草堂。白居易是朝中三品大员，江州刺史当然亲自迎接，设宴盛情款待，不在话下。这样的旧地重游，很有衣锦还乡的感觉。

在杭州，白居易相当畅快，他有诗说："昔为凤阁郎（指中书舍人），今为二千石（指刺史）。自觉不如今，人言不如昔。昔虽居近密，终日多忧惕。有诗不敢吟，有酒不敢吃。今虽在疏远，竟岁无牵役。饱食坐终朝，长歌醉通夕。"朝中政治，波谲云诡，实在是太凶险了，还不如早点离开自由自在。这样的做法，虽然不是辞官归隐，但意味却约略相似，隐于闲官之位，这也是白居易的一大发明。

白居易在杭州，简政宽刑，筑堤疏井，做了不少的好事。其实在古代，只要当一个不扰民、不贪虐的官儿，就是合格的好官。白居易虽然慵懒，他"平旦起视事，亭午卧掩关。除亲簿领外，多在琴书前"，我们看老白每天只上半天班，其他时间都是在消遣娱乐。众所周知，杭州西湖畔，那可是个好地方啊，我们大多数人，如果去旅游，少则一两天，多不过三四天，哪里能领略西子湖畔的四时佳景。而白居易却在这里住了整整两年有余。而且，他是杭州一把手，四处游宴赏玩，到哪里都会有人逢迎奉承，享这清福，比在朝中当战战兢兢的中书舍人不强多了？而且，就冲白居易留下的《钱塘湖春行》《杭州春望》等好诗，他就是最该逛西湖的人。

白居易秩满将卸任，他对西湖那是无比留恋，写有《西湖留别》一诗：

征途行色惨风烟，祖帐离声咽管弦。

翠黛不须留五马，皇恩只许住三年。

绿藤阴下铺歌席，红藕花中泊妓船。

处处回头尽堪恋，就中难别是湖边。

这里所说的"住三年"，其实是连头带尾都算，白居易是长庆二年十月到的杭州，长庆四年五月离任。大概是从诏书一下，就算了，谁让白居易连走加玩，耽误了大半年呢。当然，更多喜欢八卦的读者，更着眼于"红藕花中泊妓船"这一句，正所谓"柳色春藏苏小家"，白居易蓄妓一事，也不用避讳，"何处春深好，春深妓女家。眉欺杨柳叶，裙妒石榴花。兰麝熏行被，金铜钉坐车。杭州苏小小，人道最天斜"，也足以证明白居易和这些风尘女子多有来往。

顺便"八卦"一下，像樊素和小蛮，应该就是白居易出任杭州刺史时"收纳"的。四年多后，白居易在船上遇到刘禹锡时，可能让樊素唱歌给老刘听了，这才有"花面丫头十三四"之句。

杭州任满之后,回到长安,朝廷给了个太子左庶子之职,这是太子官里的属官,正四品上。本来太子的属官就比较清闲,但白居易却还要求分司东都。前面说过分司东都这伙人,基本上就是混吃等死的,白居易不过才五十三岁,在这个岁数,好多人都是踌躇满志,准备大干一场呢,但白居易却没那份心力了。当然,要求分司东都其中一个原因是,这一年短命的唐穆宗死了,继任的唐敬宗是一个十六岁的小朋友,玩得更是昏天暗地,一个月上不了几次朝。

在洛阳,白居易又买了处宅子,但现金不够,当时也不兴按揭贷款,于是又搭上了两匹马。后来不得不向好友裴度借马,裴度一听,写了句诗道:"君若有心求逸足,我还留意在名姝",意思是让白居易效古人爱妾换马的故事,给你匹马可以,把你家樊素让给我吧。白居易舍不得啊,于是推辞到:"安石风流无奈何,欲将赤骥换青娥。不辞便送东山去,临老何人与唱歌?"

有了新家,白居易好生打理了一番,有《春葺新居》一诗为证:"平旦领仆使,乘春亲指挥。移花夹暖室,徙竹覆寒池。池水变绿色,池芳动清辉……"然而,安乐窝刚修好,朝廷却下了诏书,让他去苏州,再当从三品的苏州刺史。

虽然是上有天堂,下有苏杭,但白居易却并不是太情愿去。因为当刺史,毕竟有好多政事要办,远没有分司东都悠闲,来到苏州,白居易"清旦方堆案,黄昏始退公,可怜朝暮景,销在两衙中"。唐朝按规矩,一般是办公一上午,下午就没事了,但这里政务繁忙,白居易几乎没有"休闲"时间了。忙乎了大半年,才能喘口气看看苏州的风景。

可惜苏州似乎不是白居易的福地,这年春天,五十四岁的白居易正骑马游玩,一个不小心,突然从鞍上摔了下来,跌伤了腰。可能是因为腰伤只好躺在床上看书,用眼过度,又添了眼病,白居易小时候眼中就好像有虫蚁在飞,现在更是:

"散乱空中千片雪，蒙笼物上一重纱。"在这样的情形下，白居易索性请了百日长假。按唐代制度，地方官请百日长假，视为自动休官。不当"苏州市长"了，白居易心中却满是喜悦，有诗道：

喜罢郡

五年两郡亦堪嗟，偷出游山走看花。

自此光阴为己有，从前日月属官家。

樽前免被催迎使，枕上休闻报坐衙。

睡到午时欢到夜，回看官职是泥沙。

不当苏州一把手了，"自此光阴为已有"，时间全是自己的啦。白居易又恢复悠闲岁月了。离开苏州，倒是喜事连连，白居易在路上遇见了知己刘禹锡，俩人在扬州玩了半个月，又结伴北归，一路上诗酒唱和，真是大快平生，刘禹锡那句"沉舟侧畔千帆过"，就是白居易的诗引出来的。

回来后，朝中情形又有巨大变化，唐敬宗被谋杀，其弟即位，是为唐文宗。唐文宗是一位比较开明贤达的皇帝，他重用的裴度、崔群等人，都是白居易的好友。于是朝廷颁下诏书，让白居易当从三品的秘书监。

秘书监这活儿，原来贺知章干过，还记得是什么吧？相当于国家图书馆馆长，但区别是唐朝的秘书省不是对外开放的公共服务设施。白居易当年初"释褐"（开始当官）时，就进秘书省当一名小小的校书郎，现在成了这里的头头，不禁很欣慰："紫袍新秘监，白首旧书生。鬓雪人间寿，腰金世上荣……"

正所谓"专掌图书无过地，遍寻山水自由身"，在"图书馆"，白居易又恢复了悠闲自在的生活，有诗为证："尽日后厅无一事，白头老监枕书眠。"看一回书，困了就倚着书堆打个盹儿，这正是许多人理想的生活。

然而，第二年，唐文宗觉得白居易"人才难得"，于是改派他为刑部侍郎（正四品上），唐人的官职不能只看品级，由秘书监到刑部侍郎，似乎是降了一级，但秘书监那差事是个闲职，没权没油水，估计也没人给管图书馆的送大礼。而刑部侍郎，掌握天下刑狱大权，你要是办个"保外就医"啥的，不都得求刑部的长官？一般来说，刑部尚书这样的一把手，多属老朽之辈，头昏眼花，精力有限，主要具体业务都是刑部侍郎来管。

不过，对于白居易这样只求闲适的人来说，这差事他不喜欢。他"故技重施"，还是请了百日病假，自动离职了。离职了怎么办呢？还是要求分司东都，唐文宗也厚道，给了他一个正三品太子宾客的官职，让他回洛阳去了。这时的白居易，已是五十八岁。

回到洛阳那处他曾经精心打理过的宅院，白居易心下无比兴奋，写诗道：

归履道宅

驿吏引藤舆，家童开竹扉。

往时多暂住，今日是长归。

眼下有衣食，耳边无是非。

不论贫与富，饮水亦应肥。

"往时多暂住，今日是长归"，这句话倒是不假，白居易从此以后，就再也没有离开过洛阳，直到十七年后，他病死在此地。有人写文章时，把白居易归居洛阳写得凄凄惶惶,说什么:"白居易也就变成了避世消沉、一蹶不振的香山居士,因而,他在破车之上仰天长叹:'往日多暂住,今日是长归!'"

这是完全不符合白居易当时的心境的,要是他想往上爬,何必辞掉刑部侍郎的差事呢?

回到洛阳,白居易心情非常好,尤其让他高兴的是,五十八岁的他居然又得了一个儿子,起名叫阿崔。得了一个小阿崔,却死了一个"老阿崔"——时隔不久,洛阳的东都留守崔弘礼突然发病死了,原来的河南尹升了东都留守,那谁来当河南尹呢?朝廷就考虑到白居易的身份名望正合适,于是降旨让他当河南尹。河南尹虽然品级是从三品,但是管洛阳附近二十多个州县,权力非常大。由此也可证明,上面说白居易坐在"破车"上痛感就此被冷落的事是何等荒诞不实。

白居易其实不大愿意当这个官,有诗曰:"六十河南尹,前途足可知。老应无处避,病不与人期",一副心灰意懒的态度。到任之后,政务繁忙不说,倒霉事一件件接踵而来,先是他好不容易晚年得到的儿子阿崔夭折,紧接着,又传来终生密友元稹暴卒在武昌的消息。当了三年泪眼不断的河南尹,白居易极为厌烦,于是又上书辞去这个官职,去做什么呢?还去当他分司东都的太子宾客。

看来分司东都这个闲职,是最适合白居易的,一干这个活儿,凡事就顺利。写"锄禾日当午"的那个李绅也来洛阳了,白居易和他是好友,曾戏称其"短李"(小矮个儿)。又过一年,好友裴度也来洛阳,当分司东都这伙人的领导,任东都留守。东都这里没什么具体工作,简直就是"干休所",这伙老头整天喝酒聊天,听歌看舞,有精神了就吟诗作赋。

玩了两年,朝廷又下旨让白居易去同州(今陕西大荔)当刺史,白居易这次干脆直接推辞,说啥也不肯就任。朝廷于是抓了刘禹锡"顶缸",老刘一向斗志高昂,进取心比老白强多了。

就在这一年（太和九年），发生了震惊内外的"甘露之变"，宦官挟持唐文宗，大肆屠杀朝中大臣，老宰相王涯也全家被押上法场砍了头，白居易不禁有些幸灾乐祸，有诗道：

九年十一月二十一日感事而作

祸福茫茫不可期，大都早退似先知。

当君白首同归日，是我青山独往时。

顾索素琴应不暇，忆牵黄犬定难追。

麒麟作脯龙为醢，何似泥中曳尾龟。

对于此诗，白居易的"死忠粉"苏轼曾为之辩护说："白乐天为王涯所谗，谪江州司马。甘露之祸，乐天在洛，适游香山寺，有诗云：'当君白首同归日，是我青山独往时。'不知者，以乐天为幸之，乐天岂幸人之祸者哉，盖悲之也！"

其实，也不要把白居易想得太伟大，他也就一平凡人，思想境界远没有大家想象中高尚，看到曾经迫害他的政敌，如今倒了大霉，心里高兴一阵也是很正常的。随后他又写下《即事重题》一诗，也是得了便宜卖乖的心情："身稳心安眠未起，西京朝士得知无？"

看来白居易要求分司东都，这一步走得是太英明正确了，俗话说"性格决定命运"，这也是他恬淡无为的性格所致，相比之下，他的好友和姻亲，像舅子杨虞卿，好友元稹及知交令狐楚、牛僧孺等都有过贬谪的经历。宋代叶梦得在《避暑录话》中，有一大堆夸白公远离官场纷争，跳出政治绞杀的论述。

逃过"甘露之变"这一劫后，白居易更是不想当趟政治浑水的职事官了，他仍旧留在洛阳东都,而且正所谓:"我本无心求富贵,岂知富贵逼人来",因为宦官大批屠杀朝臣,朝堂为之半空,像白居易这样的就算德高望重的老资格了,于是又升了官,当了从二品的太子少傅。当然,这个官和太子宾客一样,都是太子东宫系统的闲职,不过工资可不少发啊,这正是白居易期望的。

虽然官运亨通,达到了白居易仕宦生涯的顶峰,但他却也已经是六十四岁的老人了,在"人活七十古来稀"的唐代,已是相当高龄的人了。白居易的体格一直也不是那种特别棒的人,越来越显得老迈衰朽了。好在这时候刘禹锡也来东都洛阳了,接替白居易当太子宾客,俩老头经常在洛阳城里闲逛,喝酒赋诗,疯疯癫癫地撒欢,但却无人敢管,这俩老家伙品级比洛阳市长都高,于是白居易有诗道:"闻道洛城人尽怪,呼为刘白二狂翁"。

然而,白居易的身体一天天衰老,到了开成五年,六十八岁的白居易中风后,得了半身不遂之症,正像小品中范伟说的:"就我这腿脚,基本上就告别自行车了",虽然白居易有一匹"驵壮骏稳"的宝马,现在已经骑不动了,于是就将它转手处理掉,而二十来岁,风姿正绰约妩媚的樊素,白居易也"骑不动"了,为了她的将来着想,也为之脱籍遣放。临行时,樊素有一番非常动情的言语,让白居易又多留了她三四个月,但最终还是分别了。

开城五年(840年),春光如往年一样明媚,但在白居易的心中,却已经是一片荒芜,老病缠身,那一切曾经的美好,仿佛全让樊素给带走了:"病共乐天相伴住,春随樊子一时归"。

不过,这场突如其来的疾病,并没有夺去白居易的生命。白居易又熬死了一任唐朝皇帝——唐文宗死,唐武宗继位,是为会昌元年。白居易有诗自豪道:"大历年中骑竹马,几人得见会昌春"。又过了两年,到了七十岁这一年,白居易主动请长假罢官,用今天的话来说,就是还没有办正式退休手续。所以,七十岁后,有一段时间，白居易没有工资收入，全家人只靠吃老本度日，但白居易不在乎，有诗道："人言世事何时了，我是人间了事人！"

正所谓"有福之人不用忙"，虽然被停了两年俸禄，但七十二岁时，好友李绅当了宰相，堂弟白敏中又当了翰林学士，白居易只不过是非正常退休，又不是犯了什么大罪，给他办一下正常退休手续，并非难事，于是在这两人的帮忙下，白居易以正三品刑部尚书的待遇光荣退休。

无官一身轻，白居易最后有诗，给自己的仕宦生涯作了一个自我总结：

> 历想为官日，无如刺史时。
> 欢娱接宾客，饱暖及妻儿。
> 自到东都后，安闲更得宜。
> 分司胜刺史，致仕胜分司。

重新发工资后，白居易一下子多出来不少钱，他如今年纪老迈，觉得有钱也没地方玩去，自己又没有儿子，于是就做起了慈善事业。洛阳龙门附近有八节石滩，行船时非常凶险，容易出事故，于是白居易就出资凿平了这些礁石，从此以后，这里不再成为航道中的障碍，也不知挽救了多少人的生命财产，确实是功德无量的一件事，比佞佛、修寺强多了。

虽然白居易膝下无子，但值得欣慰的是他的老伴一直陪着他走完了一生，后来他的女儿嫁给一个姓谈的书生，生了一女一男，也给他带来不少喜悦。七十五岁这一年，白居易写的这首诗，就是他生命最后时光的真实写照：

自咏老身示诸家属

寿及七十五,俸沾五十千。

夫妻偕老日,甥侄聚居年。

粥美尝新米,袍温换故绵。

家居虽濩落,眷属幸团圆。

置榻素屏下,移炉青帐前。

书听孙子读,汤看侍儿煎。

走笔还诗债,抽衣当药钱。

支分闲事了,爬背向阳眠。

这年夏天,白居易在安详的睡梦中永远地长眠了。中唐时的著名文坛大腕早已相继谢世,如李绅、刘禹锡、元稹等,都无法吊祭这位继李、杜之后最有影响力的诗人了。不过,有一位重量级的吊客,写下了这样一首诗:"缀玉联珠六十年,谁教冥路作诗仙。浮云不系名居易,造化无为字乐天。童子解吟长恨曲,胡儿能唱琵琶篇。文章已满行人耳,一度思卿一怆然。"

作者是新继任的唐朝皇帝唐宣宗,诗人为皇帝写诗吊祭毫不稀奇,而皇帝为同时代的一位诗人写诗作吊,仅此一例,再无他人。

白居易仕途历程：

——秘书省校书郎（正九品）

——盩厔县县尉（从九品）

——左拾遗（从八品）

——京兆府户曹参军（从七品）

——太子左赞善大夫（正五品）

——江州司马（从五品）

——忠州刺史（正四品下）

——尚书省司门员外郎（从六品上）

——主客郎中（从五品）加朝散大夫、赐绯鱼袋

——中书舍人（正五品）

——杭州刺史（从三品）

——太子左庶子（正四品上）

——苏州刺史（从三品）

——秘书监（从三品）

——刑部侍郎（正四品下）

——太子宾客（正三品）

——河南尹（从三品）

——太子宾客（正三品）

——太子少傅（正二品）

——以刑部尚书身份致仕

——终

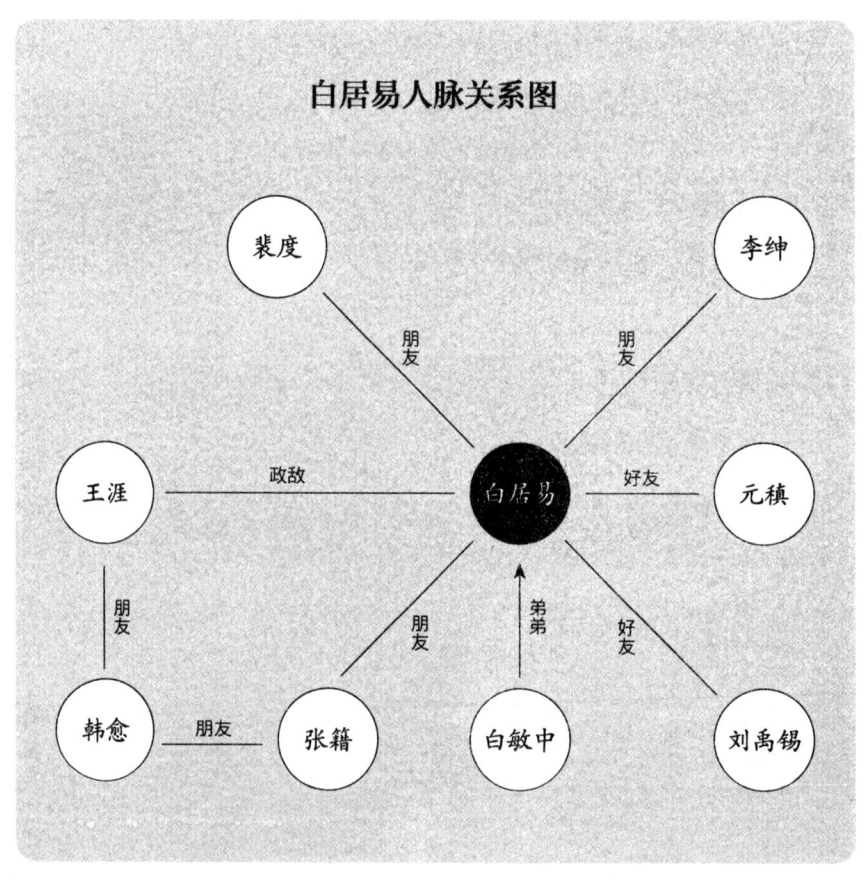

当白居易去世时,中唐诗坛上的著名人物,如韩愈、柳宗元、刘禹锡、元稹、李绅、李贺、孟郊、贾岛等全都先后离世,中唐的大幕已经垂落,接下来是"夕阳无限好,只是近黄昏"的晚唐。

李贺、孟郊、贾岛这几个人,在诗坛上颇有地位,但在仕途上却乏善可陈。李贺因体弱多病而早夭,只担任过奉礼郎(从九品上,骆宾王曾当过)一职;而孟郊一直考不上,虽然最后也博得了"春风得意马蹄疾"的成功,但我们知道进士及第,不代表从此就是仕途无忧,孟郊这样的性格,也只能沦落为县尉一类的小官;而贾岛,屡次应试不中,最后只得长江主簿(从九品)一职,不久就病逝。限于篇幅,这里就不详述这几人的仕途经历了。

晚唐

"一种风流吾最爱,六朝人物晚唐诗",时值晚唐,正如万物之遇秋天,虽然草木即将凋零,但霜叶如花,那一抹胭脂之色,却是格外鲜艳。前面那两句诗,是日本诗僧所写,也许,晚唐时如李商隐的朦胧诗、温庭筠的花间词那种凄美、浓艳的格调,正符合他们的审美偏好吧。

晚唐诗人,大多数在仕途上远不如韩、柳和元、白他们发达。柳宗元就算够委屈的了,但毕竟也是正四品下的柳州刺史,而李商隐、温庭筠等辈,和"初唐四杰"一样,始终屈沉下僚,终生没有穿过红袍。

这其中,杜牧应该算是个例外,他的诗风雄俊爽朗,有别于晚唐诸人,而仕途上,也是相对比较风光的。当然,小杜一直不满意,他当的官,也远不如白居易、元稹、刘禹锡等人显赫,但在本卷中却算是最出众的了。

倚遍江南寺寺楼
杜牧

相对于李白和杜甫，李商隐和杜牧有"小李杜"之称，然而，较之"大李杜"，尊卑正好掉了个儿，杜牧的年龄比李商隐要大十岁左右，地位和官职也远比李商隐更加尊贵，小李曾有两首诗献上，奉承巴结小杜，但小杜却不是怎么热情，反正没有在他集中看到相酬的诗句。

杜牧出身名门，在唐代，韦家和杜家住在长安南边的富人区内，宅第巍峨高耸，时有"城南韦杜，去天尺五"的说法。杜牧的爷爷是曾经做过宰相的杜佑。有印象吧？前面咱们说过，就是杜佑把在御前大胆进言的年轻元稹赶出朝堂去做河南县尉的。

当然，也不能据此就说杜佑是个坏人，都说"清官难断家务事"，有时候这政治上的倾轧斗争，也常常是乱如丝麻，让人难以分清的。杜佑也不是只有满肚子坏水，人家也有一肚子墨水，他曾编过一本《通典》，煌煌二百卷，共有二百多万字，详尽地记载了"食货"、"选举"、"职官"、"礼"、"乐"等唐代各方面的史料，是研究唐代历史的工具书。

对于这事，杜牧当然知道，也深以为自豪，他有诗道："我家公相家，剑佩尝丁当。旧第开朱门，长安城中央。第中无一物，万卷书满堂。家集二百编，上下驰皇王。"就是夸自己是宰相之后，书香门第的。

不过，虽然现在看来，杜牧比他爷爷的名气大多了，是杜家最有出息的一个人。但在当时，没有人这样看。杜佑有三个儿子，杜牧的父亲杜从郁是最小的一个，在杜牧十来岁的时候，爷爷、父亲相继去世，虽然杜氏家大业大，但杜牧没了爹，又没有爷爷来主持公道，在家族中不免受到排挤，以至于落到"奴婢寒饿，衰老者死，少壮者当面逃去，不可呵止……某与弟颛食野蒿藿，寒无夜烛，默念所记者凡三周岁"这样的凄凉境地。

有人看了，可能觉得杜牧或者言过其实，一个宰相之孙，何至于落到这般田地——奴仆逃散，受冻挨饿吃野菜，晚上连蜡烛也没得点，只好默记白天读的书。然而，正所谓："炎凉之态，富贵更甚于贫贱；妒忌之心，骨肉尤狠于外人。"《红楼梦》中探春说过："咱们倒是一家子亲骨肉呢，一个个不像乌眼鸡？恨不得你吃了我，我吃了你！"这或许也正是当时杜家的情景吧。

与此同时，杜牧的堂兄，二伯父家的儿子杜悰，却攀龙附凤了，他被选为驸马，娶了唐宪宗的嫡女岐阳公主。岐阳公主的母亲是郭皇后，即"打金枝"故事中的主角郭暧和升平公主之女。杜悰当了驸马，自然是官运亨通，二十出头的他，当即被封为银青光禄大夫（从三品）、殿中少监（负责皇帝衣食出行等事务的官）、驸马都尉。

人比人气死人啊，杜牧这一生，后来就一直被这位堂兄带来的阴影压抑着，少了许多灿烂阳光。其实小杜应该早早地知道，他的诗名千古流芳，这位吃软饭的杜悰，如果不是因为和他有点亲戚，谁知道啊！

面对这种情形，小杜只能通过"科举改变命运"，拼爹时爹没了，侯门相府也白搭啊！不过，这也激励了杜牧发愤苦读。由于聪明加刻苦，小杜没中进士前，就写出了著名的《阿房宫赋》，一时间京城里的太学生们都纷纷传诵，崇拜得不得了。当时的太学博士吴武陵,读了这篇文章后特别感动,当即去找主持科举的考官崔郾,给他念了一遍,并要求录取杜牧为状元。崔郾说,状元已内定了人选了,吴武陵不干,争执一番,吴武陵说,反正不能低于第五名,老吴当时一把年纪,在教育界也颇有威望,崔郾于是只好把杜牧取为第五名。当时有人不服,说杜牧"不拘细行"——生活作风有问题,但崔郾道:"已经答应了吴君,杜牧就是杀猪卖肉的,也没办法改了。"

顺便说下吴武陵,柳宗元写的《小石潭记》中,最后提过他的名字。这人曾经在永州追随过柳宗元,晚年又力荐过杜牧,所以,由于老吴打了两次"大酱油",尚不至于在文学史上泯然无迹。

由此看来,晚唐的科举很没真事,当然,杜牧就凭这篇《阿房宫赋》,当个状元是绰绰有余,千年来状元虽然也算是"稀有动物",但那些状元又有几人能写出《阿房宫赋》这样的精妙文章?

二十六岁的小杜进士及第后,又正好碰上制举,前面说过,制举比科考更难,但考中后直接就可以授官。小杜发扬"继续作战"的精神,只隔了一个月,又通过了制举考试,这一年的小杜,正如他自己诗中所写的,"两枝仙桂一时芳"。

由于有了"双学位",吏部也没话说,于是小杜随即被授予弘文馆校书郎(从九品上)一职。这个职位,是书生得以拜官解褐的常见途径。在校书郎职位上,只待了半年,小杜就随江西观察使沈传师到幕中作推官去了。

这沈传师,和杜家是世交,他爹沈既济,就和杜牧的爷爷杜佑关系很好,杜佑还把表甥女嫁给沈传师,所以还有那么一层姻亲关系。恰逢沈传师由尚书右丞出镇江西,按惯例,观察使、节度使之类的官,有权自己组建手下的"领导班子",所以他就带小杜去了。

通过前面韩愈入董晋幕中的叙述,可以得知,在幕中为官,收入大大高于朝廷的死工资。于是小杜就跟着老沈到南昌当了团练巡官。团练巡官，这个职务，相当于现在的武装部长之类，但不在朝廷的正式官阶之内，如此一来，就产生一个问题，将来吏部论资排辈晋升时，以何为依据？于是唐代官员，有这样一个习惯，就是挂一个朝廷中有的官衔，像老杜在严武幕时，挂"检校工部员外郎"一职。而小杜挂的是"左武卫兵曹参军"（从八品）一职。

小杜在南昌，没听说干过什么正事。当时沈传师府中，有一位名叫张好好的歌妓，年方十三岁，正是"娉娉袅袅十三余"的时候，小杜对其十分倾慕。过了两年，沈传师又去做"宣歙观察使"了，也就是说徽州宏村那一带地方都归他管。于是小杜又随之来到宣城，当然，张好好也被带了过来。但是沈传师的弟弟沈述师捷足先登，娶了张好好当小妾。

这个沈述师，是李贺的好朋友。此时李贺早已故去，但沈是李贺的粉丝，一直珍藏着他的诗集，于是就拿出来让杜牧作序。杜牧本不认识李贺，但因为沈述师的关系，才写了那篇著名的《李长吉诗序》。这篇文章有些人可能不大熟悉，但是其中有个词大家肯定都知道——"牛鬼蛇神"——"风樯阵马，不足为其勇也；瓦棺篆鼎，不足为其古也；时花美女，不足为其色也；荒国陊殿，梗芒邱垄，不足为其恨怨悲愁也；鲸呿鳌掷，牛鬼蛇神，不足为其虚荒诞幻也……"

闲话不多提，花开花落，鸟去鸟还，转眼又是三个春秋，小杜已是三十岁了。此时，沈传师不在地方当官了，要调回京城作吏部侍郎。这些幕僚自然没法都跟着涌进朝堂，于是"各自须寻各自门"，作鸟兽散了。

小杜好在毕竟是宰相后人，熟人不少。于是就投在淮南节度使牛僧孺门下。牛僧孺这个人，是牛李党争中，牛党一派的头目，和杜家关系不错。杜牧在这里，任掌书记一职，挂的京衔是监察御史里行（正八品），应该说还是比较不错的职位。

淮南节度使开府扬州，在唐代，扬州是个歌舞喧天的好去处，有诗云："夜市千灯照碧云，高楼红袖客纷纷。"像小杜这样贪花好色的人，来到此处，简直就是老鼠进了米缸里。杜书记于是夜夜游荡于灯红酒绿的风月场所，写下不少"老鼠爱大米"的诗句："春风十里扬州路，卷上珠帘总不如""蜡烛有心还惜别，替人垂泪到天明"之类的。

当时牛僧孺悄悄派了人，盯杜牧的梢，将他的行踪一一收集登录在案。虽然唐朝没有嫖娼是犯罪的说法，但毕竟也是不光彩的事情。过了两年，小杜被升为"真监察御史"（不是我打趣，杜牧自己写的文中也这么叫），要回京去了，牛僧孺在送行的酒宴上，才语重心长地告诫说："以后要检点一下啊！"小杜一开始还抵赖，辩称说自己一向很纯洁。结果老牛取出一个盒子，给小杜。小杜打开一看，全是探子的密报，写有"杜书记今夜在某家留宿"，"杜书记宴某家，无恙"之类文字的纸条。小杜当下既羞惭，又感激，再也不敢在老牛面前装纯了。

因为小杜有"十年一觉扬州梦，赢得青楼薄幸名"之句，不了解实情的人，以为小杜真的在扬州玩了十年，后来混得极为落魄。其实，他在扬州也就待了两年，并没有耽误升官，由在外的幕府官，顺利转正为朝廷的正八品监察御史，而且是在三十三岁这样的年纪，应该说并不算差。

然而，回到朝堂里，发现当时的政治气氛十分诡谲，此时正是"甘露之变"爆发的前夕，郑注等人弄权，皇宫里充满了火药味。小杜虽然好色，但好谋大事，对军政大事有着天生的敏感性，他觉得这里乃是危墙之下，于是要求分司东都，去洛阳当"备胎"。

去了洛阳，不但躲过了"甘露之变"的大屠杀，而且还有个意外收获，就是小杜又遇见了当年的恋人张好好。这时张好好不知为什么被抛弃了，流落在洛阳街头卖酒，小杜唏嘘一番，写下一篇长诗，名为《张好好诗》，尤其难得的是，这首诗的原稿一直保留到今天，如今静静地躺在故宫博物院中，千年前笔端中流出的爱恋，凝结在这张泛黄的麻纸上。

在洛阳待了三年，收获了他的第一个儿子杜曹师，此外似乎并没有其他的作为。三年后，弟弟杜颢患眼病很严重，于是杜牧陪他到扬州去找名医。由于在节度使幕中的生活，给杜牧的印象不错，他就又来到宣州，当了团练判官。这时在朝廷中挂的衔是"殿中侍御史"（从七品上）。临走时，估计没带老婆和儿子，因为他有这样一首诗："初岁娇儿未识爷，别爷不拜手吒叉。拊头一别三千里，何日迎门却到家。"

此次在宣州，小杜和当年的心情大不相同，于是催生了这样一首好诗：

题宣州开元寺水阁阁下宛溪夹溪居人

六朝文物水连空，天淡云闲今古同。
鸟去鸟来山色里，人歌人哭水声中。
深秋帘幕千家雨，落日楼台一笛风。
惆怅无因见范蠡，参差烟树五湖东。

小杜在宣城，其实过得也挺自在的。然而，世事岂能尽如人意，还不到一年，朝廷一封诏书下来，让他回京城当左补阙（从七品上）兼史馆修撰。这是个给皇帝提意见的官，和拾遗的职责相似，但比拾遗大。一般人从外放转京官，都是乐得屁颠儿屁颠儿的，但杜牧却在回京时写"我来惆怅不自决，欲去欲住终如何"，很有些不情愿的样子。

在别人的眼里，杜牧的仕途堪称一帆风顺，从七品的左补阙只当了一年，就升为从六品的膳食员外郎一职，后来又调为比部员外郎，也是从六品。这两种官前面都说过，一个管伙房，一个管后勤财务，都是美差，但小杜却始终不喜欢，他借口弟弟害眼病没有人照料，又请假去了江西九江。

不久，皇帝又换人了，唐文宗死了，唐武宗继位，武宗重用李党中的头目李德裕，小杜因为和牛党中的牛僧孺关系很好，自然也不能留在朝中。于是诏书下来，将杜牧封为正四品下的黄州刺史。

黄州就是现在的湖北黄冈市，在唐代是非常偏僻的小城。后来苏轼曾经贬斥到这个地方，当团练副使，不发工资，不得签署公事。但杜牧绝对没有这样委屈，他是一州的刺史，可不像老苏，在黄州街上闲逛时，被一无事生非的醉汉撞了个趔趄，也只好认倒霉。

在这里，小杜写有一首绮丽幽婉的诗："菱透浮萍绿锦池，夏莺千啭弄蔷薇。尽日无人看微雨，鸳鸯相对浴红衣。"在黄州小杜的心情却也不是多好，还是觉得自己没能干一番大事业，没有能用上自己的兵韬将略，他写有一篇《上李司徒相公论兵书》，把自己研究兵法的心得谈给当时的宰相李德裕，想获得重用，但没有效果。

如此过了两年，杜牧已是四十二岁，调池州刺史，这个地方在安徽贵池，和黄州也差不了多少，都是人口比较少的下州，品级一样是正四品下。这一年，杜牧的堂兄杜悰升为了从二品的尚书右仆射兼门下侍郎同平章事（即宰相），但杜悰的拜相对杜牧的仕进没见有什么帮助。

在池州，诗人张祜来拜访了他，这个张祜是晚唐的著名诗人，和孟浩然一样，终生白衣，他曾经受过元稹和白居易的排挤，而杜牧的爷爷杜佑和元稹是政敌，所以杜牧一听，对张祜极为同情，于是有诗说："睫在眼前人不见，道非身外更何求。何人得似张公子，千首诗轻万户侯"，这诗就是这样来的。另外，那首"菊花须插满头归"的诗，也是和张祜一起登山时写的。

还有一件事，相传也是杜牧在池州时干的，宋人计有功在《唐诗纪事》卷六十五记下了小杜的一则绯闻。说是，小杜在这里让一个姓程的女子怀了孕，但害怕正妻裴氏兴师问罪，不敢纳她为妾，为了让自己的儿子不至于更改姓氏，就安排她嫁给了一个叫杜筠的男人，后来生下一个儿子，就是晚唐的著名诗人杜荀鹤。此事是真是假，当年又没DNA检测技术，没法甄别。不过杜牧真正的儿子倒没什么出名的诗作，倒是杜荀鹤有出息，看来这个私生子没白生，比苏轼的私生子——那个当太监的梁师成要强多了。

会昌六年，也就是杜荀鹤出生的那一年，杜牧调离了池州，转到睦州（今浙江建德）当刺史。这地方在当时也是比较荒僻的小地方，杜牧不禁有些失望，曾经写下这样的文字描述睦州的环境："万山环合，才千余家。夜有哭鸟，昼有毒雾。病无与医，饥不兼食。抑暗逼塞，行少卧多。"小杜的职位越混越糟，应该和李德裕正担任着宰相，李党对牛党中人的打击迫害有关。当时牛党领袖牛僧孺被贬到广东循州当长史，小杜这地方其实算是好的了。

好在世事变幻无常，十年河东，十年河西，两年后，唐武宗驾崩，唐宣宗继位，李党开始倒霉了，李德裕被贬到崖州（今海南岛），郁闷而死。牛党一派重新开始抬头，小杜也在宰相周墀的暗中援引下，得以回朝，任司勋员外郎。这个官职属于吏部，从六品上，掌握官员们的勋绩，是比较有权力的一个位子。

这时，三十七岁的李商隐正在京城，于是写诗巴结杜牧，诗中说："高楼风雨感斯文，短翼差池不及群。刻意伤春复伤别，人间惟有杜司勋"。其实，我们仔细想想，这"刻意伤春"之类的诗句，小杜好像也没有多少出色的，倒是李商隐擅长，看来是想套近乎，有引为同类之意。但小杜不买账，根本没有回诗相酬，使得晚唐小李杜的对手戏非常乏味。

究其原因，大概杜悰的母亲是李商隐的远房姑母，李商隐曾写过长诗献给杜惊,而杜悰虽是杜牧的堂兄,但他们一直不怎么和睦,小杜不免连带着讨厌上李商隐了。

司勋员外郎的位置虽然清要,但杜牧只做了一年,就又萌生了到江南做地方官的打算,他上书朝廷,要求到杭州去当刺史。但杭州刺史也是个很多人盯着的好位子,以小杜的资历和品秩,还不怎么够。

杭州刺史没当成,小杜退而求其次,就给当朝宰相连写了三封信,要求去湖州当刺史,理由一点也不"光明正大"——在朝为官收入少,在地方当官钱多。信中说得极为可怜:"沥血披肝,伏纸进泪,伏希殊造,或赐济活。"看看,大有不让去湖州就活不成的意思,在小杜的百般恳求下,宰相们(当时有三个宰相)终于同意了。但杜牧心里也不怎么舒服,于是他写了一首弦外有音的诗:

将赴吴兴登乐游原

清时有味是无能,闲爱孤云静爱僧。

欲把一麾江海去,乐游原上望昭陵。

所谓吴兴,就是湖州的别称。昭陵,是唐太宗的坟墓,最后这句有埋怨当朝皇帝不是明君,无法让他施展抱负之意。这诗要是让当时的皇帝唐宣宗看了,恐怕定会大为恼怒。有话藏不住,想说就说,这恐怕也是杜牧在仕途上没能更进一步的原因。

撇下这首牢骚诗,杜牧去湖州上任去了。湖州在当时也是上州,刺史俸钱一个月八万文(约合人民币两万四千元),而且是个山明水秀的好地方,还出产好茶——顾诸紫笋茶。这种茶颜色泛紫,有着兰花般的清香,冲泡在杯中时,片片叶芽形如春笋，直立向上，所以得名为"紫笋茶"。好茶还须用好水，所以唐代当年进贡茶叶，要用龙纹锦缎包起上品紫笋茶，用精致的银瓶盛满清冽的泉水，一路快马加鞭，送到皇宫里，供御宴上品用。但马再快，也要耽误许多时日，哪像小杜能尝到最新鲜的？小杜当时正好得了病，不喝酒，改喝茶了，有诗道："欲开未开花，半阴半晴天。谁知病太守，犹得作茶仙。"

顺便说一下，湖州这里是个人才辈出的地方，才子才女不少。如果小杜早生一百年，会遇到唐朝最著名的美女诗人李季兰；晚生四百多年，会遇到元代大才女管道昇。可惜杜牧生不逢时，这些著名美女都没碰上，原来在湖州看中的一个"萝莉"，也早早嫁了别人。是这么回事：杜牧一直是"萝莉控"，他曾经在湖州相中一个小姑娘，才十来岁，就爱上了，以重金下聘，约定十年之内来娶，但是杜牧一下子过了十四年才又来到湖州，那个女孩，已经嫁给别人三年，而且生了三个孩子了。杜牧好生沮丧，写了这样一首诗：

叹花

自恨寻芳到已迟，往年曾见未开时。

如今风摆花狼藉，绿叶成阴子满枝。

虽然有"采花"失败的挫折，但杜牧在湖州还是挺惬意的，只可惜，只一年后，朝廷就又下诏命杜牧回京，任考功郎中（从五品上）兼知制诰。考功郎中是负责科考的官员，知制诰则主笔写诏书，都是很有权有势的官职。

然而，杜牧也不怎么高兴，这小杜不像白居易，人家是入朝就想在朝中的好处，外放就想外放时的自在，小杜来湖州时惆怅地望昭陵，回去时又写下这样的诗句:"镜中丝发悲来惯,衣上尘痕拂渐难。惆怅江湖钓竿手,却遮西日向长安。"

时为大中五年,杜牧已是四十九岁,当时谁都不知道,他的生命还剩下最后一年。

回到朝廷后,杜牧的文采在起草诏令时表露无遗,让唐宣宗大为欣赏,于是很快提升他为正五品的中书舍人。因此,后人也别称杜牧为"杜舍人"、"杜紫微"。

杜家原来在长安城的安仁里有旧宅三十余间,但被其堂兄杜慥所占用,杜牧当了这许多年的外任刺史,也攒下不少钱,于是把爷爷杜佑当年经营过的樊川别墅又收购回来,加以重新修缮。他预备着在这个地方养老,还对外甥裴延翰说,将来编辑我诗集的任务就交给你了,我的诗集就叫《樊川集》。

哪知道,杜牧才五十岁就患了重病,药石无力,医者束手。杜牧自知来日无多,把自己平生所作的诗集检阅一遍,焚毁大半。杜牧平生写有至少上千首诗,烧得只剩下二百来首,好在外甥裴延翰(此人可谓"名副其实")是个有心人,平日就悄悄录下二百来首,所以现在我们看到的小杜诗集中,共有四百五十余首。

小杜就这样早早离世了,终年五十岁。

杜牧写诗时挺明白的:"多无百年命,长有万般愁,世事应难尽,营生卒未休,莫言名与利,名利是身仇。"

杜牧仕途历程：

——弘文馆校书郎（从九品上）

——左武卫兵曹参军（从八品）、江西团练巡官

——监察御史里行（正八品）、淮南节度掌书记

——监察御史（正八品）、分司东都

——宣州团练判官、殿中侍御史（从七品上）

——左补阙（从七品上）、史馆修撰

——膳部员外郎（从六品上）

——比部员外郎（从六品）

——黄州刺史（正四品下）、池州刺史（正四品下）、睦州刺史（正四品下）

——司勋员外郎（从六品上）

——吏部员外郎（从六品上）

——湖州刺史（从三品）

——考功郎中（从五品上）、知制诰

——中书舍人（正五品上）

——终

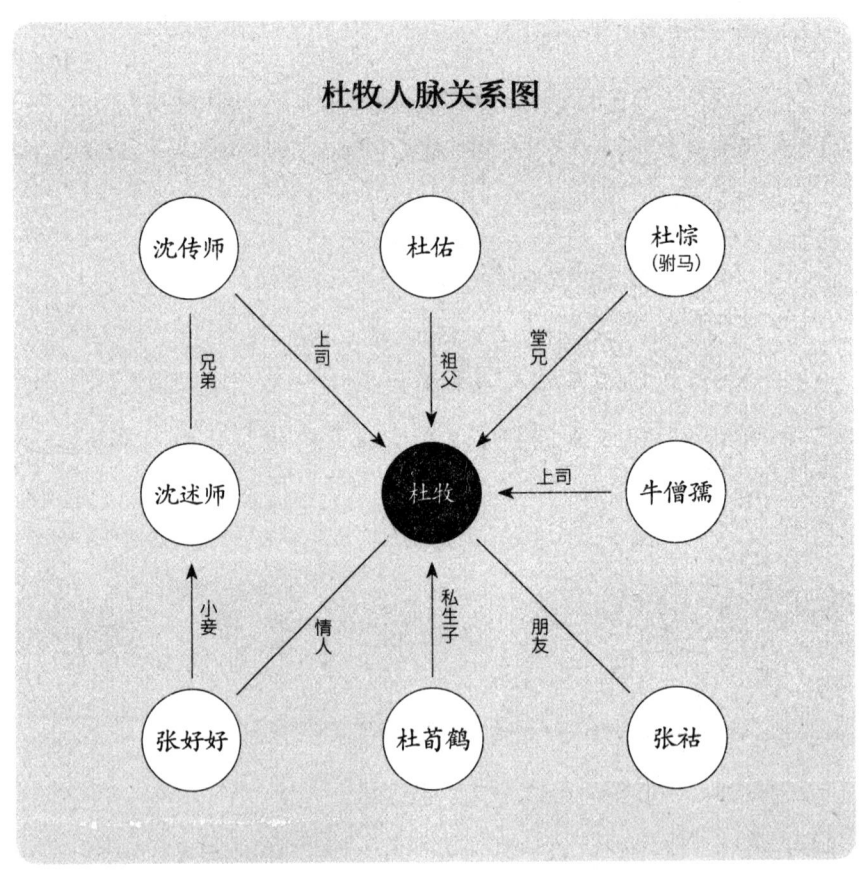

| 忍剪凌云一寸心 |

李商隐

　　李商隐的诗作，是最能代表晚唐风韵的那一类，其秾艳凄美、迷离惝恍的意境，让人心醉神迷。他那些比《红楼梦》索隐还神秘的无题诗，更是众说纷纭，引起文学史上无休无止的口水仗。由于这些无关本书宏旨，此处就不说了，但我们如果了解李商隐的仕途经历，会不会对破解他诗中的谜团有所帮助呢？

　　李商隐也自称是李唐宗室的血脉，不过时值晚唐，李唐宗族开枝散叶，后裔已多得数不胜数，就算真是，只要没有封王袭爵，就没有什么实质意义，无非是充充面子罢了。

　　据现有的资料表明，李商隐是"三代寡孤"，什么意思呢？就是说他的曾祖、祖父、父亲这几辈人，都是当爹的早早挂了，靠守寡的母亲拉扯幼子长大成人。而且他们当的官都不大，最大也就是七品县令这样的。其实李商隐后来混到从六品的检校吏部员外郎，应该说是他们李家中最优秀的了。

　　由于没做过很大的官，又是"三代寡孤"，所以李家的家境也并不富有，李商隐前面有三个姐姐，大姐和他相差有十九岁之多，估计李商隐小时候没有了父亲，又经常被几个姐姐照顾看护，不免养成了柔弱多情的女子性格。我们看李商隐写的那些情诗，比薛涛、鱼玄机这些真正的女诗人还缠绵细腻，这大概是原因之一吧。

十岁左右，李商隐的父亲就去世了，在古代，男人是一家子的顶梁柱，是经济收入的唯一来源。李商隐小时候也过得挺困窘的，据说是"佣书贩舂"度日，就是给人家抄书，帮着碾粮食，换点钱花。不过，越是这种门庭落魄的苦孩子，越有毅力和志气苦学。

李商隐的诗，总给人一种始终怀才不遇的感觉，其实事实上他并非完全如此。他在十七岁的时候，就受到天平军节度使令狐楚的赏识。令狐楚当时已是六十多岁的老头子，须发皆白，但非常喜欢李商隐，把他聘为幕僚。

我们知道，节度使帐下的幕僚待遇不错，一般都是选新科进士充任，李商隐这样一个毫无功名的少年，按说没资格，但令狐楚"我的地盘我做主"，他说李商隐行，不行也行。对此，李商隐曾经充满感激地回忆道："天平之年，大刀长戟，将军樽前，一人衣白"，那白衣飘飘的少年（唐代没功名的只能穿白衣），就是李商隐啊！

其实，令狐楚等于充当了李商隐的老师，原来李商隐不怎么会写骈四骊六的文字，经过令狐楚的调教，李商隐这个"短板"倒成了强项，我们看那《无题》中的对偶有多棒！这其中都有令狐老先生的功劳。

令狐大侠，不是，令狐楚因为和白居易关系不错，就也把李商隐介绍给他，这就是前文中白居易戏言要当李商隐的儿子一事的由来。白居易死后，其弟白敏中嘱托李商隐给老白写墓志铭。白敏中当时是宰相，白居易也是带着正二品太子少傅的头衔光荣离世的，而李商隐当时只是一个小小县尉，按说绝对不够资格，要不是白居易临终亲口吩咐，写墓志铭这样的事，绝对落不到他的身上。由此可见，白居易投胎变成李商隐的儿子，这事没准，但他对李商隐的喜爱，绝对不假。

大和六年，令狐楚又调到太原当节度使，这时，十九岁的李商隐忙于科举考试，这太原府的幕中，没有长期待过。也许是看李商隐太年轻，也许是送礼没送到，反正当时的主考贾𫟯几次黜落了李商隐，让他倍感失落。当然，贾𫟯得罪了"文曲星"，也没好下场，三年后的甘露之变中，他全族被诛，全都当了无头之鬼。

蹉跎了一年，没考上进士，这时太原幕府也没法待了，为什么？不是令狐楚讨厌他，而是令狐老头要到朝中当吏部尚书了，在朝中，下属都是朝廷指派的，他没法自行"招聘"工作人员了。有人说，好啊，吏部尚书不是主管官员职位的吗？给李商隐弄个县丞、主簿之类的官儿不成吗？这事在唐代，还真不成。没有科甲进身的资格，除了因军功（那个非文职官职）、门荫，还真当不了官。

好在李商隐有了在幕府中工作的经验，这时就投入华州刺史崔戎门下。这人和李商隐有一点亲戚关系，算起来是他的重表叔。李商隐有一首著名的诗，大家肯定记得，那首诗最后一句是"留得枯荷听雨声"。不过那首诗题目可能很少有人注意——《宿骆氏亭寄怀崔雍崔衮》，这里的崔雍崔衮，正是崔戎的两个儿子。李商隐曾经和他们相伴读书，很是欢洽。

李商隐跟了崔戎，待遇相当好，老崔关照他，让他不用天天"打卡"上班，而是长期闲居山寺中安心读书，以备应考。但是不到一年，五十五岁的老崔竟然暴病而死。要说李商隐的八字，可能真不怎么好，类似这样的事，后面还有不少呢。

话说李商隐还是一边找幕府"打工"，一边参加科考。又经历几次落榜后，终于在开成二年，得以进士及第。这回的科举考试，是唐文宗亲自出题（反正甘露之变后他被宦官限制了权力，没啥事干），一篇《琴瑟合奏赋》、一篇《霓裳羽衣曲诗》。

此时，李商隐不过二十四岁，应该说不算晚。当然，李商隐的进士及第，有令狐楚和其子令狐绹的莫大功劳，当时，主考官高锴曾咨询过令狐绹："八郎之友谁最善？"这意思就是主动听招呼，关照一下令狐门下的亲友嘛，令狐绹说：

"李商隐!"怕这位姓高的忘了,还重复再三。

不过,前面不是说李商隐倒霉嘛,刚有了朝廷命官的资格,眼看在令狐楚的关照下,很可能就走上仕途的"高速公路",结果没过几个月,令狐楚这老头就咽气了。失去令狐楚的护佑,李商隐在参加制举考试时又遇到了挫折。前面说过,进士及第要坐冷板凳上等着,而制举登科会立马授官。所以李商隐也想来个快的,结果初试通过后,复试被刷了下来。

失落之下,泾原节度使王茂元相中了李商隐,让他投入自己的幕下,并把爱女嫁给了他。之前,和李商隐同榜中进士的韩瞻,就先娶了王茂元的第六女(他们的儿子就是晚唐著名诗人韩偓,《香奁集》的作者),李商隐曾经羡慕地说:"籍籍征西万户侯,新缘贵婿起朱楼。一名我漫居先甲,千骑君翻在上头。"其中大有醋意:考试名次你还不如我呢,现在你倒比我阔气多了。

好在王茂元还有个最小的女儿,李商隐家"三代寡孤",穷措大一个,没有产业,结婚后就一直住在老丈人家里,他诗集中屡次出现的"崇让宅",就是他岳父的房子,经常给李商隐住着。由此看来,李商隐的相貌肯定也不错,绝对不会像"温钟馗"(温庭筠)那样丑。

娶富家女,也不全是便宜事,女富男穷,有时也挺伤自尊心的。李商隐曾有诗说:"明朝晒犊鼻,方信阮郎贫。"就是自嘲没钱。这两句诗,是用了魏晋时阮咸的典故。当时流行七月七日这天晒衣服,富人往往把名贵衣裳拿出来晒,同时也是一种变相的比富大赛,而阮咸穷困,他不管这一套,把粗布破裤头子(犊鼻)拿出来,也大模大样地晒在路边。这里李商隐是借以形容自己穷,有配不上王家小姐的意思。

然而,这桩姻缘后来还成为李商隐仕途上的一大障碍。晚唐之时,牛李党争严重,令狐楚和令狐绹这伙人,属于牛党,而王茂元是李党一派。因为李商隐过去深受牛党中人的恩惠，现在又投靠到李党门下，不免被视为首鼠两端，全无节操的那一类人。令狐绹更是非常生气，认为他是"背恩"的小人。

开成四年，二十六岁的李商隐重新参加了书判拔萃科的制举，这一门考的是写字和下判语的基本功，结果顺利通过了，其中或许有他岳父王茂元的关系在起作用。于是至此，李商隐才真正算是"释褐"，有了朝廷正式官员的身份。

和大多数人一样，李商隐第一个职务是正九品的秘书省校书郎，他乐得不行，写诗道："何处更求回日驭，此中兼有上天梯。珠容百斛龙休睡，桐拂千寻凤要栖……"经了这许多次挫折和坎坷，才终于来到这么一天，我们也能理解李商隐初次来到长安朝中，见识到龙楼凤阁、九重天子之威的兴奋感。

然而，或许是出于朝中政敌的打击报复，李商隐这个校书郎只当了三四个月的时间，他就被打发到弘农县当县尉（从九品）。虽然弘农县（现河南灵宝市附近）并非荒僻之所，但一下子成为风尘俗吏，性格孤高的李商隐还是不适应。

基层干部最难当啊，而且这里的上司作风粗暴，态度蛮横，像县尉这样的小角色，上官"好便骂，不好便打"，李商隐这样文弱清雅的才子，哪里能适应这种环境。而且，一般科举士子担任的县尉，是不管贼盗刑狱之事的，但不知为什么，县令却让李商隐管起"看守所"来了。李商隐感到十分委屈，有诗道："黄昏封印点刑徒，愧负荆山入座隅。却羡卞和双刖足，一生无复没阶趋。"意思是说，还不如献玉的卞和，被砍掉了双足，倒免得受这被迫趋拜上官于阶下的羞辱。

在这里，性格善良的李商隐见有的囚徒实在可怜，就擅自为之减刑，这下激怒了当时的陕虢观察史孙简，这家伙鼻子不是鼻子、脸不是脸地怒叱李商隐，让他的自尊心大受损伤，于是恼怒之下，李商隐提出辞职。

好在李商隐辞职闲居后不久，孙简这厮离任，新继任的长官是姚合。这姚合也是晚唐诗人之一，是开元时名相姚崇的后人，前面我们形容王昌龄交游极广，戏称他有盛唐诸位诗人的"手机号",而姚合那里则有中晚唐众诗人的"电话簿"。翻看他的诗集,你看什么"刘禹锡郎中"、"王建秘书"、"杨巨源祭酒"、"白宾客"(白居易)、"贾岛"、"张籍太祝",甚至刘叉(韩愈门客)、韩湘(传说中的"八仙"之一)这些人,都见于他的诗题之中,这里不多列了,反正如果穿越到晚唐,你就拿老姚当联络图好了。

因为姚合也是诗人,诗人爱诗人,惺惺相惜,于是又把李商隐请回来,让他官复原职。但弘农尉这种倒霉差事,李商隐一想就"反胃",于是凑合着应付了一年,就卸职回长安,再谋出路去了。

回到长安,已是开成五年,李商隐二十七岁,此时唐文宗去世,李商隐非常同情这位立志铲除宦官但功业未遂的皇帝,有诗挽道:

咏史

历览前贤国与家,成由勤俭破由奢。
何须琥珀方为枕,岂得真珠始是车?
运去不逢青海马,力穷难拔蜀山蛇。
几人曾预南薰曲,终古苍梧哭翠华。

此诗名为《咏史》,实为伤悼文宗皇帝,其中"历览前贤国与家,成由勤俭破由奢"成为现在流传的名句,其意并非是说文宗奢侈,而是夸文宗崇尚俭约,后面"运去不逢青海马,力穷难拔蜀山蛇",则是感叹文宗剪除宦官不力,是命运使然。

李商隐一直旗帜鲜明地站在反对宦官专权的立场上,之前"甘露之变"时,白居易幸灾乐祸，看政敌挨刀受刑，杜牧之类则害怕惹祸上身，缄口不言，只有当时还不是任何官员的李商隐，写下《有感》《重有感》等诗，怒斥宦官乱杀大臣的暴行，这或许也是他仕途不利的一个重要原因。

李商隐辞去县尉后，又去华州的幕府中"打工"，只不过为时很短，这里就不细述了，其实李商隐虽然怀念文宗，但如今换上的唐武宗，倒是重用李党中人的。随着李德裕的拜相上位，老岳父王茂元的回京任职，李商隐的前景可谓是一片光明。

于是会昌二年，李商隐又回到朝廷，当秘书省正字（正九品下），转了一圈，"终点又回到了起点"，不对，这正字还不如当时的校书郎呢，那个是"正九品上"，但毕竟又回到"中直机关"来了。这也许不过是个过渡，接下来很可能就走这样一条道：升为什么左拾遗啦，然后再上一步到右补阙啦，接下来著作佐郎、秘书丞，直到中书舍人这一类的清要之位，也不是不可能。

但是命运不济的李商隐，又摊上一件倒霉事——他母亲死了。按规制，要去丁忧。前面我们知道，人家元稹，政敌打发他当河南尉时，母亲死了，去丁忧，正好躲过了下基层吃苦的时光。但李商隐的妈死得太不是时候，这几年，正是李党中人李德裕大为风光的时期，居丧这三年，把大好前程都耽误了。

李商隐曾有诗道："月色灯光满京都，香车宝辇隘通衢。身闲不睹中兴盛，羞逐乡人赛紫姑。"看不着京城中的花灯，固然遗憾，但诗中透露出的所谓"中兴盛"，正是指李德裕为相时，击败回鹘，收复河西的盛事，李商隐没赶上，遗憾啊！

会昌二年到会昌五年这段时间，李商隐家纸钱飞洒，哀乐不断，因为就在这期间，他的岳父王茂元也死了。王茂元的死，也是李商隐官场筹码的一大损失。

居丧回来，已是会昌五年九月左右，李商隐三十二岁。他丁忧期满后，回到朝中，还是当秘书省的正字。此时，朝廷中的政治格局，又面临着重新"洗牌"的大变动。

唐武宗晚年，好服食金丹，不久中毒死去，宦官拥立唐宣宗即位。一朝天子一朝臣，新皇帝一登基，就不遗余力地打击"李党"。李党领袖李德裕被罢相，后来贬到海南岛，落魄而死。按理说，李商隐虽然和"李党"有姻亲相连，但老丈人王茂元已死，如果此时改换门庭，积极再和令狐绹重拾旧情，想必会有比较不错的未来。但就在这时，李党中的郑亚被排挤出京，去桂州当刺史兼防御观察史，想聘李商隐为观察副使和掌书记（《旧唐书》说是做观察判官，并挂职从六品上阶的检校水部员外郎，但现在研究者多认为是错误的）。李商隐在幕中多年，还没当过这样大的官呢，不禁欣喜，于是就高高兴兴地跟郑亚去了桂林。

事后证明，这一步棋也绝非"正着"。见到李商隐竭力追随李党中人，令狐绹非常愤怒，曾写信直斥他忘恩负义。李商隐在《酬令狐郎中见寄》一诗中以"天怒识雷霆"来形容令狐绹当时的愠怒。羞窘之下，只好以"补羸贪紫桂，负气托青萍"来为自己的行为辩解，说自己也是因为穷得没办法，在朝中尽受气才不得不走这一步的。

从李商隐的《桂林道中作》及《桂林》等诗看，他在桂林的日子过得挺不错的。前面说过，初唐诗人宋之问，就因受贬斥来过此地，但李商隐的心情和他大不相同，在这里，由于一把手郑亚器重他，幕中所有文书大半由他执笔，甚至一度让他代理本该昭州（今广西平乐县）刺史负责的行政事务。虽说是桂林山水甲天下，但李商隐可能是忙于写公文，并没有写出多少描绘这天下美景的名句。

好景不长，在桂州待了两年后，牛党对李党进一步打击，郑亚被贬到循州（今广东龙川县）去了。老郑没有了开府招聘人员的资格，这些幕僚自然也"树倒猢狲散"。《唐才子传》等书上说李商隐随之去了循州，是不对的。李商隐没那么忠贞，他收拾行装，怅然北归。路上，他听说令狐绹新拜考功郎中、知制诰兼翰林学士，于是写诗给这位故人：

寄令狐学士

秘殿崔嵬拂彩霓，曹司今在殿东西。
赓歌太液翻黄鹄，从猎陈仓获碧鸡。
晓饮岂知金掌迥，夜吟应讶玉绳低。
钧天虽许人间听，阊阖门多梦自迷。

诗中的内容十分空洞，无非就是赞美、艳羡令狐绹能亲近龙颜，饱受皇恩之意，当然最后一句，也委婉地表达了企图借人家之力得以汲引之情。但李商隐也不想想，自己既然跟定了李党中人，现在势头败了，转脸又来挨挨擦擦地黏糊人家令狐绹，这不找抽吗？

所以，在这种情况下，令狐绹能帮他的忙才怪呢。于是李商隐回到长安，只得了个盩厔县尉（正九品下）这样的官儿。虽然这个官儿白居易曾经做过，但李商隐中了进士已经十年，按一般情况，应该是七品或六品左右的官儿才正常。而且，对于做县尉，李商隐是有心理阴影的，于是他想法子求当时的京兆尹（首都市长），把他留下当僚佐，干起草公文的工作，相当于今天的"借调"。

这时候，恰逢杜牧回朝任司勋员外郎，这是管百官考评的主管，俗话说，"县官不如现管"，所以李商隐也急忙巴结一下，写了两首诗赞美杜牧，这事前面说过，此处就不重复了。反正，小杜一是不怎么待见李商隐，二是他也无心在朝中待着，没空理这茬儿。

从韩愈那时起，就已经是地方幕府中待遇优厚，朝廷中俸禄贫窘。前面也刚说了，像小杜，当着六品官，还整天哭穷，求奶奶告爷爷地求外放。李商隐只是个小小县尉，自然是"天官补吏府中趋，玉骨瘦来无一把"，日子过得太艰难了。

如此过了一年，已是大中三年九月，李商隐三十七岁。此时令狐绹是一路青云，当上了正五品的御史中丞，权力越来越大。李商隐于是又厚着脸皮去拜谒他，结果令狐绹把他晾在客厅，始终不见。李商隐等来等去，不见令狐绹前来，于是气愤地在墙上写了这样一首诗：

九日

曾共山翁把酒时，霜天白菊绕阶墀。

十年泉下无消息，九日樽前有所思。

不学汉臣栽苜蓿，空教楚客咏江蓠。

郎君官贵施行马，东阁无因再得窥。

诗中"山翁把酒"、"霜天白菊"之句，是说当年令狐楚对他的恩情，而现在令狐楚去世十年了，儿子令狐绹翻脸无情，对自己非常冷淡。有记载说，令狐绹看了此诗大惭，命人锁住这间房子，终生不再踏进。

但这事李商隐并不占理，李商隐早年的成功之路，是令狐家给铺垫的，没见他报答什么，却转而投靠了王家，就算是"因为爱情"，娶了王家女儿不说，还一路追随郑亚，现在过来反咬一口，诘问令狐绹为什么对他不好，人家凭什么就对你好呢？

对此，宋代葛立方在《韵语阳秋》中有过评论，还是比较公允的："盖令狐楚与商隐素厚，楚卒，子绹位致通显，略不收顾，故商隐怨而有作。然实商隐自取之也，且商隐妻父王茂元与所依郑亚皆李德裕党也，商隐与二人暱甚，故绹以为忘家恩，放利偷合者……"

碰了一鼻子灰之后，李商隐更加不愿意在长安呆着了，于是他就在这一年的十月份，找机会跟着武宁军节度使（开府徐州）卢弘正去了，还是作幕中的判官——这类活儿他最熟悉。这卢弘正是诗人卢纶的儿子，卢纶就是写那个"林暗草惊风，将军夜引弓"的那位。

老卢毕竟是诗人的儿子，重视李商隐这位大诗人，为他奏请了一个"监察御史"（正八品）的朝衔，当然，这种头衔只是挂职，没有真正的职权。在这里，是李商隐相对比较快乐的日子，然而只过了一年，卢弘正就病死了。幕主死了，李商隐又"失业"了。

回来后，时值盛年的爱妻王氏，一病而逝。人生三大不幸之二——幼年丧父、中年丧妻，李商隐都摊上了，而且李商隐自己也没活到七老八十，四十五岁就死了，他的这一生，也够可悲的。

时隔不久，王氏的哥哥和连襟韩瞻约李商隐去饮酒，李商隐因爱妻亡故，正在悲痛之中，哪有心情赴宴，于是写诗道：

谢傅门庭旧末行，今朝歌管属檀郎。

更无人处帘垂地，欲拂尘时簟竟床。

嵇氏幼男犹可悯，左家娇女岂能忘。

愁霖腹疾俱难遣，万里西风夜正长。

面对一双未成年的儿女，李商隐怀念死去的妻子，秋风苦雨，心事苍凉。

此时，李商隐的仕途，也处于走投无路的窘迫境地，而令狐绹竟然当上了宰相，权倾朝野。想来想去，没办法，还是要厚着脸皮求令狐绹，在违心地献上几篇文章，肉麻地吹捧了一番令狐绹后，令狐相爷欣赏了一番李商隐的狼狈相，终于给了他个太常博士（正六品上）的官职。

这个官是属于国子监的，是教育系统，品阶虽然不低，但属于清汤寡水的冷官，用李商隐自己的话说就是"官衔同画饼，面貌乏凝脂"，这一连串的跟头，跌得李商隐彻骨疼痛，他开始反思自己仕途上的失败，"攻文枯若木，处世钝如锤"。

当这种官，养不了家，而且在朝中，李商隐看不顺眼的人太多，看他不顺眼的人也不少，所以他又动了去地方节度使幕中"工作"的念头。这时候，东川节度使柳仲郢比较欣赏他，于是派人拿着三十五万钱（合人民币10万多元）来聘请他。要知道，节度使一年"工资"不过三十万钱，如此待遇，可谓相当优厚了。

李商隐当然欣然应诺，开始了他一生中最后一次，也是时间最长的一次幕僚生涯。

在梓州（今四川三台）的东川节度使幕中，李商隐还是任判官一职，并挂检校工部员外郎的朝衔。这个头衔和当年杜甫在严武幕中一样，李商隐也经常以老杜自居，模仿杜诗的口吻，写有《杜工部蜀中离席》等诗，王安石曾伸大拇指夸奖，很有杜味儿，学得太像了！

柳仲郢对李商隐非常好，不但给他发高薪，而且还照顾到他的生活，考虑到李商隐没了老婆，就想把一个名叫张懿仙的妙龄歌妓送给他，但李商隐不是元稹那种多情好色之人，竟然一口拒绝了，他说："某悼伤以来，光阴未几。梧桐半死，方有述哀；灵光独存，且兼多病。眷言息允，不暇提携。"看人家李商隐，虽然政治上没啥节操，对老婆倒挺从一而终的。

就这样，在四川待了五年多，直到柳仲郢任期满后，调入朝中当吏部侍郎。

其时已是大中九年，李商隐四十二岁，生命只剩下两年多。没有着落的李商隐也只好追随老柳进了京城，由于老柳调任吏部，给李商隐安排个职位还是比较方便的。老柳还真不错，过了一年，自己出任盐铁转运使时，给了李商隐一个盐铁推官之职，这可是个肥缺。古时候盐铁属于国家专营商品，严禁私人经营，除非黄巢那样不要命的主儿，才敢走私。李商隐当这个职务，肯定会大大改善收入窘迫的生活。

然而，正如李商隐一首诗中所说的，"夕阳无限好，只是近黄昏"。好容易当了两年好差事，此刻已是他生命中的最后一抹亮色了，大中十二年二月，柳仲郢改任刑部尚书，不再担任盐铁转运使的职务，李商隐也怅然罢职而归。

就在这年的冬天，年仅四十五岁的李商隐，就在郁闷之中病死于郑州。友人崔珏为之哭挽道：

> 虚负凌云万丈才，一生襟抱未曾开。
> 鸟啼花落人何在，竹死桐枯凤不来。
> 良马足因无主踠，旧交心为绝弦哀。
> 九泉莫叹三光隔，又送文星入夜台。

纵观李商隐一生的仕途，始终沉沦于幕掾之类的职务，其实想开了，也没啥。烦不烦，看看人家孟浩然；恼不恼，看看孟郊和贾岛。有这些人垫底，李商隐也不算最可怜的了。但他明显是抑郁质的性格，所以经常是愁肠百结，难以自遣。

李商隐仕途历程：

——秘书省校书郎（正九品）

——弘农县尉（从九品）

——秘书省正字（正九品下）

——桂林幕中观察副使（品级不详）

——盩厔县尉（正九品下）

——武宁军幕中判官、检校监察御史（正八品）

——太常博士（正六品上）

——东川幕中判官、检校工部员外郎（从六品）

——盐铁推官（品级不详）

——终

（注：李商隐的许多职务，并非在朝廷的正式授官序列，多是幕主私聘，因此有的品级无法确定。）

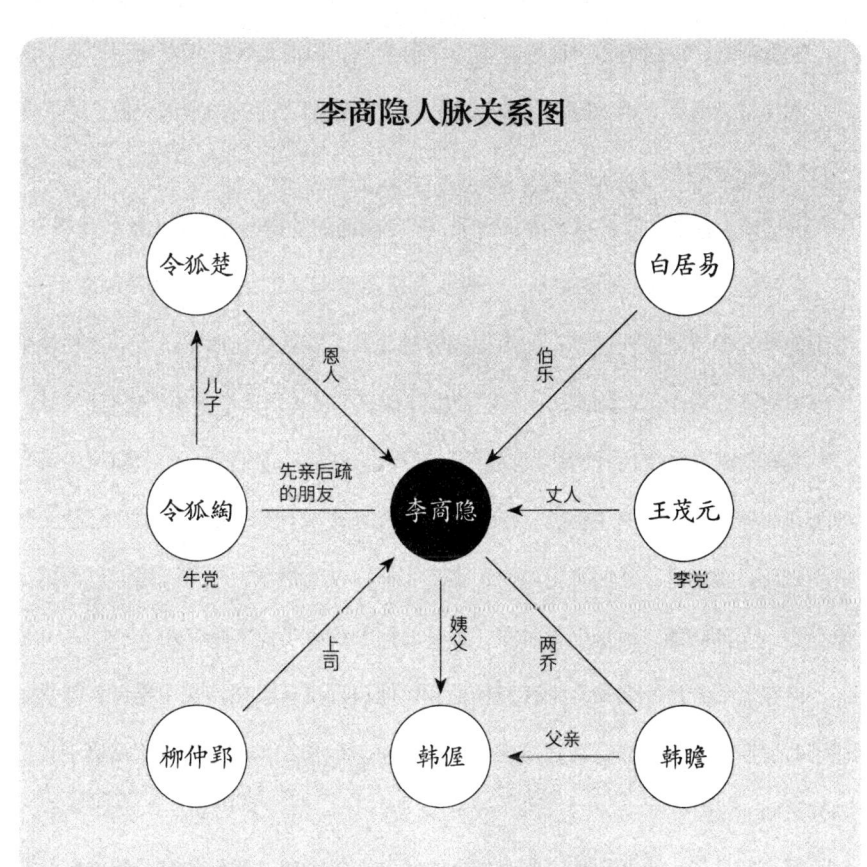

| 词客有灵应识我 |

温庭筠

晚唐诗坛，温庭筠和李商隐并称为"温李"，原因是他们年岁相若，笔下的风格都是秾艳典雅，柔婉缱绻，故有此并称，但他们之间的关系很一般，绝非像"元白"那样亲昵。

温庭筠，看名字似乎是个清秀儒雅、风度翩翩的帅哥，但实际上他长得很丑，有"温钟馗"的别号。他的生年，一般认为是公元812年左右，和李商隐差不多。由于他本人的诗集散佚过多，加上也没当过几天正规的朝廷命官，所以生平事迹如一串散落的珍珠，杂乱无序，难以拾取整理，尽管《新唐书》里，也有他的传。

温庭筠据说是唐代开国功臣温彦博的后人，然而，他们俩，一个在唐朝头，一个在唐朝尾，中间隔了将近三百年，这唐代人又惯有乱认祖宗，往自己脸上贴金的举动，所以这事到底真伪如何，实在不好说。当然了，就算真是，也没用，像李贺、李商隐都自称是李唐宗室，那又如何？没有半点实际作用。

温庭筠父亲是什么人，少有资料记载，他自己也从没在诗文中提过，似乎是幼年时父亲就早早死去，温庭筠应该是在江南一带长大，从小就喜欢混迹于青楼酒肆之间。

据《玉泉子》一书记载，他少年时在江淮一带游历，当地的官员姚勖曾经资助过他一大笔钱，供他刻苦读书。然而，没隔多久，老姚一问，温庭筠把钱都花在泡妓赌钱上了。姚勖大怒，将温庭筠痛打了一顿。温庭筠性格倔强，不但没悔改，反而更加疯疯癫癫，玩世不恭了。

于是温庭筠的姐姐，非常恨这个姓姚的。有一次，温姐姐家中来了个客人，隔帘一问，说是姚勖。于是温姐姐就也顾不得什么礼教，径直冲到前厅，拉住姚老头的袖子就哭闹。姚勖吃了一惊，摸不着头脑，不知道因为什么事。过了一会儿，温氏才说："俺弟弟温庭筠当时年轻，喜欢玩乐，那也是人之常情，可是你却暴打他，把俺弟弟打傻了，到现在他行为怪僻，没有考上进士，难道不是你的错吗？"把老姚勖狠狠地数落了一番，老姚又惊又气，竟因此得病死了。

从上面看，温庭筠的姐姐脾气也够霸悍的，估计温庭筠的性格，也是那种"顺毛驴"型的，可能真的让姚老头那么一打，打得更加心理逆反了。《旧唐书》说他："士行尘杂，不修边幅，能逐弦吹之音，为侧艳之词，公卿家无赖子弟裴诚（裴度的侄子）、令狐滈（令狐绹的儿子）之徒，相与蒱饮，由是累年不第。"这温庭筠来到长安城，早把考进士的事丢在脑后了，整天和王孙贵族们一起喝酒赌钱，纵情玩乐。

温庭筠一不是美女，二不是富豪，为什么公子王孙都愿意和他玩？殊不知，除了会写《花间词》那种香艳旖旎的东西外，他还有一种绝活："最善鼓琴吹笛"，曾经说："有丝即弹，有孔即吹"，音乐才能相当了得。据说意大利著名小提琴家帕格尼尼，也是拿只皮鞋，在上面钉几根钉子，装上几根弦，就能演奏出小提琴的乐曲，温庭筠既然也说这样的大话，并且也有这样的感悟，其音律上的造诣当非同一般。

温钟馗如果穿越到今天，肯定是蜚声乐坛的词曲作者，翻开《全唐诗》中他的那一卷，可以看到大量的曲词类诗，如《莲浦谣》《舞衣曲》《兰塘词》《春洲曲》这一类的。内容当然也是"苏小慵多兰渚闲"、"红泪文姬洛水春"这一类情调的。

因为他的集中有《唐庄恪太子挽歌词》二首以及《太子西池》等诗，其中说过"东府虚容卫，西园寄梦思"，所以有人推测他还曾经到过唐文宗的太子府上，献诗献艺。但这位太子李永后来也没当成皇帝，早早就死了，据说还和宫廷中的斗争有关。而且唐文宗最不喜欢这些浮华、奢靡的行径，曾经为此处理过太子府上的一大批人。有没有处罚温才子，不得而知，但温庭筠这段经历，只是混了点吃喝，并没有因此得到仕途上的好处，是无疑的。

眼看将近五十，老花花公子温庭筠终于想收收心，考个官当当了。他也学着人做一些干谒权贵的事，当时杜牧正当中书舍人，老温就写了《上杜舍人启》等，求他帮忙，但并无效果。

晚唐科举日益腐败，别说温庭筠名声很糟，就算他"直如朱丝绳，清如玉壶冰"，没有得力的人推荐，也是白搭。虽然温庭筠曾经给宰相令狐绹代过笔，写过《菩萨蛮》这一类的词（因为宣宗皇帝喜欢），但老温大嘴巴没遮拦，竟然公然到处宣传自己做枪手这件事，还笑话令狐绹的知识水平不如自己，说他是"中书堂里坐将军"。这事传到令狐相爷耳中，他能待见温庭筠吗？

于是，一次次的落第，成为温庭筠的宿命。要说温庭筠的本事还真不赖，他有个外号叫"温八叉"，就是说写那种科场考试的试帖诗，叉手八次就能做成，实在是神速。但后来因为屡次落第，温庭筠肚子里有气，就开始捣蛋，他做完卷子并不说交卷走人，却帮着旁边那些搜肠刮肚无计可施的考生做题。

说实话，温才子这样做也不大对，若按现在的国家教育考试方面的法规，这属于"考试期间接传答案、抄袭他人或有意让他人抄袭答卷"的行为，性质非常恶劣，理应本场试卷判零分，取消考试资格，下一年度不准报考。在当时的唐代，温庭筠也是由于他场场无视考场纪律，一连落榜了十次。

到了大中五年时，温庭筠又一次赴考，由于他"恶名远扬"，早有前科，主考官沈询如临大敌，将温庭筠特别对待，让他单人单桌坐在主考面前单独答题。温庭筠觉得是对他的侮辱，因此大闹起来，搅扰场屋，又违反了考场上禁止暗哗的纪律。据说这次虽有沈询的严格监视，但温庭筠还是暗中帮了八个人的忙。当然，后果是这次考试又被判了零分。说起来温庭筠这样屡次违反考场纪律，也可能是出于对当时考试制度日渐不公平的一种不满吧。

温庭筠不停地"捣蛋"，朝廷上下也头疼。于是干脆朝廷最后给了他一个随县县尉（从九品）的职务，打发他去上任。同样，有"举场十恶"之名的贾岛，原来也是这样处理的。

于是，温老才子就到湖北上任了，冲他那玩世不恭、吊儿郎当的样子，这县尉的职责，估计也不会好好履行。好在当时的山南东道（开府襄阳）节度使徐商，是武则天时有名的贤臣徐有功的五世孙，是个大好人，可怜温庭筠的落魄，就把他招致幕下当巡官。这节度使帐下的属官，按级别是巡官——推官——掌书记——判官这样的序列。老温是最低的这一级。

不过，徐商幕下有一大批文人墨客，还有段成式（《酉阳杂俎》作者，名臣段文昌之子）这种花花公子。大家伙儿在一起喝酒胡闹，狎妓赌钱，玩得不亦乐乎，看他们咏的诗题《光风亭夜宴妓有醉殴者》。

好景不长，咸通元年（860年），徐商罢节度使一职回朝，温庭筠又惶惶无措了。好在可能当巡官时也攒下两个钱，像温庭筠这样"过了今儿就不想明儿"的人，自然先游荡放纵一番再说。于是老温又到著名的烟花之地扬州来玩，这里是淮南节度使令狐绹的地盘，本来温庭筠和他的儿子令狐滈关系不错，又曾经当过"枪手"为其写词，但令狐绹鄙视温的为人，没在仕途上给他帮助，老温于是忌恨在心，这番来此，根本没有按当时的规矩去拜访。

咸通四年（863年），温庭筠穷困潦倒，喝得大醉后，半夜在街上乱逛。在唐代，除非有急病、丧事、军情等非正常情况，否则不允许夜里到街上来，如果没有正当理由，就被视为"犯夜"，兵卒有权依法拘捕，和现在酒驾的后果相似。

温老汉虽然没有"酒驾"，但乘醉犯夜，于是当场被巡夜的兵卒拦住。仗着自己也曾经当过朝廷命官，温庭筠还理直气壮地争辩，有道是"秀才遇见兵，有理说不清"，兵卒见老温衣衫破烂，一点也不像有权有势的人，于是上去一个大嘴巴，打得温庭筠满地找牙。他此时已是六十上下的老翁，牙估计也没几颗了，当时又没法植牙什么的，因此非常痛心。

想来想去，这口气咽不下去，温才子也不是打落牙齿往肚里吞的人，这才想起人家令狐绹来，就又去告状。哪知道，令狐绹正看他不顺眼呢，于是摆出一副幸灾乐祸的姿态来，根本没处理打人的士兵，还数落温庭筠的不是。老温气得七窍生烟，跑到长安京城来"上访告状"，温庭筠长期放荡于京师，还是有些人脉的，而且，当年的"幕主"徐商，先后当过御史大夫、兵部尚书、同中书门下平章事（宰相），老温估计是去求他。

然而，令狐绹也是一方大员，老温因这等小事告状，也不可能有什么结果。不过，大概是徐商见他可怜，于是给了他一个国子监助教的职务。现在的大学里，助教的地位不算高，但唐代国子助教一职是从六品上，级别高于县官的。老温当上这个职务，按说是挺不错了，当然你不能和韩愈比，他当的是国子祭酒——国子监的管理者。

按说，这国子助教是个冷僻清闲的官职，如果待着养老，也相当理想。但温庭筠的性格，是一刻也不消停，是那种"活到老，闹腾到老"的类型。他在国子监主持内部的初选考试时，别出心裁地将所试学子的前三十名诗文张贴出来公布于众，大家一同评论，做到"公正、公平、公开"。

而且以温庭筠的偏激性格，但凡所榜诗文中有指斥时政、揭露腐败者，温庭筠就引以为同道，称赞"声调激切，曲备风谣"，本来这张榜明示，就是个得罪人的事儿，于是不少人就借机告到首席宰相杨收那里。杨收马上就将温庭筠撤了职，贬为河南方城县县尉（从九品）。当时，朝中人也有不少同情他的，像曾经当过中书舍人的纪唐夫就写诗惋惜道：

送温庭筠尉方城

何事明时泣玉频，长安不见杏园春。
凤凰诏下虽沾命，鹦鹉才高却累身。
且尽绿醽销积恨，莫辞黄绶拂行尘。
方城若比长沙路，犹隔千山与万津。

时近古稀之年，又受此打击，温庭筠一下子就崩溃了，本已年老体衰的他，不久就郁郁死去。

话说温庭筠"搅扰科场"，不但让他这一生倍受坎坷，而且还连累了他的儿子温宪。后来，一个叫郑延昌的官员主持科考，一见温宪的名字，就想起其父温庭筠，于是看都不看，就将人家黜落。后来偶然在去佛寺烧香时见到温宪在墙上题的这样一首诗，"十口沟隍待一身，半年千里绝音尘。鬓毛如雪心如死，犹作长安下第人"，恻然生悯，这才于唐昭宗龙纪元年（889年）录取了温宪。

从诗中看，当时温宪的年龄也不小了（"鬓毛如雪"），他和李商隐的外甥韩偓是同榜进士，后来官至从五品的郎中一职，比其父要强。当然，要是论文坛上的名望，则是远远不及了。

温庭筠仕途历程：

——随县县尉（从九品）

——节度使幕下巡官（品级不详）

——国子监助教（从六品）

——方城尉（从九品）

——终

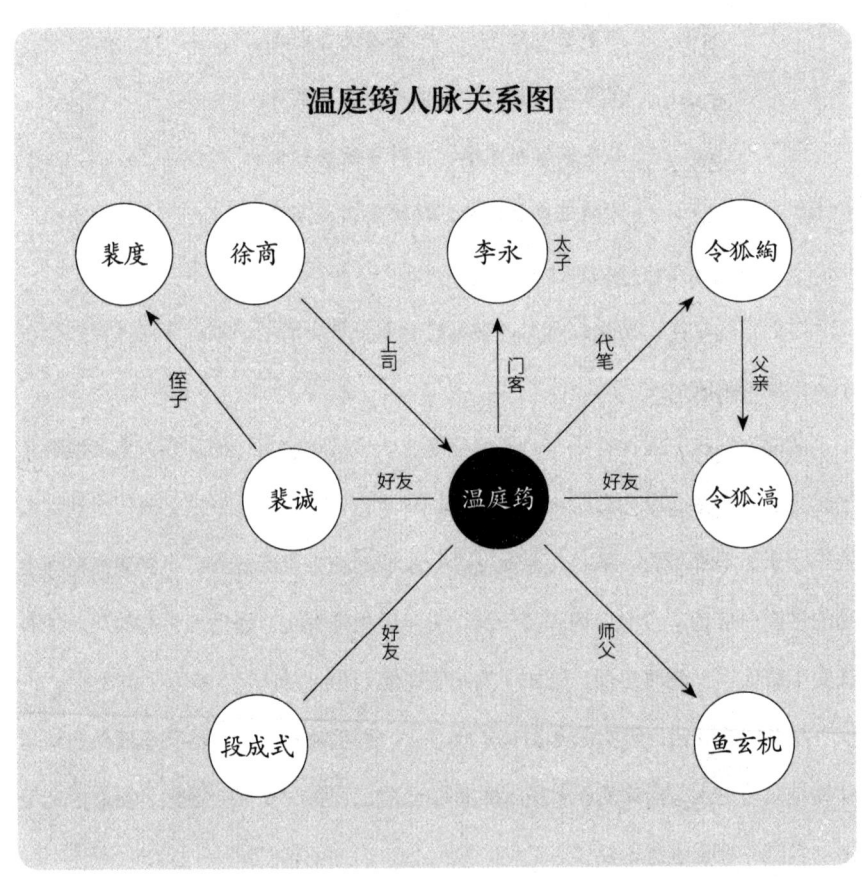

温庭筠死时，已是公元866年，没过两年，庞勋率士卒起兵反唐，紧接着魏博军乱，王仙芝、黄巢起义，唐朝已处于风雨飘摇之中。晚唐许多才子，如罗隐、韦庄、杜荀鹤之类，有的时逢战乱，不得不中断了应举，有的即便是得中进士，也无法正常授官。最后多半投入了钱镠、王建、朱温等割据势力的府中效力。他们的仕途无法代表唐代士子的职场轨迹，因此，本书就不再历数详述了。

最后附带一提，晚唐时由于科举黑暗，社会上渐渐流行"读书无用论"的思潮，杜荀鹤愤愤不平地说："闭户十年专笔砚，仰天无处认梯媒"，而胡曾的话更尖锐："上林新桂年年发，不许平人折一枝"，当曲江、杏园成为权门子弟的私人会所，读书人苦读无用，或者就算侥幸得一微官，也和所付出的成本不成正比。

网上有一段故事，名为《小强与小明的故事》，此处简略叙述一下。说村里俩孩子，一名小强，一名小明，小强整天玩，成绩在班里垫底，小明却是大学生苗子。十九岁时，小强打工去工地，一个月三千块，小明上大学，一年学费花五千多；二十四岁时，小强结了婚，小明还和女朋友分居两地，后来女友变心跑了；二十八岁，小强已是两个娃的爹，小明还是光棍一个，为职称发愁……五十岁时，小强已是三个孙儿的爷爷，天天吸着旱烟优哉游哉，小明还在还房贷；六十来岁时，小明因积劳成疾，早早患病去世了，而小强八十岁时，来到小明墓前感慨……最后的题记是：谨以此写给工作在大城市，付出了青春、爱情、亲情甚至生命的人。

而非常有趣的是，我在晚唐诗人薛逢的诗集中找到了一首《邻相反行》，说的竟然和前面那段话差不多的意思：

东家有儿年十五，只向田园独辛苦。夜开沟水绕稻田，晓叱耕牛垦塏土。
西家有儿才弱龄，仪容清峭云鹤形。涉书猎史无早暮，坐期朱紫如拾青。
东家西家两相消，西儿笑东东又笑。西云养志与荣名，彼此相非不同调。

东家自云虽苦辛，躬耕早暮及所亲。男舂女爨二十载，堂上未为衰老人。
朝机暮织还充体，馀者到兄还及弟。春秋伏腊长在家，不许妻奴暂违礼。
尔今二十方读书，十年取第三十馀。往来途路长离别，几人便得升公车。
纵令得官身须老，衔恤终天向谁道？百年骨肉归下泉，万里枌榆长秋草。
我今躬耕奉所天，耘锄刈获当少年。面上笑添今日喜，肩头薪续厨中烟。
纵使此身头雪白，又有儿孙还稼穑。家藏一卷古孝经，世世相传皆得力。
为报西家知不知，何须谩笑东家儿。生前不得供甘滑，殁后扬名徒尔为。

诗中也是以两个孩子对比，西家的孩子爱读书，想做官，但到头来奔走科场，沉沦宦途，和家人聚少离多，还不如人家务农的东家孩子，早早成家立业，生儿育女，能够照顾家中的产业。当然，这种思想，正和"遂令天下父母心，不重生男重生女"的思想一样，都是不正常、非常规的，是颠倒错乱的。一直到了宋代时，才又有了"书中自有千钟粟，书中自有颜如玉"的理念。

| 后记 |

世事如闻风里风

朗朗明月，飒飒微风。每一个日日夜夜，都是生命在无声流逝。我从故纸堆中抬起头，看到檐前的藤萝又垂下丝帘般的枝条，各种各样的草虫也在院中营营役役地忙碌。它们只能生存几个月的时光，又何苦这样辛劳呢？

有一天午后，桐阴转浓，日光明艳。正坐在树下发呆，突然叶子上跌下来一只毛毛虫，正好落在一个圆形瓦罐的边沿上，于是它就沿着那罐口的圆环周而复始地爬行起来，一圈又一圈，不知疲倦。这中间，也有几次，它探出前半部的身体，想找寻一条其他的出路，然而，陡峭直立的罐壁让它觉察到了危险，于是又缩回身去，在口沿上跑圈。我看了发笑，回屋小睡了一会儿，直到黄昏时分，再来看它时，只见这只毛毛虫依然在上面循环爬动。看着看着，我不禁恻然生悯，轻轻地将它弹了下去，它吃了一惊，先是在地上装死不动，但随即就匆匆爬入了草丛之中。

望着天边的夕阳，我忽然觉得自己的生活轨迹和这只毛毛虫几乎没什么两样，一年年的努力前行，其实还是在原地踏步。生活是如此的单调，几乎就徘徊在这小小的一隅，如画地为牢一般，任梦想流逝，青春枯萎。

幸好，唯一值得安慰的是，我可以写作。用文字记录下我生命的轨迹，从此不会怅惘这一年年的日子，随风而去，了无痕迹。这几百个日日夜夜，是唐代才子们的记忆伴我度过，他们书剑从军的豪迈、杏园折桂的欣喜、孤帆远影的宦游、登楼望远的怅惘，都一一在我的心中重温再现，因之回环激荡，五味杂陈。

很多人读唐诗和唐代才子的故事，喜欢品味一种幽远清雅的心灵感受，却往往忽略其中沉淀着的厚重记忆。《全唐诗》中，收存着唐代文人们的真实心愫，他们的梦想、离殇、追寻、彷徨，都在这些静静的文字中凝集。我这本书想叙述的，并非是那些诗酒年华的闲逸，而是他们当时真真切切的世俗生活。

"欲洁何曾洁，云空未必空"，我们都逃不开尘俗，都会挣扎在这万丈红尘之中。然而，本书无意打造成一本教人在官场或职场驰骋得意的读物，我只是想还原众多唐代文人的生死离难，荣辱悲欢，我曾经固执地认为，这是我的使命。

在故纸堆里回溯了大唐三百年的时光，一个个才子们的生平似乎在眼前回放闪现：当雄伟的麟德殿巍峨耸立起来时，王、杨、卢、骆在高声吟唱；当霓裳羽衣曲唱响舞动时，李、杜、王、孟在诗酒相和；当元和天子卓然中兴时，韩、柳、元、白又奋笔挥毫……

这些唐才子们就像电影片尾的字幕，一行行出现，又一行行消逝。日历匆匆翻过，他们长大、成名、游历、闯荡，而须臾之间，不知不觉中，一个个多姿多彩的生命就数到了终点。

所以，结卷之时，心中有一种莫名的惆怅，悠扬归梦，濩落生涯，就这样忽忽百年，思之令人潸然泪下。

中夜无眠，只有叶落虫鸣，谁人知我此时情？还是《全唐诗》中李群玉的这几句诗，能懂得我现在的心境：

翻覆升沉百岁中，前途一半已成空。

浮生暂寄梦中梦，世事如闻风里风。

石继航

2016 年 5 月 1 日

|附录|
唐代官员品级一览

正一品：

官：太师、太傅、太保、太尉、司徒、司空、天策上将

爵：王

从一品：

职官：太子太师、太子太傅、太子太保

文散官：开府仪同三司

武散官：骠骑大将军

爵：嗣王、郡王

勋：国公

正二品：

职官：尚书令（因李世民曾任此职，后来一直空置）、大行台尚书令

文散官：特进

武散官：辅国大将军

爵：开国郡公

勋：上柱国

从二品：

职官：尚书左右仆射、太子少师、太子少傅、太子少保、京兆/河南/太原等七府牧、大都督、大都护

文散官：光禄大夫

武散官：镇军大将军

爵：开国县公

勋：柱国

正三品：

职官：侍中、中书令、吏部尚书、十六卫大将军、六部尚书、太子宾客、太常卿、太子詹事、中都督、上都护

文散官：金紫光禄大夫

武散官：冠军大将军、怀化大将军

勋：上护军

从三品：

职官：御史大夫、秘书监、光禄/卫尉/宗正/太仆/大理/鸿胪/司农/太府卿、左右散骑常侍、国子祭酒、殿中监、少府监、将作大匠、诸卫羽林千牛将军、下都督、上州刺史、大都督府长史、大都护府副都护

文散官：银青光禄大夫

武散官：云麾将军、归德将军

爵：开国侯

勋：护军

正四品上：

职官：黄门侍郎、中书侍郎、尚书左丞、吏部侍郎、太常少卿、中州刺史、军器监、上都护府副都护、上府折冲都尉

文散官：正议大夫

武散官：忠武将军

爵：开国伯

勋：上轻车都尉

正四品下：

职官：尚书右丞、尚书中司侍郎、左右千牛卫/左右监门卫中郎将、亲勋翊卫羽林中郎将、下州刺史

文散官：通议大夫

武散官：壮武将军

从四品上：

职官：秘书少监、殿中少监、内侍、大都护府/亲王府长史

文散官：太中大夫

武散官：宣威将军

勋：轻车都尉

从四品下：

职官：国子司业、少府少监、将作少匠、

京兆/河南/太原府少尹、上州别驾、大都督府/大都护府/亲王府司马、中府折冲都尉

文散官：中大夫

武散官：明威将军

正五品上：

职官：谏议大夫、御史中丞、国子博士、给事中、中书舍人、都水使者、万年/长安/河南/洛阳/太原/晋阳/奉先县令、亲勋翊卫羽林郎将、中都督/上都护府长史、亲王府典军

文散官：中散大夫

武散官：定远将军

爵：开国子

勋：上骑都尉

正五品下：

职官：太子中舍人、内常侍、中都督/上都护府司马、中州别驾、下府折冲都尉

文散官：朝议大夫

武散官：宁远将军

视正五品：萨宝

从五品上：

职官：尚书左右司诸司郎中、秘书丞、著作郎、太子洗马、殿中丞、亲王府副典军、下都督府/上州长史、下州别驾

文散官：朝请大夫

散官：游骑将军

爵：开国男

勋：骑都尉

从五品下：

职官：大理正、太常丞、太史令、内给事、上牧监、下都督府/上州司马、驸马都尉、奉车都尉、宫苑总监、上府果毅都尉

义散官：朝散大夫

武散官：游击将军

正六品上：

职官：太学博士、中州长史、亲勋翊卫校尉、京兆/河南/太原府诸县令、

武库中尚署令、诸卫左右司阶、中府果毅都尉

文散官：朝议郎

武散官：昭武校尉

勋：骁骑尉

正六品下：

职官：千牛备身、备身左右、下州长史、中州司马、内谒者监、中牧监、上牧副监、上镇将

文散官：承议郎

武散官：昭武副尉

从六品上：

职官：起居郎、起居舍人、尚书诸司员外郎、大理司直、国子助教、城门郎、符宝郎、通事舍人、秘书郎、著作佐郎、侍御医、诸卫羽林长史、两京市令、下州司马、左右监门校尉、亲勋翊卫旅帅、上县令

文散官：奉议郎

武散官：振威校尉

勋：飞骑尉

从六品下：

职官：侍御史、少府/将作/国子监丞、司农寺诸园苑监、下牧监、宫苑总监副监、互市监、中牧副监、下府果毅都尉

文散官：通直郎

武散官：振威副尉

正七品上：

职官：四门博士、詹事司直、左右千牛卫长史、军器监丞、中县令、亲勋翊卫队正、亲勋翊卫副对正、中镇将

文散官：朝请郎

武散官：致果校尉

勋：云骑尉

正七品下：

职官：内寺伯、诸仓/诸冶/司竹/温汤监、诸卫左右中候、上府别将/司史、上镇副、下镇将、下牧副监

文散官：宣德郎

武散官：致果副尉

从七品上：

职官：殿中侍御史、左右补阙、太常博士、太学助教、门下省录事、尚书都事、中书省主书、左右监门直长、都水监丞、中下县令、京县丞、中府别将/长史、中镇副、勋卫太子亲卫

文散官：朝散郎

武散官：翊麾校尉

勋：武骑尉

从七品下：

职官：太史局丞、御史台/少府/将作/国子监主簿、掖庭/宫闱局令、下县令、太庙诸陵署丞、司农寺诸园苑副监、、宫苑总监丞、公主家令、亲王府旅帅、下府别将/长史、下镇副、诸屯监、诸折冲府校尉

文散官：宣义郎

武散官：翊麾副尉

视从七品：萨宝府祆正

正八品上：

职官：监察御史、协律郎、翊卫、大医署医博士、军器监主簿、武库署丞、两京市署丞、上牧监丞、执乘亲事

文散官：给事郎

武散官：宣节校尉

正八品下：

职官：奚官/内仆/内府局令、备身、尚药局司医、京兆/河南/太原诸县丞、太公庙丞、诸宫农圃监、互市监丞、司竹副监、司农寺诸园苑监丞、灵台郎、上戍主、诸卫左右司戈

文散官：征事郎

武散官：宣节副尉

从八品上：

职官：左右拾遗、太医署针博士、四门助教、左右千牛卫录事参军、上县丞、中牧监丞、京县主簿、诸仓/诸冶/司竹/温汤监丞、保章正、诸折冲府旅帅

文散官：承奉郎

武散官：御侮校尉

从八品下：

职官：大理评事、律学博士、太医署丞、左右千牛卫诸曹参军、内谒者、都水监主簿、中书/门下/尚书都省/兵部/吏部/考功、礼部主事、中县丞、京县尉、诸屯监丞、上关令、上府兵曹、上挈壶正、中戍主、上戍副、诸率府左右司戈

文散官：承务郎

武散官：御侮副尉

正九品上：

职官：校书郎、太祝、典客署掌客、岳渎令、诸津令、下牧监丞、中下县丞、中州博士、武库署监事

文散官：儒林郎

武散官：仁勇校尉

正九品下：

职官：正字、奚官/内仆丞、内府局丞、太史局司辰、典厩署主乘、下县丞、下州博士、京兆/河南/太原府诸县尉、上牧监主簿、诸宫农圃监丞、中

关令、亲王国尉、上关丞、诸卫左右执戟、中镇兵曹参军、下戍主、诸折冲队正

文散官：登仕郎

武散官：仁勇副尉

从九品上：

职官：尚书/御史台/秘书省/殿中省主事、奉礼郎、律学助教、弘文馆校书、大史局司历、太医署医助教、京兆/河南/太原府/九寺/少府/将作监录事、都督/都护府/上州录事市令、宫苑总监主簿、上中县尉

文散官：文林郎

武散官：陪戎校尉

从九品下：

职官：内侍省主事、国子监录事、崇文馆校书、书学博士、算学博士、门下典仪、太医署按摩/祝禁博士、太卜署卜博士、太医署针助教/医正、太卜署卜正、太史局监候、掖庭局宫教博士、太官署监膳、太乐鼓吹署乐

正、大理寺狱丞、中下州医博士、中下县尉、下关令、中关丞、诸卫羽林长上、诸津丞、诸折冲府队副、诸率府左右执戟

文散官：将仕郎

武散官：陪戎副尉

流外一等：

诸卫／都水监／羽林军录事、尚书／中书／门下省／御史台令史、太常寺谒者、司仪署诸典书、河渠署河堤谒者、太医署医针师、内侍省寺人

视流外一等：萨宝府祓祝

流外二等：

太卜署卜助教、秘书／殿中／内侍省令史、城门／符宝／夕文馆令史、通事令史、尚书／门下／中书省／御史台书令史、太常寺祝史、官苑总监录事、典客署典客、亲勋翊卫府录事、太史局漏刻博士、御史台殿中令史

流外三等：

城门／符宝书令史、秘书／殿中／内侍省、御史台书令史、诸牧园苑监录事、诸仓监／诸关津录事、诸卫羽林军府／太子詹事府令史、尚食局主食、秘书／殿中／内侍省诸局书令史、内侍省内典引、尚药局太医署按摩祝禁师、太常寺赞引、太医署医工／针工、太卜署卜师诸计史、率更寺漏刻博士

流外四等：

诸卫羽林军史、门下省主宝／主符、太医主药、门下／中书省传制、太医署按摩祝禁工、御史台监察史

视流外四等：萨宝府率

流外五等：

人理寺司直平事史、诸薯农圃监、诸牧园苑监史、诸都护府史、太官署监膳史、良酝署掌酝、掌醢署主醢、诸典事、亲勋翊卫率府史、大理寺狱史

视流外五等：萨宝府史

流外六等：
亲勋翊卫府史、诸仓关津府史、太医署药园师、诸亭长

流外七等：
门下省主节、诸掌固、大史监历生、天文观生、诸仓关津史、诸仓计史

流外八等： 守宫署掌设

流外九等： 国子学／太公庙干、诸辇者

（注：流外官，就是唐代时各衙门中的具体办事人员，统称吏员。也算是"公务员"身份，但并不是官员，少数经过考试或铨选时，可以转为正式官员。此外，就是"不入流"的平民百姓了。）

主要参考书目

一、古代文献：

[1]（宋）宋敏求.唐大诏令集.北京：商务印书馆，1959.

[2]（宋）计有功.唐诗记事.北京：中华书局，1965.

[3]（宋）司马光.资治通鉴.北京：中华书局，1976.

[4]（五代）王定保.唐摭言.上海：上海古籍出版社，1978.

[5]（唐）长孙无忌.唐律疏议.北京：中华书局，1983.

[6]（唐）刘肃.大唐新语.北京：中华书局，1984.

[7]（清）徐松.唐两京坊考.北京：中华书局，1985.

[8]（宋）王谠.唐语林校证.北京：中华书局，1987.

[9]（清）董浩.全唐文.上海：上海古籍出版社，1991.

[10]（五代）王溥.唐会要.上海：上海古籍出版社，1991.

[11]（唐）郑处诲.明皇杂录.北京：中华书局，1994.

[12]（元）辛文房.唐才子传.北京：中华书局，1995.

[13]（五代）刘昫，等.旧唐书.上海：上海古籍出版社，1997.

[14]（宋）欧阳修，宋祁.新唐书.北京：中华书局，1997.

[15]（清）彭定求.全唐诗.北京：中华书局，1999.

[16]（宋）王钦若.册府元龟.北京：中华书局，2003.

[17]（唐）张鷟.朝野佥载.西安：三秦出版社，2004.

二、当代论著：

[1] 萧涤非，等.唐诗鉴赏辞典.上海：上海辞书出版社，1983.

[2] 张国刚.唐代官制.西安：三秦出版社，1987.

[3] 周绍良.唐代墓志汇编.上海：上海古籍出版社，1992.

[4] 黄正建.唐代衣食住行研究.北京：首都师范大学出版社，1998.

[5] 傅璇琮.唐代科举与文学.西安：陕西人民出版社，2003.

[6] 赖瑞和.唐代基层文官.北京：中华书局，2008.

[7] 赖瑞和.唐代中层文官.北京：中华书局，2011.